明治大学人文科学研究所叢書

労働の経済地理学

中澤高志

日本経済評論社

はしがき

　1990年代以降、「労働の地理学」と呼ばれる一連の研究が、欧米の経済地理学界を潤す豊かな水脈の1つに育ってきた。本書はその流れを汲み取り、問題意識を摂取・発展させたうえで、日本における実証研究の展開を目指したものである。将来的には、本書の成果を何らかの形で英語圏にも発信し、「労働の地理学」の流れを少しでも涵養することができればと考えている。

　労働者が資本主義の空間編成に関与する重要なアクターであるという認識は、1980年代にはすでに高まってきていたが、こうした動きを「労働の地理学」という流れにまとめ上げる働きをしたのがHerod（1997a）である。ヘロッドは、単なる立地因子ないしは生産要素としての労働力の分布を記述する旧態依然とした研究を、「労働力の地理（Geography of labor）」と呼び、労働者の視座に立ち、労働者の行為主体性を正当に評価する新しい研究潮流である「労働の地理学（Labor geography）」と峻別している。

　私は本書を「労働の地理学」の流れの中に置きたいと考えているが、その表題に「労働の地理学」という言葉を使うことはしなかった。ヘロッドが提唱した「労働の地理学」に呼応する経済地理学者たちは、労働者の行為主体性が最も明瞭に表れる現象として労働運動を選び、運動の展開が新たな経済景観を形成していく過程を分析してきた。「労働の地理学」の源泉は、資本との対立の中で労働者が展開したスケール・ポリティクスの研究であり（Herod eds., 1998；Herod 2001）、現在でもその本流は労働運動の研究であるといえよう。

　他方で「労働の地理学」が存在感を高めるにつれて、労働者の視座に立った新たな経済地理学の構築という問題意識に応える研究も多く生み出された。地域労働市場、労働市場政策、労働力移動、地域間分業、女性労働などに関する研究が湧き上がり、本流である「労働の地理学」に合流して、いわば広義の「労

働の地理学」が成立したのである。

　本書は広義の「労働の地理学」の水系に属するものである。もし『日本における「労働の地理学」の実証的展開』といった表題をつけたならば、そこに労働運動に関する分析がかなり含まれると期待して手に取る読者が現れる恐れがある。そうした考えから「労働の地理学」という言葉を使うことにはためらいがあった、というのが偽らざる心境である。

　しかし本書を、労働力の分布を単に記述する、「労働力の地理」にしたくはないという思いは強くあった。その思いは、「労働の経済地理学」とすることで十分に表現可能であろうと考えた。私は、日本において経済地理学者を自認する人々は、伝統的に理論志向が強く、実証研究においては現象の背後にある構造的なものを捉えようとしてきたと理解している。今も、これからもそうであろう。私自身も、そういう含意をもって、経済地理学者を自称するつもりである。

　「労働の地理学」の立役者の一人であるペックは、労働力という特殊な商品が取引される労働市場は、価格メカニズムによって調整されているのではなく、社会的に調整されているとする（Peck 1996）。そして綿密な理論的検討の末、労働市場の社会的調整が地理的示差性をもって行われる[1]ことを主張する。そしてローカルな労働市場の社会的調整の状態を明らかにすることは、理論に裏打ちされた実証研究の課題（a matter for theoretically informed concrete research）[2]であるとする。本書は「理論に裏打ちされた実証研究」たり得ているだろうか。原稿が私の手を離れた今、その判断は読者にゆだねられている。

　本章は私が単独で、あるいは中心となって執筆した以下の既出論文がもとになっている。しかし与えられた時間の中で、一書としてのまとまりをもたせることには心を砕いたつもりであり、いずれも大幅な改稿が加えられている。そうすることが、本書を「理論に裏打ちされた実証研究」とするための最低限の条件であると考えたからである。

　中澤高志（2007）：「大分県における若年不安定就労者とジョブカフェの就業

支援」季刊地理学58：212-227。
中澤高志（2008）：「子育て期の女性に対する就業支援としてのNPOによる在宅就業の支援――労働の地理学の視点から」地域経済学研究18：8-22。
中澤高志・阿部誠・石井まこと（2009）：「地域労働市場における高卒者の職業経験と専門高校の役割――大分県における2つの専門高校を事例に」地理科学64：1-21。
中澤高志（2010）：「『労働の地理学』の成立とその展開」地理学評論83：80-103。
中澤高志（2010）：「大分県における間接雇用の展開と金融危機に伴う雇用調整の顛末」経済地理学年報56：136-161。
中澤高志（2012）：「自治体の緊急相談窓口利用者にみる間接雇用労働者の不安定性――2008年の金融危機に伴う雇用調整の帰結」人文地理64：259-277。
中澤高志・由井義通・神谷浩夫（2012）：「日本人女性の現地採用労働市場の拡大とその要因――2000年代半ばのシンガポールの事例」地理科学67：153-172。

なおこの間、私は上記以外にも「労働の地理学」に関連する論文をいくつか執筆した。そこでの着想や内容の一部は本書に反映されている。以下の論文は本書との関連が深いので、合わせてご一読いただければ幸いである。

中澤高志（2010）：「人口・雇用」、経済地理学会編『経済地理学の成果と課題　第Ⅶ集』日本経済評論社：133-142。
中澤高志（2012）：「雇用・労働の経済地理学」、松原　宏編著『産業立地と地域経済』放送大学教育振興会：94-113。
中澤高志（2012）：「人的資源・労働力・労働市場」、中藤康俊・松原　宏編著『現代日本の資源問題』古今書院：193-215。

注
1） "A logical conclusion is that *labor markets are socially regulated in geographically distinctive ways*, i. e., labor regulation has a significant territorial components"（Peck, 1996: 106）．斜字は原典に基づく。
2） Peck（1996: 106）．

目　次

はしがき　i

第1章　「労働の地理学」と労働市場の媒介項 …………………… 1

1　「労働の地理学」とは何か　1
2　「労働力の地理」から「労働の地理学」へ　3
　(1)　労働者の行為主体性への注目　3
　(2)　労働運動による空間スケールの生成　5
3　労働市場の社会的調整　8
4　労働市場の媒介項　14
　(1)　第三のアクターとしての媒介項　14
　(2)　3つのミスマッチと労働市場の媒介項　19
5　本書の目的と分析視角　24

第2章　現代の労働市場をめぐる諸概念と「労働の地理学」… 33

1　本書における本章の位置づけ　33
2　フレキシビリティ概念とそれに対する批判　34
　(1)　労働力のフレキシビリティ　34
　(2)　フレキシビリティ概念への批判　35
　(3)　リスクとしてのフレキシビリティ　39
3　ワークフェアの席巻　44
　(1)　ワークフェアとは何か　44

　　　　(2) ワークフェアの国家間・地域間の差異　46
　　4　エンプロイアビリティ概念の再検討　49
　　　　(1) ワークフェアとの関連性　49
　　　　(2) エンプロイアビリティの状況依存性　51

第3章　地域労働市場における高卒者の職業経験と専門高校の役割……………………………………………………… 57

　　1　新規学卒労働市場における専門高校卒業者　57
　　　　(1) 新規学卒労働市場の変容　57
　　　　(2) 専門高校の位置づけ　61
　　2　対象者と対象地域　62
　　3　専門高校への進学と就職　71
　　　　(1) 専門高校への進学　71
　　　　(2) 専門高校卒業後の職業経験　74
　　4　専門高校における教育と職業経験　80
　　　　(1) J工業高校卒業生の場合　80
　　　　(2) K商業高校卒業生の場合　84
　　5　おわりに　86

第4章　ジョブカフェによる若年不安定就労者支援の限界…… 93

　　1　若年不安定就労者の焦点化　93
　　2　労働市場政策としてのジョブカフェ事業の特徴　96
　　　　(1) ジョブカフェ事業の開始まで　96
　　　　(2) ジョブカフェ事業の展開　99
　　　　(3) ジョブカフェ事業の成果と課題　101

3　大分県の労働市場における若年不安定就業者　105
     (1)　若者の雇用に見る大分県労働市場の特徴　105
     (2)　大分県の若年不安定就労者の特徴　109
     (3)　小括　112
   4　若年不安定就労者としてのジョブカフェおおいた利用者　112
     (1)　ジョブカフェおおいたの概要　112
     (2)　ジョブカフェおおいた利用者の直面する諸問題　113
   5　サプライ・サイドの労働市場政策の限界　120

第5章　子育て期の女性に対する NPO 法人による在宅就業の推進 …………………………………………………… 127

   1　ワーク・ライフ・バランス実現策としての在宅就業推進　127
   2　「労働の地理学」と女性労働・在宅就業　130
     (1)　生産の領域と再生産の領域　130
     (2)　仕事と家庭の境界の揺らぎ　135
   3　大分県の「在宅就業支援モデル事業」策定と「地域の実情」　139
     (1)　「地域の実情」の「正しい」読み取り　139
     (2)　対象地域の概要　142
   4　NPO 法人による在宅就業支援事業　144
     (1)　P 社による在宅就業支援事業の概要　144
     (2)　支援事業の経過　146
   5　アンケート調査に見る在宅就業の実情　148
   6　おわりに　153
     (1)　在宅就業支援事業の可能性と課題　153
     (2)　在宅就業という働き方について　155

第6章　間接雇用の展開と金融危機に伴う雇用調整の顛末 …… 159

    1　金融危機の勃発と雇用調整　159
    2　間接雇用への分析視角　161
       （1）制度としての間接雇用、媒介項としての派遣・請負業者　161
       （2）間接雇用に関する経済地理学的研究の検討　163
    3　間接雇用労働力の増加とその地域的影響　168
       （1）労働者派遣事業の制度的変遷　168
       （2）製造業における間接雇用の実態　170
    4　間接雇用労働力の増加による国東市・杵築市の変容　176
    5　雇用削減に対する自治体の対応とそれへの労働者の反応　181
       （1）自治体の緊急雇用対策　181
       （2）緊急雇用対策への労働者の反応　185
       （3）自治体を頼った労働者たち　189
    6　雇用不安とその顛末をめぐる空間スケールの重層性　192

第7章　自治体の緊急相談窓口利用者にみる間接雇用労働者の不安定性 …… 199

    1　問題の所在　199
    2　対象地域と資料について　201
       （1）Y市の製造業の概要　201
       （2）分析に用いる資料について　204
    3　相談者の属性と派遣・請負労働力の移動空間　206
       （1）相談者の属性　206
       （2）派遣・請負業者による労働力需給の媒介　207

4　相談者の直面した困難とその背景要因　210
　　　（1）家族というセーフティネットの不在　211
　　　（2）家族というリスク　214
　　　（3）金銭的な「溜め」のなさと住居の問題　216
　　5　間接雇用と労働者の主体性　221
　　6　間接雇用労働市場に引き寄せられる労働者　224

第8章　日本人女性の現地採用労働市場の拡大とその背景……229

　　1　「労働の地理学」と女性の国際移動の研究との接点　229
　　　（1）労働者の移動は「労働の地理学」の盲点か？　230
　　　（2）日本人女性の海外就職に関する研究　232
　　　（3）調査の概要　235
　　2　海外在留邦人の動向とシンガポールの日本人女性　236
　　　（1）統計にみる海外在留邦人の動向　236
　　　（2）シンガポールの日本人女性　242
　　3　現地採用日本人女性増加の背景　247
　　　（1）需要側の背景　247
　　　（2）供給側の背景　251
　　　（3）労働市場の媒介項としての人材紹介会社　254
　　4　労働者の視座からの知見の捉えなおし　256

第9章　スキル・エコシステムの概念とキャリア開発………263

　　1　本書の知見に基づく課題抽出　263
　　2　スキル・エコシステム概念の起源　267
　　　（1）伏線としてのスキル均衡の概念　267

　　　　　(2) スキル均衡からスキル・エコシステムへ　269
　　　3　スキル・エコシステム概念の拡張　272
　　　4　プロジェクトとしてのスキル・エコシステム　276
　　　5　キャリア・ラダーとその隘路　280
　　　6　経済地理学者のなしうる貢献　284

文　献　289
あとがき　311
索　引　315

第1章　「労働の地理学」と労働市場の媒介項

1　「労働の地理学」とは何か

　労働力や労働市場は、経済地理学にとって決して新しい研究対象ではない[1]。しかし産業や企業、地域経済に付随した扱いを受けることが多く、どちらかといえば傍流の地位に甘じていたように思われる。ところが1990年代に入ると、欧米では労働に関する経済地理学のまとまった著作の発表が相次いだ。主要なものに限っても、レギュラシオン理論を摂取して、労働市場の社会的調整という概念の重要性を打ち出した Peck（1996）、福祉の後退という共通した流れの中で、ワークフェア（勤労福祉）国家への道筋が国ごとにどう異なるのかを検証した Peck（2001）、労働者を資本主義の経済景観をつくり上げる主体と位置づけ、労働運動の展開をさまざまな地理的スケールのもとで分析した Herod ed.（1998）や Herod（2001）、既存の研究成果を集成し、「労働の地理学」に関する、おそらく初めてのテキストを編んだ Castree et al.（2004）などを挙げることができる。今や労働は経済地理学の重要なカテゴリーの1つとなり（Martin 2000）、「労働の地理学」は経済地理学の主要な下位分野とみなされるようになった（Peck 2000）。近年では、これまでの「労働の地理学」の到達点を批判的に総括し、今後の「労働の地理学」が目指すべき道筋を示そうとする論文や著作も著され始めている（Castree 2007；Lier 2007；Bergene et al. eds. 2010）。

　ところで、「労働の地理学」とは、具体的にどのような研究潮流なのであろうか[2]。まずは人文地理学分野のもっとも標準的な辞典といえる The dictionary of human geography をひもとくことで、「労働の地理学」に対する一般的な認識を踏まえておこう。1994年に刊行された同辞典の第3版には、「労働の地理学」という項目は立てられておらず、これが初めて登場するのは、2000年に刊行された第4版である。このことは、1990年代を通じて、「労働の地理学」を1つの研究潮流とみなすことに対するコンセンサスが、研究者の間に広まってきたことを示している。

　第4版は、「労働者（組織化されている、いないにかかわらず）による広い意味での政治的闘争が、地理的景観の形成の一端を担っている、その有り様を研究する、地理学における形成途上の下位分野」との定義を、「労働の地理学（labour geography）」に与えている。そして「労働の地理学」の発端を、これまでの経済地理学が企業の意志決定や資本の運動による景観形成に注視するあまり、労働者を受動的な存在とみなしてきたことに対する批判に求めている（Smith 2000）。

　2009年刊行の第5版では、「労働の地理学」に関する説明の充実が図られている。それによると、「労働の地理学」のそもそもの問題意識は、「景観形成における労働者の行為主体性（agency）に光を当てること」にあり、典型的には組織化された労働者の実践による景観形成に着目してきたとされる（Wills 2009a）。「労働の地理学」が研究潮流として成熟してくるにつれ、労働あるいは労働者というカテゴリーは、人文地理学というディシプリンの中で確固たる位置づけを与えられるようになり、「労働の地理学」の視野も労働組合を超えて大きく広がり、労働市場そのものに関わる事象や、雇用と労働市場に関する政策、労働とアイデンティティの問題などが扱われるようになったという。

　端的に言えば、「労働の地理学」とは、「労働者の視点から、資本主義の経済地理学をつくり上げようとする試み」（Herod 1997a）である。それが組織化された労働者の行為主体性に光を当てる試みとして始まり、次第に広く労働に関わる諸現象を扱う経済地理学の下位分野へと成長していったことは、これまでの簡単な説明からも推し量ることができよう。しかし労働者の行為主体性への着目がなぜ要請され、そうした問題意識が具体的にどのような研究として実を

結んだのかを理解するためには、もう少し立ち入った説明が必要である。そこで、「労働の地理学」の原初的な問題意識を明快に説いた Herod（1997a）を紹介し、それを踏まえて「労働の地理学」の本源的な研究対象である労働運動を扱った研究を整理することから取り掛かろう。

2　「労働力の地理」から「労働の地理学」へ

(1) 労働者の行為主体性への注目

　Herod（1997a）のタイトルである "From a geography of labor to a labor geography" は、「労働の地理学」を特徴づける問題意識を端的に表現したものである。Herod（1997a）は、これまでの経済地理学は、企業の意志決定や資本の運動によって、空間が差異化され、資本主義の経済景観（economic landscape）[3]がつくり上げられていくプロセスを明らかにすることに傾倒していたと批判する。彼によれば、労働者は生産要素の1つである労働力に還元され、その空間的分布が記述されることはあっても、空間編成に関わる行為主体性をもった存在とはみなされてこなかった。

　こうした傾向は、とりわけウェーバーの工業立地論に代表される立地論に顕著である。衆知のとおり、ウェーバーの工業立地論において、労働力は立地因子の1つとして登場し、労働費の安い地点は、原材料を産出する地点と同様に、理論構築のうえでは与件として片づけられている。それが証拠にウェーバー（1986：89）は、「『純粋』理論全体にとって、どのような理由からこの地理的な人的能率や賃金の相違が生じ、また、これに基づく労働費の相違が生ずるかは全く関係がない」と言い切っている。そもそもウェーバーの工業立地論は、特定地域への人口集中を説明するためには、多くの労働力を必要とする工業（工場）の立地を説明することが必要であるとの発想を発端としている。つまり、企業あるいは資本の分布が労働力の分布を規定することが大前提であり、労働者の行為主体性が経済景観の形成に果たす役割を考慮する余地は、はじめから

存在しないのである。

立地論では、空間は経済活動にとって所与のものである。しかしルフェーブルの『空間の生産』（ルフェーブル 2000）の影響を受けた欧米のマルクス主義経済地理学者[4]にとって、空間は資本主義が存続するために資本によって生産されるものであり、国土や地域、都市といった空間スケールもまた、社会的構築物と認識される。空間や空間スケールを所与のものとみなさないマルクス主義経済地理学の姿勢を、ヘロッドは高く評価する。同時に彼は、マルクス主義経済地理学においても、「空間の生産」の主体を資本あるいは管理階級に措定する傾向が強いことを批判するのである。ヘロッドは労働者を受動的存在とみなしている限りにおいて、マルクス主義経済地理学も新古典派的な経済地理学と同様の問題点を有していると断じる。

こうしてヘロッドは、経済地理学においては、立地論であれ、マルクス主義経済地理学であれ、労働者を資本家がつくり上げた経済景観の中で受動的に振る舞う存在とみなす傾向にあったと批判する。そして彼は、労働者も地域形成に主体的に関与していることを正当に評価し、労働者の視座に立った新しい経済地理学の確立を目指すべきであると主張する。Herod（1997a）の "From a geography of labor to a labor geography" というタイトルは、資本中心主義的（capital-centric）な説明の枠組みに立った経済地理学（Herod 2010：24）から、労働者の行為主体性を正当に評価する経済地理学への転換の必要性を訴えるスローガンなのである。

これまでの議論から考えると、"geography of labor" とは、立地因子ないし生産要素にすぎない労働力の分布状態を示す研究といった意味になろう。ここでは "geography of labor" に「労働力の地理」という訳を充てる。「労働力の地理」に属する研究では、労働者は経済景観をつくり出す行為主体性を持たない存在とみなされる。つまり、労働者の分布および存立形態は、資本の運動の従属変数ということになる。これに対して労働者の行為主体性を意識した "labor geography"、すなわち「労働の地理学」では、地理的な現象を発現させる独立変数として、労働者の行為を扱うことになる。

労働力の再生産は、特定の地点に置いて行われている。そして労働者は、自らの労働力の再生産に適したように、空間を編成しようとする。それは、企業あるいは資本の持つ生産の論理としばしば対立する。労働運動は、そうした対立が顕在化したものである。したがって労働運動は、労働者の行為主体性の発露と捉えることができる。「労働の地理学」は、労働者が労働運動を通じて空間スケールの生産に寄与していることに焦点を当てた研究を起点として発展してきた。次項では、労働運動に関する具体的な研究を通じて、労働者の行為主体性が空間スケールを生産するとはどのようなことなのかをみていこう。

(2) 労働運動による空間スケールの生成

1980年代を迎えると、多くの先進資本主義国では労働組合の組織率の低下が顕在化してきた。これを受けて、労働組合の衰退にみられる地域差と地域社会との関係に着目した研究がなされた（Clark 1989；Martin et al. 1993, 1996）。「労働の地理学」の中心的論者が論文を公表し始めるのは、ちょうどこの頃のことである。ヘロッドの初期の論文（Herod 1991a, b, c）には、労働者の行為主体性への着目や労働者による空間スケールの生産といった分析視角がすでにうかがえる。Peck（1989）は地域労働市場の概念を再検討するために書かれたものであり、その内容は次節で詳細に検討する Peck（1996）の中でも重要な部分に引き継がれている。労使関係における労働者の力が相対的に弱まる状況下で、「労働の地理学」はあえて資本主義の経済景観を形成する労働者の行為主体性に目を向ける形で始められたのであった。

多国籍企業のグローバルな展開が象徴的に示すように、資本の移動性が高まって企業活動と特定の場所との結びつきが薄れると、生活の基盤を容易に移すことのできない労働者は、労使関係においてこれまで以上に弱い立場に立たされるようになる（Storper and Walker 1989）。一方企業は、工場閉鎖や生産の縮小を切り札としてちらつかせながら労働力を強権的に統制[5]できるようになる（Castree et al. 2004）。それは、職場を基盤として労働条件や処遇の改善を目指す旧来の労働組合の戦略が十分な成果を上げられなくなることを意味す

る（Martin et al. 1996）。それゆえ、他の職場の労働組合を含む地域の多様な組織と連帯し、場合によっては自治体とも連携することで、労働という範疇にとらわれずにさまざまな地域問題に取り組む労働運動（コミュニティ・ユニオニズム）が、新たな労働運動の可能性として注目されるようになった（Wills 2001a）。

Jonas（1992）はアメリカ合衆国の中都市であるウースターを舞台に、ある企業が敵対的買収の危機にさらされたとき、メセナ活動などによって築き上げられてきた企業と地域社会との良好な関係が買収反対運動の基盤になったことを報告している。これに対してシカゴでは、同様の買収劇に対して労働組合、地域集団、市当局などの連携が図られたものの、結果的に企業の買収とその後の工場閉鎖をくい止めることはできなかった（Jonas 1995）。ヨナスがウースターとシカゴの比較分析を踏まえて述べているように、コミュニティ・ユニオニズムの成否は多分に地域的文脈に依存する。そもそも、地域社会に打撃を与えうる企業買収や工場閉鎖に対して、地域社会を動員した共闘態勢が取られるか否かも状況依存的である[6]。

コミュニティ・ユニオニズムに関する研究は、労働組合が職場という閉じた領域を内破することで、多様な主体を巻き込んだ新たな労働運動の形態と、それに対応した新たな空間スケールが生成されるプロセスを解明してきた。こうしたローカルな連帯の形成に関わる研究に並行して、資本のグローバルな展開に対応して、運動の空間スケールをグローバルに拡大しようとする労働運動に関する研究も活発化している。

Herod（1995a）は、職場の安全をないがしろにした合理化が実行されたことをきっかけとするローカルな闘争が、ある投資家に対する排斥運動の形を取って国境を越えた展開を見せた事例に寄せて、労働者がグローバルに行動する主体であり、またグローバル化というプロセスの営力にもなっているとするHerod（1995b）の主張を裏づけている。またWills（1998）は、欧州労使協議会（European Works Councils）の制度化[7]によって、経営上の重要な意志決定に関わる情報がEU加盟国内の他国で働く同一企業の労働者代表に共有され、

労働者の新たな国際的連帯の可能性が開かれたとしている[8]。

　しかし、トランスナショナルな労働者の連帯が当事者同士の対等な関係として構築されるとは限らない。冷戦時の先進資本主義国では、経営者と労働組合が協調し、対外直接投資先の地域で設立した労働組合を労働者の管理や反共産主義の手段として利用していた経緯がある（Cox 1997；Herod 1998a）。これに類似した意図をもつ動きは、冷戦が終結した後にも見られる。市場経済に移行した後の東欧において、国際金属労連（International Metal Workers' Federation）は市場経済の下での労働組合のあり方に関するセミナーを積極的に行ってきた。これは、進出した西側企業によって労働者の権利が損なわれることを予防するためであるとともに、東欧に西側の労働運動および社会経済システムを確立することで、旧ソ連における市場経済への移行が難航した場合、その影響が飛び火することを防ぎたいという思惑もあったとされる（Herod 1998b）。日本に関しても、連合（日本労働組合総連合会）が現地の労働組合と接触することで日本的な労使関係を伝道し、日本企業の海外進出を支援してきたとの見解がある（Hanham and Banasick 1998）。

　Rutherford and Gertler（2002）は、「労働の地理学」においては、労働運動の方向性のうち、グローバルへのスケールアップとローカルへのスケールダウンが強調されているが、国家という空間スケールに軸足を据え、労働組合の活動が職場をどう変えてきたのかを追求する視点が重要であると主張する。しかし、Herod（1997a）で述べられているように、どの空間スケールが重要であるかは先験的に決まるものではない。筆者としても、ローカル、ナショナル、グローバルといった固定的な空間スケールの枠組みにとらわれることなく、労働組合のスケール・ポリティクスに焦点を当てた研究に、むしろ発展性を感じる。Herod（1997b）は、アメリカ合衆国東海岸における新旧2つの港湾労働者の組合の対立を題材にしている。そこでは、旧組合（ILA-IND）が港ごとの労使交渉を主張する新組合（AFL-ILA）[9]を退け、最終的には東海岸を1つの単位として労使交渉を行う権利を勝ち取る過程が、双方の組合のスケール・ポリティクスと関連づけて詳細に描かれている[10]。一方 Herod（1998c）は、

港湾の内部というきわめてミクロな空間スケールの再編を取り上げ、船舶輸送のコンテナ化によって港湾での荷役の内容が変化したことで、港湾労働者の組合と倉庫労働者の組合のなわばり争いが起こり、両者の職域の仕切り直しがなされたことを明らかにした。

以上の限られた紹介からもわかるとおり、ヘロッド自身はもちろん、彼に共鳴し、「労働の地理学」を標榜してきた経済地理学者が「労働の地理学」の実践として取り組んだのは、組織化された労働者が、資本家と対峙し闘っていく中で、ローカル・ナショナル・グローバルといったさまざまな空間スケールにおいてネットワークを構築し、現代資本主義の空間編成に能動的に関わっていくプロセスの分析であった。そうした取り組みは、資本の運動、より具体的には企業の意思決定を特権的な説明変数とし、結果として労働者の行為主体性を軽んじてきたことを経済地理学者に自覚させる新風となり、広く労働や労働市場に関する経済地理学的研究を活性化させてきたのである。

3　労働市場の社会的調整

ヘロッドの提唱した「労働の地理学」が狭義の「労働の地理学」であるとすれば、The Dictionary of Human Geography 第5版の記述にあるように、労働や労働市場に関する事象全般に対象領域を広げた研究潮流は、広義の「労働の地理学」と呼ぶことができる。以上のような含意を込めて、筆者は本書を通じて狭義の「労働の地理学」、広義の「労働の地理学」という表現を用いる。「労働の地理学」の概念を拡張していくと、その核心に位置づけられるべき労働者の行為主体性に光が当たらなくなると憂慮する声もある（Coe and Lier 2010；Herod 2010）。しかし本章の5で述べる理由から、筆者は「労働の地理学」を広義に捉え、実証研究を展開したいと考える。

ジェイミー・ペック（Jamie Peck）は広義の「労働の地理学」の発展に多大な影響を与えてきた経済地理学者である。もはや古典となった"Work-Place"（Peck 1996）は、ヘロッドらの研究とは系譜を異にし、労働市場のセグメン

テーション理論の伝統を踏まえ、ここにレギュラシオン理論を摂取して、社会的調整を鍵概念に経済地理学の立場から労働市場の成り立ちとその振る舞いを分析することを試みた著作である[11]。そこで展開される議論の根底にあるのは、第一に労働市場が価格メカニズムのみによって調整されているのではなく社会的に調整されていることであり、第二に労働市場が本質的に地理的多様性を持っていることである。

先験的に存在する実体として扱われがちな地域労働市場という概念を再検討することは、Peck（1996）の中心的な課題であるが、彼は性急に地域労働市場の本質論を始めたり、経験的研究を展開したりはしない。まず、労働力が他の商品一般とは異なる擬制商品であるため、労働市場が労働力の分配の場として機能するためには何らかの制度が必要であることを確認したうえで、新古典派に代わるアプローチとしてセグメンテーション理論を導入し、その系譜をたどっていく。

ペックは、従来のセグメンテーション理論を3世代に分けて整理する。第一世代は、Doeringer and Piore（1985, 初版は1971）が発展させた二重労働市場論である。二重労働市場論とは、独占企業が専門性の高いスキルを持った労働者を安定的に確保しておくために長期安定雇用と高賃金が保障される内部労働市場を発達させる一方で、残余の労働者は競争圧力が強く不安定就業や低賃金が卓越する二次労働市場に組み込まれるというものである。

Doeringer and Piore（1985）は、労働市場分断の要因を生産プロセスにおいて必要とされるスキルの違いに求めていたが、第二世代のGordon et al.（1982）では、独占企業による労働力統制戦略が労働市場の分断をもたらしていると考える。生産技術の進歩によって熟練の解体が起こり、労働過程が均質化すると、労働者の間に階級意識が醸成されたり労働者の団結が強まったりする可能性が出てくる。その基盤を掘り崩すために、独占企業が労働者を分割統治（divide and rule）する戦略を採ることが、労働市場の分断をもたらしているとするのである。

ペックは第二世代までの理論では、労働市場が単一のメカニズムよって基本

的には2つに分断されるとみていること、労働力の供給側の理解が単純すぎること、労働力の再生産や動員にかかる国家の役割を過小評価していることなどを指摘する。そして、労働力の需要側、供給側の双方に起因する多様な要因によって労働市場の分断がもたらされていること、国家および社会による調整が労働市場に強く作用することを組み込んだ、第三世代のセグメンテーション理論を紹介する[12]。労働市場の態様は、分断をもたらす諸要因の関係性や国家や社会による労働市場の調整のあり方によって異なるため、第三世代のセグメンテーション理論では、労働市場は状況依存的で多様性をもつものと認識される。

　以上の手続きを経て、ペックはようやく地域労働市場の概念的な検討に取り掛かる。第三世代のセグメンテーション理論では、労働市場の振る舞いが状況依存的であることが意識されているが、それは歴史的な経路依存性か、制度の違いに起因する国家間の差異として扱われるのが一般的で、国内の地理的多様性はほとんど意識されない。ペックはセグメンテーション理論の中に空間を位置づけ、第四世代のセグメンテーション理論を打ち立てようとする。しかし既存の地域労働市場の捉え方は、そのための有効な出発点とはなってくれない[13]。従来の研究における地域労働市場は、平均的な通勤圏として把握され、労働力の容器や分析単位として先験的に与えられてきた。これに対してペックが投げかけるのは、地域労働市場を特定の空間的広がりを持って生成させ、その態様を決めているのは何かという問いなのである[14]。

　ここでペックは、批判的実在論を導入する。批判的実在論では、現象の背後にあって経験的には把握することのできない構造を、抽象化によって把握しようとする（Sayer 1992）。ペックは、われわれが労働市場において観察している諸現象の背後には、労働力の需要と労働過程に関わる「生産」、労働力の供給を組織化する「社会的再生産」、および「社会的調整」（とりわけ国家の役割に注目する）の3要素の相互作用からなる構造が存在すると認識する。社会的過程としての生産、社会的再生産、社会的調整それぞれのあり方、そしてそれらの相互作用のあり方は、時代によっても、国によっても異なる。同一の国家による社会的調整の下にあっても、すでに存在している社会的、経済的、制度

的な地域差や偶発的な出来事の影響を受けて、生産および社会的再生産は地理的多様性を伴って組織化される。したがって、労働市場は基本的にローカルに構築されていると言うことができ、地域労働市場概念の妥当性が担保される。

続いて労働力の社会的調整という概念を掘り下げるにあたり、ペックはレギュラシオン理論を導入する。レギュラシオン理論における社会的調整様式とは、資本主義的経済発展の軌道を意味する蓄積体制において、特定の成長と分配の様式（蓄積システム）を成り立たせている制度や慣習、社会規範といった社会関係の総体である。ペックは、レギュラシオン理論が蓄積体制の歴史的変遷や国家間の調整様式の差異に関心を向けてきたのとは対照的に、国内における調整様式の地域差や、それと不可分である不均等発展を見過ごしてきたことを批判する。そして労働市場の社会的調整と不均等発展が結びつく論理として、以下の3つを挙げる。

第一に労働市場に限らず、国家による社会的調整全般が、地域的不均等発展を前提として行われていることである。第二に国家による労働力の調整そのものが、地域的に異なる効果をもたらすことである。特定の地域を対象にした政策はもちろんのこと、政策対象の分布に偏りがあることにより、結果的に政策の効果に地域差が生まれることもある。第三に、その地域に先行して存在する制度や労働市場の構造との相互作用によって、労働市場の社会的調整過程の帰結が地理的な状況依存性を帯びることである。これは、労働市場の社会的調整と不均等発展を結びつける環の中でも、もっとも重視すべきものである。地理的な状況依存性を帯びているからこそ、「地域労働市場の調整の特徴は、先験的に決まるのではなく、理論に裏打ちされた実証研究の対象領域である」（Peck 1996：106）という主張が意味を持ってくる。

かくしてペックは、労働市場の社会的調整が必然的に地理的多様性を伴うものであるとの結論に至る。ここで注意しておきたいのは、Peck（1996）は労働市場の社会的調整を論ずる際に、ローカル・スケールの優越性を主張しているわけではないことである。これに関連して Peck and Tickell（1992, 1995）は、サッチャリズム下のイギリスを題材として、「社会的調整のローカルな様式」

（LMSR：Local Mode of Social Regulation）という概念を導き出している。Peck and Tickell（1995）によれば、LMSRは、ローカル・スケールで完結した調整プロセスを意味するのではなく、むしろサブナショナルの調整様式がナショナル・スケールなどの上位の調整様式にどのように接合されているかを検討するための概念装置である[15]。自治体の政策、企業同士のネットワーク、社会規範、労働文化、世帯構造などの総体からなる（地域）制度諸形態によって、労働市場の社会的調整がローカル・スケールで領域化されていることは間違いないが、それ以上に重要なのは、ローカル・スケールでの調整がナショナル・スケールでの調整、さらにはグローバルな調整の中に埋め込まれ、接合されていることであり、その接合のあり方を解明することなのである。

　Peck（1996）の最大の功績は、労働市場に対して制度論的にアプローチすることによって、ローカル・スケールで労働市場を分析する理論的根拠を打ち立てたことにあるといってよいであろう。その試みは、住居と職場という点を結ぶ線の集合体としての通勤圏に還元されがちであった地域労働市場を、理論的に豊かな形で再概念化する結果となった。もっとも、Peck（1996）以前にも、労働組合活動の地域差と労働法の関係や、労働法に基づく労使対立の裁定が特定地域における労働運動に与えた影響という形で、労働市場の調整を経済地理学における研究に取り入れる試みはあった[16]。こうした研究では、主として公権力による法制度を通じたフォーマルかつ直接的な労働市場の調整が分析されている。これに対してPeck（1996）のいう社会的調整の射程は、法などのフォーマルな制度によって労働運動を規制したり労使の対立を調停したりするものばかりでなく、イデオロギーや社会心理といったインフォーマルなものにまで達している。

　地域労働市場における社会的調整に関する議論の展開を簡単に見ておこう。Jonas（1996）は、いかにグローバル化が進展したとはいえ、資本家は生産活動を行うためにローカルな労働力の統制の必要に迫られることを前提に「ローカルな労働力統制体制」（LLCR：Local Labour Control Regime）という概念を提示している。LLCRは、Peck and Tickell（1992, 1995）のLMSRを継承し、

労働力の統制に絞って理論的深化を図った概念である。Jonas（1996）によれば、生産、再生産、消費は相互規定的な関係にあり、その関係性は歴史的、地理的な状況依存性を帯びている。したがって、労働力に対する統制は必然的に再生産や消費の領域にも及び、しかもローカル・スケールで展開することになる。

　Jonas（1996）のLLCRも、上位の空間スケールにおける調整に組み込まれているとみなされているが、生活圏としての地域労働市場において営まれる労働者の再生産活動や消費活動がいかにして統制されているかに焦点が当てられているため、ローカル・スケールでの統制の相対的独自性が強調される結果となっている。これに対して、Kelly（2001, 2002）は、輸出加工区における労働力統制体制が、国家や移民労働力などのより広い空間スケールで活動する主体を含めた多様な主体の相互作用によって成り立っていることを示した。とくにKelly（2002）では、マレーシア、インドネシア、フィリピンの輸出加工区における労働力統制体制の比較分析を通じ、個別の職場での労使関係やローカル・スケールの労働力統制体制にみられる差異が、国家の制度や成長戦略といったナショナル・スケールの背景ならびに多国籍企業や移民の動向といったグローバル・スケールの背景に埋め込まれたものとして説明されており、空間スケールの重層的な接合という視点の有効性が説得的に示されている。

　ケインズ主義的福祉国家の下で、労働者の基礎的な生活が国家によって保証されていた時代には、立地論がそうであったように、労働者を労働力に還元して対象化する研究が影響力を持っていた。ペックのような労働市場への制度論的アプローチが盛んになったのが、新自由主義が席巻し、市場原理主義的な経済思想が広まる時代になってからであるのは皮肉である。しかし、流行の経済思想いかんによって、労働をめぐる事象に対して制度論的にアプローチすることの重要性が揺らぐものではない。そもそも労働力は擬制商品であり、それゆえ労働市場は一般の商品市場とは大きく異なる性質を持つ。それにもかかわらず、労働者を労働市場における商品に還元しようとするポリティクスそのものが、制度論的アプローチの重要な研究課題になるのである。

4 労働市場の媒介項

(1) 第三のアクターとしての媒介項

　労働力はそれを有する労働者の人格と不可分であり、質的な多様性がきわめて大きい。したがって労働市場は、複雑な力学によって複数の部分労働市場に分断され、それぞれが異なったメカニズムで動いている。労働力は特殊な擬制商品であるから、労働市場を律するメカニズムは単純な価格メカニズムではありえない。労働市場が成立するためには、社会的調整が不可欠なのであり、労働市場の社会的調整は本質的に地理的多様性を帯びる。

　ペックの主張を単純化すると、以上のようになるだろう。これまでの経済地理学では、地域労働市場を所与の実体と認識し、通勤圏の把握によってその広狭を測定したり、内部の労働力構成を把握したりする「労働力の地理」に終始している研究が多かった。これに対してペックは、労働市場の社会的調整という概念をひっさげて「労働力の地理」を乗り越え、ヘロッドとは別のルートから「労働の地理学」に至ったといえる。

　しかしペックの議論は相当に抽象度が高いうえ、労働市場の社会的調整という概念には労働市場を取り巻く一切合財が含まれている感がある。したがってペックの論点を実証研究に生かすためには、議論を十分に咀嚼したうえで焦点を絞り込むことが必要である。「労働の地理学」が経済地理学の下位分野であるならば、その実践においては少なくとも空間や場所を重要な契機とするべきである。そのことを踏まえて「労働の地理学」の実証研究を展開するためには、近年関心が高まってきた「労働市場の媒介項」という概念を批判的に継承・発展させることが重要であると考える。なぜなら、今日では、国や自治体による労働市場の媒介項の設立・運営や、民間企業として運営されている労働市場の媒介項の事業に対する規制（緩和）が、労働市場の社会的調整として大きな意味を持つようになっているからである。

労働市場の媒介項（labor market intermediaries）とは、文字どおり労働市場において労働力を需要する雇用者と労働力を供給する労働者の仲立ちとなる組織のことである。労働市場の媒介項の定義は研究者によってかなり異なる。Carnevale and Desrochers（2004：170）は、労働市場の媒介項を「公的な法や規制に加え、一連のインフォーマルな慣習や公的・私的な制度など、個人およびコミュニティを市場経済と結びつけるもの」と定義している。一方フィッツジェラルド（2008：21）は、労働市場の媒介項は、「構造的ギャップを埋める」という原理的な機能に加え、「人々が安定した職を維持することを妨げる障害、人々が就きたいと望む仕事を雇用主が供給することを妨げる障害」を除去し、その実現のために労働者に「職業訓練、教育、ソフトスキルを組み合わせて提供する」機能をもつものと位置づけている。

　前者によれば、労働市場の媒介項とはペックのいう労働市場の社会的調整とほとんど同義である。労働市場の媒介項に関する議論は労働市場の社会的調整に関する議論とは系譜を異にしているが、両者は親和性をもっているのである。しかし本来商品ではない労働力を市場経済に包摂するための制度の総体を労働市場の媒介項としてしまうと、労働市場の社会的調整と同様に、実証研究には適用し難い概念となってしまう。後者では、労働者のキャリア形成に資するものでなければならないという価値観が前面に出ているため、一定の一般性・抽象性をもって研究全体の理論的背景を構築するという本章における定義には相応しくない。そこで本書では、労働市場の媒介項を、「求人と求職者のマッチング、職業訓練、キャリアサポートなど、いくつかのサービスの組み合わせによって、雇用関係を仲介する組織」（Benner et al., 2007：10）という定義を採用したい。これであれば、労働市場における構造的ギャップを埋めるという原理的な機能を持ったうえで、場合によっては付加的なサービスも提供するものとして、労働市場の媒介項を捉えることができる。

　Benner（2002）は、労働市場を分析する視点が労働者と雇用者の相互依存・敵対関係が動態的に展開する場という側面に偏っていたと主張する。従来の研究では、労働力の需要側と供給側の力関係を焦点化するあまり、両者を仲介す

る媒介項はほとんど顧みられなかったが、ベナーは労働市場の媒介項を労働者、雇用者と並ぶ第三のアクターに列する。

　労働市場の媒介項のもっとも基本的な機能は、労働力の需要と供給のマッチングである。一般的に市場の媒介項は、取引費用を低減し、市場メカニズムをより効率的に作動させる組織として研究されてきた。新古典派経済学が想定するような完全市場が現実には存在しないため、取引が成立するためには、まずは売り手（供給者）と買い手（需要者）がそれぞれを見出さなければならず、そのためには情報が必要である。また、現実の市場は一点市場ではないため、売り手と買い手は多かれ少なかれ空間的に隔たっている。売り手と買い手は、不完全で非対称な情報と空間的乖離という条件下で互いを見出し、さまざまな交渉をし、契約を取り結び、価格を決定していかなければならない。媒介項が何もなければ、取引のたびにこれらの作業を繰り返す必要がある。卸売業者などの市場の媒介項は、市場が不完全であるために発生する取引費用を低減させるものとして、存在意義を持つ。

　労働市場では、情報の不完全性と非対称性が一般の市場に比べてはるかに大きい。労働力とは、突き詰めれば人間の持つ肉体的・精神的能力である。したがって労働市場においては、質的にきわめて多様な労働力商品が、無数の労働者から供給されることになる。しかも現実の労働市場は空間的な広がりを持っている。何ら媒介項がないとすれば、雇用者は労働力商品を効率的に調達することができない。そのうえ、短時間のうちに労働力の質を正確に査定することは困難である。労働者にとっても、雇用機会を見つけ出し、自らの肉体的・精神的能力を雇用者にアピールすることは容易ではない。また、提示された賃金が自らの有する労働力に照らして適正であるのか、より高く販売できる可能性があるのかを判断することは難しい。こうして労働市場においては、労働力の需要と供給に関する情報を集約し、雇用者と労働者の適切なマッチングを行う媒介項の役割は必然的に大きくなる。

　Benner（2002）は、労働市場の媒介項についても、取引費用の低減という市場の媒介項一般に共通する機能があることを確認したうえで、労働市場に関

する理解を深めるためにはそれを越えた議論が必要であるとする。労働力は自らの意思を持ち、社会に埋め込まれて生きる生身の人間から切り離せないため、他の商品や生産要素と同様に扱うことができない商品であるからである。

Benner (2002) では、フレキシブルな労働市場における労働者のキャリア形成や、企業や地域の競争力の源泉でもあるフレキシビリティと労働者生活の安定性との両立といった観点から、シリコンバレーで行った実証研究が捉え返されている。Benner et al. (2007) では、労働市場の媒介項が労働市場の態様にどのような影響を与えるのか、とりわけ不利な状況に置かれた労働者たちにどの程度の機会を与え、媒介項を改良することがこうした人々がより良い職を得て、より良いキャリアを形成することにどの程度繋がるのかを明らかにするという研究課題が設定されており、労働者の視座に立つことが明示されている。

Benner et al. (2007) では、労働市場の媒介項の機能が market-meeting、market-molding、market-making の3つに整理されている[17]。Market-meeting は、労働市場に存在する労働力の需要と供給を所与のものとしてマッチングする機能であり、取引費用の低減機能に対応する。Market-molding は、単なるマッチングに加え、一般的な職業訓練や情報提供、キャリア教育、労働者および雇用者双方のネットワーク形成の支援などを施すことで、労働者の雇用確保やキャリア形成機会の拡充に寄与する機能である。Market-molding は、文字どおり労働者のスキルを労働市場の需要という鋳型に合わせていくサプライ・サイドへの働きかけを意味しており、労働力の需要構造を変えるわけではない。これに対して market-making は、労働市場の媒介項が賃金水準や福利厚生、雇用保障といった労働力需要の構造に影響を与えることを意味する。つまり、労働市場の媒介項を、労働市場をつくり上げていくアクターと捉える立場が明確に示されているのである。

労働市場の媒介項が持つ market-making の機能によって、労働市場に良好な雇用機会が生み出され、労働者のキャリア形成に資する結果が得られた事例は、英語圏を中心に数多く報告されている(第9章参照)。しかし労働市場の媒介項が有する market-making の機能は、労働市場を労働者にとって有益な

方向に変えていくばかりではない。本書では、派遣・請負業者という媒介項が叢生し、労働市場に間接雇用が広がったことにより、労働市場の底辺部では雇用の安定性がますます損なわれ、賃金や労働条件も低下したことを報告することになる（第6、7章参照）。

　Benner et al.（2007）が示した労働市場の媒介項の3つの機能は、それぞれが独立した機能であるとはいえ、取引費用の低減、サプライ・サイドのスキル向上、デマンド・サイドへの働きかけを通じた労働市場の再構成というように、そこには垂直的な次元の違いが認められる。やや深読みすれば、労働市場の媒介項が労働者の可能性を広げる存在となるためには、単なる取引費用の低減だけではなく、労働者がスキルを向上させて就労可能性を高められる教育・訓練機能を持つほうが望ましく、労働者がより良い条件の下でキャリア形成ができるよう需要側に働きかける機能を持つことができれば、なおさら望ましいという価値観が見通せる。

　筆者はこうした価値観に異を唱える者ではない。むしろ、労働市場政策が依然としてサプライ・サイド重視で進められる一方で、その限界がいたるところで露呈し、デマンド・サイドをも取り込んだ新たな政策が模索されているという先進資本主義諸国の現状に合致する認識として評価できると考える。しかし本章の目的は、「労働の地理学」の基本的な問題意識を理解し、ペック流の労働市場の認識を摂取したうえで、一定の一般性・抽象性を持ちつつも、実証分析に適用可能な分析概念を得ることにある。Benner et al.（2007）が示した労働市場の媒介項の3つの機能は、現代の先進資本主義諸国の政策的文脈に少し引きよせられすぎているように思われる。

　ここで筆者は、労働市場は一般の商品市場と比較して、必然的に自由市場から、より隔たった存在になるという基本的な認識に立ち戻る。労働力という商品は、他の商品以上に空間的ミスマッチと時間的ミスマッチの克服が難しい。加えて、スキル・ミスマッチという固有の問題も存在する。筆者は、広義の「労働の地理学」を展開するに当たっては、上記3つのミスマッチを克服する機能を持った労働市場の媒介項の存在が、われわれが労働市場と呼んでいる制度が

存立するための重要な前提になっていると考える。そのことについて、以下で整理しておこう。

(2) 3つのミスマッチと労働市場の媒介項

①時間的ミスマッチの克服

　われわれは、思考の力によって人間の肉体的・精神的能力から商品としての労働力を概念化することができるが、それはあくまでも思考の産物であり、人格から切り離された素材（モノ）としての労働力が実在するわけではない。労働力は素材（モノ）ではないので貯蔵することはできない。

　資本主義経済において、景気の変動は避けられない。物財であれば在庫として貯蔵することで、市場における需給の変動をある程度は平準化することができるが、労働者との不可分性により、労働力についてはそれが不可能である。かといって労働力需給の変動に応じて頻繁に労働者を採用したり解雇したりすることは、少なくとも日本の労働法の下では許されない。また、原材料については安い時期に買い貯めておくことができるが、労働力についてはそれができないし、いかに供給過剰であっても労働力に対して最低賃金を下回る価格をつけることはできない。

　以上のような特性により、労働力は需要と供給の時間的ミスマッチが発生しやすい商品である。このことへの雇用者の対処方法は、国ごとの労働市場の社会的調整様式によって異なる。アメリカ合衆国では解雇要件が比較的緩やかであるが、業績回復時には先任権に従って再雇用するレイオフの形もしばしばとられる。周知のとおり、解雇要件が厳しい日本では、残業や子会社・関連会社への出向・転籍、重層的な下請関係の構築などによって労働力需給の変動を吸収してきた。

　しかし国民経済の成長が鈍化し、新興国が台頭するなかでグローバルな競争にさらされるようになると、先進国企業は従来の方法で労働力の需給ギャップを乗り切ることが難しくなった。加えて今日の経済活動の中心であるサービス業では、景気変動はもちろんのこと季節や曜日、時間帯など、より短い周期で

労働力の需要が変動する。こうした背景の下で存在感を増してきたのが、派遣・請負業者などの労働市場の媒介項である。

　物財の市場において、在庫機能は卸売業者といった市場の媒介項の主要な機能である。派遣・請負業者は、労働市場において労働力の在庫機能に類するサービスを顧客に提供している。登録型派遣では登録者という形で、常用型派遣や請負では従業員という形で労働者をストックしておき、顧客の求めに応じてその労働力を供給するサービスである。派遣・請負業者の顧客である組織は、労働者と雇用契約を結んでいないため、労働力が不要となれば派遣・請負業者との契約を解除しさえすればよい。派遣・請負業者の成長によって間接雇用が浸透したことで、雇用者は労働力という生産要素についても必要なときに必要なだけ得られるようになり、労働市場の自由市場化が進んだのである。

　Benner（2002）やBenner et al.（2007）においても、派遣業者の台頭によって労働者の賃金や雇用条件が悪化していることや、間接雇用がはらむ問題点については再三指摘されている。また、企業による数量的・機能的フレキシビリティの追求と労働市場の媒介項の重要性を関連づけて論じてもいる。しかし、労働力はその特質から需給の時間的ミスマッチが発生しやすい商品であり、それゆえに労働市場の媒介項を活用した数量的フレキシビリティの獲得が模索されるという論点にまでは至っていない。本書の第6、7章では、派遣・請負業者が有する労働力需給の時間的ミスマッチの克服機能を、Benner et al.（2007）のいうmarket-makingの重要な一要素と位置づけて分析する。

②空間的ミスマッチの架橋
　労働者と不可分の商品である労働力を輸送するとすれば、それは労働者の移動という形をとらざるを得ない。ほとんどの労働者は、固定的な住居から特定の職場に出向いて、自らの労働力を販売・行使している。つまり通勤という形で、日々の労働力の輸送が行われている。労働者は住居を拠点に生活空間を編成し、コミュニティへの関与を深め、人的ネットワークを築き上げていく中で、特定の土地に深く根差していく。個人レベルで組織化された生活空間が交錯し、

一定のまとまりとして認識されたものが地域（locality）であり、人々はそこに愛着や帰属意識を持つ。求職活動の大半もまた、住居を所与として特定の地域内で行われる。

労働市場におけるマッチングの多くは、ローカルでインフォーマルな社会ネットワークを通じて行われる（Granovetter 1995）。しかし Benner（2002）と Benner et al. (2007) が研究対象としたピッツバーグとシリコンバレーのように、都市圏レベルでのマッチングになると、組織としての労働市場の媒介項の働きが大きくなる。なぜなら、相当の空間的広がりの中に多数の労働者と雇用者が離れて存在することになるからである。とりわけ労働力は、各労働者の住居において再生産されるため供給地点がきわめて分散しており、雇用者にとって効率的に調達することは難しい。こうした状況にあって、労働市場の媒介項は求人情報と求職情報を集約し、両者のマッチングを図ることで、労働力需給の空間的ギャップを架橋する機能を果たす。

労働力の地域間移動が発生する場合、労働市場の媒介項の働きはいっそう重要になる。労働市場が自由市場であるならば、何の媒介項がなくても労働者は労働力の供給が過剰である地域から供給不足の地域に移動するはずである。新古典派のモデルはそうした想定に基づいているが、先進国ではより良い雇用機会がありそうな地域にとりあえず移動してみるといった投機的な移動（speculative migration）は少なく、大半は仕事が決まったうえで移動（contracted migration）している（Boyle et al. 1998：95）。つまり、労働力の地域間移動の多くは、何らかの組織が雇用者と労働者を結びつけることによって起こっている。労働者にとって、住み慣れ愛着を持った地域を離れることは、心理的な不安と現実的リスクを伴う行動である。したがって、労働力の地域間移動、とりわけ国際移動を仲介する媒介項は、労働者に対して求人情報だけではなく、移動先地域の生活情報や住宅の確保、あるいは就労ビザの取得支援などの機能も提供していることが多い。

労働市場の空間スケールは重層的で多様である。そしてその多様性は、さまざまな労働市場の媒介項が、異なる空間スケールで労働力需給の空間的ミスマ

ッチを架橋することによってつくり出されているところが大きい。本書では、労働力需給の時間的ミスマッチの克服とならび、空間的ミスマッチの架橋を、労働市場の媒介項が有する重要な機能と位置づける。

③スキル・ミスマッチの解消

　労働力は、人間の持つ肉体的・精神的能力が生産要素として商品化されたものであるから、本来的に不均質である。特定の労働過程において必要とされる肉体的・精神的能力カテゴリーがスキルであり、生産性の高低に応じて、スキルが高い／低いという評価が下される。当然雇用者は、必要なカテゴリーにおいてなるべく高いスキルを持った労働者を雇用したいと考える。しかし情報の不完全性や非対称性が障壁となり、労働者が持っているスキルを見極めるためには多大な労力が必要となるうえ、労力を費やしたところでスクリーニングの成功が保障されるわけではない。

　ここに、雇用者の求めるカテゴリーと水準を満たすスキルを持った労働者をスクリーニングして紹介する機能を担う組織が登場する契機がある。日本では、長らく有料職業紹介の取り扱い業種に強い規制がかけられていたため、この機能は公共職業安定所の独占状態にあったが、1999年に取扱業種が原則自由化されたのをきっかけに、民営の有料職業紹介所が急増した（柳沢 2008）。基本的に求人側からの紹介料が、有料職業紹介所の収入となるが、紹介した労働者が短期間のうちに離職してしまった場合には、紹介料を受け取れないことが普通である。そのため、有料職業紹介所には、公営の無料職業紹介所以上に、労働者を効果的にスクリーニングするためのノウハウが蓄積されている。

　職業紹介所は Benner et al.（2007）のいう market-meeting の機能を有しているが、その時点で労働市場に存在する労働者のスキルでは、労働力需要を十分に満たすことができない場合も多い。産業構造が変化すれば、求められるスキルも変化するため、労働者の有するスキルと雇用者のスキル需要とのミスマッチが顕在化する。また、読み書きなどの基礎学力や規律に従う態度といった、近代的組織で働く労働者であれば身につけているべき基礎的スキルも、生得的

なものではない。経済活動が円滑に行われるためには、需要に見合った労働者のスキル形成、すなわち market-molding がなされる必要がある。

　ここで問題になるのは、労働者のスキル形成のコストを誰が負担するかということである。労働者のスキルは、公共財の性格を有している。教育・訓練によって身につくスキルの汎用性が高ければ高いほど、せっかくスキル形成に投資しても、その果実をフリーライダーにかすめ取られてしまう可能性が高くなるため、過少投資となるであろう。その危険性が高い学校教育や一般的な職業教育・訓練については、国家によって担われることが多い。

　一方、特定の労働過程に直結したスキルは、OJT などを通じて養成されることが多い。こうした過程で身につくスキルには、他企業に移ってしまうと役立たない企業特殊的な部分があるため、労働者を引き留める効果を持ち、スキル形成に対する投資が無駄になりにくい。しかし、次章で説明するように、市場の不確実性の増大に伴って雇用者が労働力のフレキシビリティを追求するようになり、労働市場の流動化が進むと、企業内でスキル形成の機会を与えられる労働力は限定され、社会的にみるとスキルへの投資が過少となる。

　学校教育や一般的な職業教育にとどまらず、より実践的な職業教育・訓練を担う労働市場の媒介項の登場が要請されるのは、こうした事情による。労働者のスキル形成を通じた労働市場におけるスキル・ミスマッチの解消は、労働市場政策の典型的な政策目標である。日本における職業訓練校やアメリカ合衆国のコミュニティ・カレッジなどのように、スキル・ミスマッチという課題に取り組む機関が国や自治体によって運営されている場合もあるが、NPO や社会的企業、商工会議所、労働組合、民間企業などが政策決定の段階から関与し、国や自治体の委託を受けて実施している場合のほうがむしろ多い。成功例として紹介されている政策プログラムの大半は、労働市場におけるスキル需要を所与として職業教育・訓練を施すだけではなく、労働者を雇う企業の参画を得て、労働者が身につけたスキルをいかに使うかを視野に入れた職業教育・訓練プログラムを編成しており、さらには仕事の経験を通じて労働者が中長期的なキャリア形成を展望できる内容となっている。こうした market-making の取り組

みに企業が参加するのは、企業がそれを一方的な負担とみなさず、生産性の向上といったメリットを享受できると認識しているからである。

Benner et al.（2007）が見出した労働市場の媒介項が持つ3つの機能（market-meeting、market-molding、market-making）は、スキル・ミスマッチの解消という機能を労働力の需要側・供給側に対する働きかけの強さによって3段階に分けたものである。裏を返せば、Benner et al.（2007）やその基礎となったBenner（2002）は、労働市場の媒介項が持つ時間的ミスマッチの克服および空間的ミスマッチの架橋という機能には、思い至っていないのである。スキル・ミスマッチの解消に、時間的ミスマッチの克服と空間的ミスマッチの架橋を加え、労働市場の媒介項の機能を3つに整理した点は、本書のオリジナリティの1つであると主張して差し支えないであろう。

5　本書の目的と分析視角

本章を締めくくるに当たり、本書の目的と分析視角の特徴を述べたうえで、本書の構成を示す。本書において筆者は、ローカルからグローバルに至る多様な空間スケールを射程に収め、労働市場の媒介項の役割に焦点を当てながら、現代とりわけ2000年以降の日本の労働市場の特徴を、労働者の視点から描き出すことを目的とする。以下、本章で論じてきたことと関連づけて、この目的について説明したい。

「労働者の視点から」としたことから明らかなように、筆者は本書を「労働の地理学」の系譜に位置づけたいと考えている。しかし筆者が依拠しようとするのは、広義の「労働の地理学」であって、労働運動に焦点を当てた狭義の「労働の地理学」の掘り下げを目的とはしない。確かに組織化された労働運動は、労働者の主体性の発露としてはわかりやすい事例であるが、労働者と雇用者の意図がよりインプリシットにせめぎ合い、結果として労働者の意向が反映された形で地域労働市場が生成することも多い。その実例として、日本におけるいくつかの研究を挙げよう。

梶田（2005）は、ある奥地山村において、土木業の経営者が可能な限り雇用機会の安定化に努め、労働者も機会主義的な就業行動をとることがないという、協調的な関係が築かれていることを見出している。ここでは、労使が同じ地域社会に属することによるパワーバランスが、地域労働市場を特徴づけている。田子（1994）は、東京圏の縁辺部に進出してきた工場の生産の論理と、そこで働く女性の家事を中心とした再生産の論理がせめぎ合うなかで、工場の操業のリズムと女性従業員の生活のリズムが定常状態に至るプロセスを詳細に分析している。吉田（2007）の第Ⅴ章では、典型的な男性職である宅配便ドライバーとして働く女性が、労働時間の合間に家事や子どもの送迎などを織り込んでいることが示され、そのことが男性職／女性職という性別役割分業のみならず、公的空間／私的空間、職場／家庭という二元論的な空間を脱構築する可能性が論じられている。これらの研究において、労働者は明示的な形で雇用者に異議申し立てをしているわけではない。しかし隠伏的な形ではあれ、雇用者との緊張関係の中で労働者の主体的行為が地域労働市場や職場の秩序をつくり上げていく過程が分析されている。筆者はこうした研究の知見も、筆者なりの「労働の地理学」を豊富化するために摂取していきたいのである。

　さらにいえば、筆者は明確に行為主体性を発揮できる労働者のみが、現代資本主義の空間編成に関わっているわけではないと考える。労働者は再生産の場である住居を拠点として、所得機会、消費機会、共同生活機会を編成することで、特定の地理的領域の内部において生活を空間的に組織化している（加藤2011）。労働者による生活の空間的組織化の集積は、生産と消費の物的基盤である建造環境と社会関係の総体から成る地域をつくり上げ、変化させていく営力である。したがってすべての労働者は、自らの生活過程を通じて現代資本主義の空間編成に関わる主体であるといいうる（中澤 2012a：50）。

　しかし特定の場所に根を下ろして生活を空間的に組織化することすらできない労働者もいる。第6、7章の対象である派遣・請負労働者がその例である。彼／彼女らは労働市場の媒介項である派遣・請負業者を介してたまたまやって来た地域において、仕事と住居の両方を失う憂き目をみたが、それに対する異

議申し立ての行動はほとんど起こらなかった。筆者は、理不尽ともいえる状況に置かれた労働者たちがなぜ主体性を発揮することなく困難に甘んじたのかを、労働者の側に身を置きながら分析することも、「労働の地理学」の発展に寄与しうることを第7章で述べるつもりである。

　Peck（1996）が主張するとおり、本来は商品でない労働力が商品化され、労働市場という疑似的市場において分配され、労働過程に投入され、労働力の再生産が持続的に行われているのは、労働市場が社会的文脈に埋め込まれ、調整されているからである。そして労働市場の社会的調整は、ローカル、ナショナル、グローバルといった重層的な空間スケールにおいて行われている。ペックのいう労働市場の社会的調整は、価格メカニズム以外のすべてを指すと思えるほど広い概念であるが、本書ではとくに労働市場の媒介項に焦点を当てる。

　労働市場は他の市場に比べて情報の不完全性と非対称性が著しいため、価格メカニズムのみに頼っては円滑な需給のマッチングが期待できず、媒介項の存在が不可欠である。労働市場の媒介項は、単に雇用者と労働者の仲立ちをするだけではなく、その活動によって労働市場の構造を変えていくアクターにもなりうる。本書では、労働市場の媒介項が有する労働力需給の時間的ミスマッチの克服、空間的ミスマッチの架橋、スキル・ミスマッチの解消という3つの機能が、現代日本の労働市場をどのように特徴づけ、さらにはどのように変化させているのかに焦点を当てる。

　本書の構成は、以下のとおりである。第2章では、フレキシビリティ、ワークフェア、エンプロイアビリティといった、現代の労働市場の特徴に関わるいくつかの概念を経済地理学の先行研究を通じて整理し、本書の研究課題をより明確化する。第3章から第8章は、実証研究に充てられる。

　高度成長期から安定成長期にかけての日本では、長期安定雇用が実現し、その入り口である新規学卒労働市場がきわめて重要な部分労働市場をなしていた。とくに中学校・高校の新規学卒労働市場においては、学校が雇用者と新規学卒者を結びつける重要な媒介項であった。高度成長期においては非大都市圏と大都市圏の間に存在した労働力需給の空間的ミスマッチが架橋され、多くの新規

学卒者が大きな摩擦を生じずに大都市圏の労働市場に吸収された。しかし低成長期に入り、学校を通じた新規学卒労働市場は再編を余儀なくされている。第3章では、大分県における専門高校卒業者の職業経験を踏まえ、労働市場の媒介項としての専門高校が地域労働市場においていかなる役割を担っているのかを考察する。

　低成長期に入り、新規学卒労働市場を含め、若年労働市場は厳しい状況が続き、1990年代の後半には若者の失業や不安定就労者の増加が政策的課題として認識されるようになった。厚生労働省と経済産業省が中心となって整備が進められたジョブカフェは、「若者のためのワンストップサービスセンター」という正式名称のとおり、求人情報の提供だけではなく、職業訓練やカウンセリング、キャリア教育など、さまざまな機能をもった労働市場の媒介項として期待されていた。第4章では、大分県における若年労働市場の実情とジョブカフェの政策展開を踏まえながら、労働市場の媒介項としてのジョブカフェが抱えていた問題点について考察する。

　労働者の多くは、自宅から特定の職場に通勤して就業しているが、さまざまな理由からそれができない人や、固定的な職場で働くことになじまない仕事に就いている労働者も少なくない。政府は、情報通信技術を活用した場所や時間にとらわれない柔軟な働き方であるテレワークを推奨している。とりわけ幼い子どもを持つ母親は、家事・育児に係る時間的・空間的制約が強いため、在宅型就業による就労促進が政策的な課題とされている。第5章では、地域に根差したNPO法人による子育て期の女性に対する在宅就業支援の取り組みを紹介し、その可能性について検討する。加えて在宅就業に従事した女性たちの経験から、在宅就業という働き方が構造的にはらむ問題点を浮き彫りにする。ここで取り上げるNPO法人は、職業訓練、仕事の仲介、在宅就業に携わる子育て期女性のネットワーク形成など、多面的な機能を有する労働市場の媒介項である。

　第6、7章では、製造業における派遣・請負労働を取り上げる。派遣・請負業者は、間接雇用状態をつくり出す労働市場の媒介項として労働市場に深く浸

透しており、その過程で労働市場の構造を根本的に代えてきたといっても過言ではない。とくに日本においては、2004年3月に製造業への労働者派遣が解禁されたことが間接雇用拡大の契機となった。2008年に金融危機を発端として世界的な不況が勃発すると、その余波を受けた日本の製造業企業は、間接雇用労働者を主な対象とする大規模な雇用調整を行った。第6章では、大分県における間接雇用労働者の拡大と金融危機に伴う雇用調整の過程を描き出す。そして、雇用調整に対応するために実施された自治体の緊急雇用対策がどのように展開され、利用されたのかについて分析する。

実のところ、雇用調整の規模に比して自治体の緊急雇用対策の利用者は少なかったのであるが、それに頼らざるを得なかった労働者もいた。第7章では、ある自治体の緊急相談窓口を訪れた間接雇用労働者の記録をもとに、派遣・請負業者が労働力の需要と供給の空間的ミスマッチを架橋して、不利な立場にある労働者が広域的に流動する状況を生み出していることを明らかにする。

第8章が対象とするのは、いわばグローバルなスケールで移動する労働者とその移動をつくり出す労働市場の媒介項である。これまで日本人の国際移動は大企業の内部労働市場における男性社員の転勤が中心であったが、1990年代半ば以降、自らの意思で海外に仕事を求めて渡航する女性が増加した。そうした女性は日系企業の現地法人に雇用されることが多く、現地採用労働市場という国境を越えた特殊な部分労働市場が形成されている。第8章では、シンガポールを対象地域として、需要側である日系現地法人、供給側である若年女性、および両者の媒介項である人材紹介会社の3側面から、現地採用労働市場が成立した背景を明らかにする。

本書が対象とする労働者のほとんどは、1つの企業の内部で職業キャリアが完結する人たちではない。本書の対象領域は、労働市場全体の中でいえばかなり特殊な部分労働市場に限られているが、複数の組織にまたがることを前提としたキャリア構築が求められているという現状には一般性がある。第9章では、働く組織を替えながらも労働者が長期的には安定した職業キャリアを構築するための支援を構想するに当たり、役立つと思われる概念や先駆的政策を整理す

る。

注
1) 日本の経済地理学においては、国民経済内部での地域間分業体系の把握を目的に掲げる地域構造論（矢田 1982）の影響の下で、労働経済学や農業経済学の地域労働市場概念が導入され、岡橋（1978, 1980）や赤羽（1980）などの成果が生み出された。さらに友澤（1999）や末吉（1999）は、Massey（1984）の空間的分業の概念を取り入れることによって、個別の地域労働市場の構造を企業内地域間分業の展開によって成立した階層的な地域間関係の中に位置づけることに成功した。加茂（2004）は、こうした系譜を継承し発展させることを追求したものと判断できる。
2) 「労働の地理学」を日本に紹介した先駆的論文である富樫（2002）も参照されたい。
3) "economic" という言葉が使われてはいるが、Herod（1997a）の議論は狭い意味での経済活動にとどまるものではない。それゆえ本章では、経済景観という言葉を、地域差や領域性、スケールの重層性などを伴った不均質な空間の総体を表現するものとして用いる。
4) Harvey（1982）、Smith（1984）、Massey（1984）などが念頭に置かれている。
5) このことを Burawoy（1985）は "hegemonic despotism"（覇権主義的専制）と呼んでいる。
6) Herod（1991a）では、リストラクチャリングを目論む企業に対して労働組合と行政当局が地域社会を動員しない戦略をとった結果、工場閉鎖が実現されてしまった事例が分析されている。
7) EU の労働社会政策の１つとして1994年に制度化された。これは、EU 域内の複数の国において、一定以上の従業員数を持つ多国籍企業に対して、従業員に対する情報提供と協議を目的とした協議会の設立を義務づけるものである。協議会の構成員は従業員から選出され、少なくとも年１回、中央管理組織と会合を持ち、企業の事業の進展と見通しについて情報提供を受け、協議する権利を有する。また、配置転換や事業所の閉鎖、大量解雇など、従業員の利益に重大な影響を及ぼす可能性のある問題については、中央管理組織に対して随時情報の提供と協議を要求することができる。
8) Wills（2001b）では、欧州労使協議会の可能性と課題が掘り下げられており、労働組合が欧州労使協議会の活動により積極的に関与していく必要性が指摘されている。

9) 国際港湾労働者協会（ILA：International Longshoremen's Association）は、1953年にアメリカ労働総同盟（AFL：America Federation of Labor）に除名されて以降、ILA-IND（ILA-Independent）と称した。これが旧組合である。これに対して AFL は、新組合である AFL-ILA の結成を支援した。

10) その後、ILA はより広い空間スケールを労使交渉の単位とする戦略を押し進め、1977年には雇用者との間で多くの項目において全国一律の処遇を勝ち取る。しかしこのことは労務費の高コスト化を招き、1980年代に入ると雇用者の間で非組合員を活用する動きが広まる。その結果、組合員の雇用確保のため ILA を脱退するローカル・ユニオンが登場し、ILA のスケール・ポリティクスは危機を迎えるのである（Herod 1997c）。

11) Jessop（2008）と Rutherford（2008）は、「労働の地理学」が確立をみた地点から Peck（1996）を評している。また、Peck（2008）には、前2者のコメントへの応答に加え、Peck（1996）が成立した過程が書かれており、いずれも興味深い。

12) Peck（1996）が参照している第三世代の代表的研究は、Rubery（1992）、Michon（1992）、Wilkinson（1983）などである。

13) セグメンテーション理論の導入によって地域労働市場の概念を再検討する試みは、Morrison（1990）によってもなされている。彼は地域労働市場を、特定の事業所の従業員採用エリアに当たる "local labor market"、複数事業所企業の "local labor market" を束ねたものである "spatial labor market"、特定の機能地域（都市圏）に立地する事業所の集合的な従業員採用エリアあるいは通勤圏にあたる "regional labor market" に分類する。そして "regional labor market" における分断が人的資本の多寡を反映して異なる所得関数が存在することに起因するのに対し、"local labor market" と "spatial labor market" における分断は、企業内部の雇用慣行などによって決定されると述べる。

14) とはいえ、ペックは、通勤パターンを把握することを否定するわけではない。重要なのは通勤パターンそのものではなく、そのパターンがどのような因果プロセスの下で現出してきたものなのかを検討することなのである。

15) "local mode of social regulation" に「ローカルな社会的調整様式」という訳をあてず、「社会的調整のローカルな様式」としたのは、そのためである。

16) たとえば Clark（1989）は、企業活動の空間スケールが拡大しているにもかかわらず、アメリカ合衆国ではニューディール政策以来の労働法が地域ごとの労働者の代表権を保証していることに基づいて、労働条件が地域ごとに異なる状況が生まれていたことが、労働組合の衰退の背景にあると指摘している。また、Blomley（1994）は労働組合の戦略とその活動を法的に制限しようとする国家の相克を描き

出している。1980年代半ばの炭坑ストライキにおいて、イギリスの炭鉱労働者の組合は、国内各地の炭坑に活動家を送り込むことでストライキを支援する作戦に出た。これに対してサッチャー政権は、こうした活動家の地理的な移動を法的に制限して対抗したのである。
17) Benner（2002）は、労働市場の媒介項の労働市場における機能を、①労働者、雇用者双方の取引費用を低減させる機能、②労働力の価格設定への影響を通じて労使関係に影響を与える機能、③雇用調整や別の雇用機会の紹介などを通じて労使双方のリスクを低減させる機能、④労働者、雇用者双方にとってネットワーク形成の機会を提供する機能の4点に整理していた。

第2章　現代の労働市場をめぐる諸概念と「労働の地理学」

1　本書における本章の位置づけ

　「労働の地理学」は、労働力という商品あるいは生産要素に還元されてきた労働者を、経済景観をつくり上げる主体の位置に引き上げようとする試みである。より一般的には、経済地理学者のポジショナリティを、企業や資本の視点から労働者の視点へと転換しようとする学問的潮流である。

　労働者に対する認識が変化すれば、労働市場に対する認識も必然的に変化する。すなわち、「労働の地理学」においては、労働市場は価格メカニズムのみが支配する単一の市場ではなく、需要側、供給側の要因を含めた多様な要因によって分断され、社会的に調整されていると認識される。労働市場は労働者の実践、雇用者による労働力の統制、労働市場の媒介項の働きなどが相互作用するアリーナであり、本質的に地理的多様性とスケール多様性を持つ。

　第1章を通じて明らかになった、こうした「労働の地理学」の問題意識や分析視角は、特定の時代や場所を越えた労働力・労働市場の存在論であり、具体的な対象を設定した実証研究に直接適用できる分析概念ではない。本章の目的は、「労働の地理学」の問題意識や分析視角を踏まえたうえで、労働市場の現代的特徴に関連した概念を検討し、実証研究につないでいくことである。

　すでに述べたとおり、ペックは批判的実在論の立場から、労働市場の基本構造を生産、社会的再生産、社会的調整の3要素の相互作用として捉えた。従来の経済地理学は、もっぱら企業による生産の論理が資本主義の空間をつくり上げていくという認識に立っていた。これに対してヘロッドは、労働者もまた資

本主義の空間編成に主体的に関わっており、そのことを正当に評価すべきと訴え、ペックは、国家を中心とする社会的調整に注目すべきことを指摘した。

批判的実在論によれば、観察可能な現象の背後にある因果プロセスは、歴史的・地理的に特有の構造をもって結びつき、そのメカニズムの結果が偶発性を伴った具体的現象として現れてくる。本章で扱うフレキシビリティ、エンプロイアビリティ、ワークフェアなどの諸概念は、生産、社会的再生産、社会的調整の現代特有の結びつき方に、それぞれ企業、労働者、国家の側面から光を当てたものといえる。第3章以下では、こうした概念によって表現される内容が、具体的な地域において現象する様子を実証的に分析していく。

2　フレキシビリティ概念とそれに対する批判

(1) 労働力のフレキシビリティ

第一次オイルショックを経て1980年代に入ると、先進資本主義国においてサービス経済化が進展するとともに、国内の製造業の事業所再編や海外移転が活発化した。一方で、製造業が依然として競争力を維持している地域の生産システムが関心を集め、Piore and Sabel（1984）や Atkinson（1985）の議論を発端として、フレキシビリティをキーワードとする研究の蓄積が進んだ。フレキシビリティ概念は、その対象領域の広狭（必ずしも空間的な意味ではない）に対応した階層構造をなす（Gertler 1988；友澤 1995）。このうち、都市経済を対象領域とし、「フレキシブルな専門化」や「新産業空間」などの概念を打ち出した Scott（1988a, b）は、日本でもよく知られている[1]。スコットによれば、不確実性が高くかつ競争的で、商品の差別化が進んだ市場では、市場の不確実性や工程ごとの最適生産規模の相違に対応するために生産工程の垂直分割・水平分割が起こり、取引の外部化がなされる。取引の外部化に伴う取引費用の増大は、特定の工程に特化する企業が空間的に集積することによって回避される。こうしたプロセスが「フレキシブルな専門化（flexible specialization）」であり、

結果として誕生した集積は「新産業空間（new industrial space）」と呼ばれる。

　集積による取引費用低減という論理は、労働市場についても適用される。フォーディズムの下では、大量生産・大量消費による経済成長に伴って、労働力需要が継続的に増大することが見込まれたため、企業は労働者を内部労働市場に囲い込み、長期安定雇用の下で企業特殊的な技能形成を行った。フォーディズムの終焉とともに、企業はさまざまな状況に対応できる機能的フレキシビリティを備えた中核的労働力と、需要の変動に応じた労働力量の調整弁としての数量的フレキシビリティに対応する周辺的労働力とを峻別し、いずれについても外部労働市場からの調達比率を高めていった。外部労働市場への依存度が高くなれば、労働力の取引費用は高くなり、企業は必要な質・量の労働力を得られないリスク、労働者は労働力の販売先を見つけられずに失業するリスクが高まる。

　「新産業空間」においては、そこに立地する産業を支える労働力がプールされた地域労働市場が発達している。それによって、労働力の取引に係る費用やリスクが低減され、「新産業空間」に立地する企業の競争力が高められ、労働者の失業リスクも抑えられる。通勤費用は、労働者にとっての労働力の取引費用であるが、「新産業空間」では職住が近接しているためにこれも圧縮できる。

　フォーディズム期の大量生産型産業では、労働者の団結が強固であり、労働組合の交渉力が強かったため、相対的に良好な賃金や労働条件が保障されてきた。スコットによれば、「新産業空間」は、労働運動の伝統が根付いた、かつての工業地帯から離れたところに生まれることが多いという。「新産業空間」においては、労働者の組織化が進んでおらず、雇用契約は雇用者とそれぞれの労働者との間に個別化されている。それゆえ労働者の交渉力は弱く、企業は周辺的労働力を中心に賃金や労働条件を容易に切り下げることができ、高いフレキシビリティを実現できることになる。

(2) フレキシビリティ概念への批判

　フレキシビリティ概念は、「新産業空間」論への注目とともに広く経済地理

学界に浸透したが、概念の曖昧さが指摘されるなど、かなりの論争や批判も引きおこした[2]。スコットの「新産業空間」論では、取引費用の論理がサプライ・チェーンと労働市場の両面を貫いており、さらに外部化による取引費用やリスクの増大が集積によって低減されるという論理によって、空間現象と結びつけられている。しかし友澤（1995）が整理したように、企業内における労働力・生産工程のフレキシビリティ、地域経済におけるフレキシブルな専門化、国民経済における蓄積体制といったように、フレキシビリティ概念は多様な空間スケールにおける多様な柔軟性に乱用されている感があり、フレキシビリティなるものが特定の空間スケールと結びつく論理を欠いた議論も多い。ひとまずここでは、労働市場や労働力に領域を限定して批判的検討を続けよう。

　Scott（1998b）は、「新産業空間」の出現をフォード主義的発展様式の下での「内包的蓄積体制」から「フレキシブルな蓄積体制」へと移行の証左であるとしたが、これに対しては多くの批判がある。Peck and Tickell（1992）は、「新産業空間」論を含むフレキシビリティ論争は、レギュラシオン理論の概念を安易に適用しており、本来蓄積体制と不可分の関係にあるはずの調整様式に関する議論が欠落していると批判している（宮町 2000）。

　国民経済を把握する際の調整様式の不在は、「新産業空間」において地域労働市場の特徴を説明する際の社会的調整の欠落につながってくる。Storper and Scott（1990）では、労働力のフレキシビリティを内部労働市場における内的フレキシビリティと、外部労働市場における外的フレキシビリティとに区分している。表2-1からわかるように、前者は機能的フレキシビリティ、後者は数量的フレキシビリティに対応する。Storper and Scott（1990）では、「新産業空間」における主導産業の組織形態が、内的・外的フレキシビリティの性質を規定し、地域労働市場を特徴づけるとされている。しかし、異なる国に立地していれば労働法制や雇用慣行が異なるうえ、国内でも、教育機関や職業訓練施設の立地、自治体の就労支援プログラムの内容、NPOや組合の活動状況といった労働市場の媒介項のあり方には、かなりの地域差がある。したがって、同じ産業を核とする「新産業空間」であっても、地域労働市場において企業が

表2-1 労働市場における内的・外的フレキシビリティの形態と技術・組織関係との組み合わせ

技術・組織関係の体系	代表例	内的フレキシビリティ				外的フレキシビリティ				
		多面的技能	広い職域	配置転換	チームワーク	解雇と採用	派遣	パート労働	下請・請負	在宅就業
労働集約的な柔軟な専門化	服飾品製造、動画製作	●				●			●	●
技術集約的な柔軟な専門化	半導体産業、「第三のイタリア」の先端的技術を用いた機械製造業や工芸	●							●	
半継続的な連続生産	航空機・メインフレームなど中量生産の製造業、大量生産型ではあるが大幅なリストラクチャリングを受けた製造業			●	●	●				
システムハウス型製造	大規模コミュニケーションシステムや宇宙船の製造	●	●							
熟練不要の生産	バックオフィス、大量生産の食品製造、差別化されていない小売業					●	●	●		
専門・管理ネットワーク	業務・金融サービス、研究開発、大企業の本社	●	●							

注：●は、それぞれの技術・組織関係の体系によっておおむね得られる内的・外的フレキシビリティの形態を示す。
資料：Storper and Scott（1990：580）に加筆して作成。

選択しうる内的・外的フレキシビリティは異なるであろう。

　また、労働市場のフレキシビリティに関する議論では、機能的フレキシビリティを担う中核的労働力と数量的フレキシビリティを担う周辺的労働力を区別するに当たり、スキルの高低という単一の要因で労働市場の分断が説明される傾向にあったとの批判もある（Bauder 2001）。現実には、エスニシティやジェンダー、年齢などの属性に基づく雇用者の差別や、看護や介護、家事、育児などの家族的責任による就労の時間・場所の制約など、労働市場の外部に求めるべき要因によって、高いスキルを持っていながらも周辺的労働力と位置づけられる労働者が多いのである。この指摘は、Peck（1996）が第二世代までのセグメンテーション理論を批判し、分断要因の多様性を組み込んだ第三世代以降のセグメンテーション理論の優越性を説いたことと重なってくる。

　表2-1にはサービス業も含まれてはいるが、フレキシビリティに関する議論は、明らかに製造業に偏った形で進められてきた。Christopherson（1989）は、

現段階のフレキシビリティ研究の枠組みでは、サービス業の拡大に伴う非正規雇用増大のメカニズムや、労働市場の分断をもたらす要因の多様性を明らかにできないと主張する。製造業を範型とする従来のフレキシビリティ研究では、数量的フレキシビリティについて論じる場合、主として景気変動に伴う生産量の変動を念頭に置いていた。一方、サービス業では1週間、1日といったより短い時間スケールで需要が変化するのが普通である。それに対応するためには、従業員数そのものを増減させるだけではなく、労働時間の伸縮や短時間労働者の活用を通じて、労働力の投入量をよりきめ細かに調節することが求められる。

　加えて、サービス業では雇用形態、スキル、労働時間、賃金などの対応関係が製造業ほど明確ではない（Christopherson 1989）ため、内部労働市場＝機能的フレキシビリティ、外部労働市場＝数量的フレキシビリティという機械的な対応関係は成り立たない。Christopherson and Storper（1989）がアメリカ合衆国の映画産業を例として明らかにしているように、産業発展の過程で「生産のポリティクス」が変化した結果、同一職種の内部ですら、労働時間の長短を基軸とする労働市場の分断が発生することもある[3]。

　さらにChristopherson（1989）は、フレキシビリティ概念が労働力を生産要素として捉え、非正規雇用の増大といった労働市場における変化を企業の経営戦略の結果としてのみ論じてきたことを批判する。彼女はフレキシブルな労働力が増大したことに関しては、政治経済学的説明が必要であると述べている。つまり、誰が、どのくらい働くのかは、企業の労働力需要のみによって決まるわけでも、世帯の労働力供給戦略のみによって決まるわけでもなく、社会的調整のプロセスを経て決まることを意識するべきであるということである。いうまでもなくこの主張は、Peck（1996）の問題意識と共通性を持っている。こうした問題意識の妥当性を裏づけるため、彼女は女性の労働力率や労働時間の変動と再生産活動との関係の変遷を、第二次大戦後のアメリカ合衆国の政治的・社会的文脈の中に位置づけている。そこにはフレキシブルな労働力の増大を、労働者の生活の変化と関係づけて理解しようとする姿勢が見て取れる。

(3) リスクとしてのフレキシビリティ

　企業による労働力のフレキシビリティの追求が、労働者の生活に悪影響を及ぼす可能性があることは、多くの論者が指摘してきた。すでに紹介した Storper and Scott（1990）では、労働力のフレキシビリティに対して、労働者のセキュリティという観点からの逆照射が行われている。まず、労働者のセキュリティの水準を雇用のセキュリティ、仕事のセキュリティ、労働市場のセキュリティの3形態に分けて考える。雇用のセキュリティとは、特定の雇用者の下で雇用が保障される程度のことであり、フォーディズムの下ではこれが高い水準にあった。仕事のセキュリティとは、特定の組織内部において職務が固定されている程度のことを指す。テイラー主義的な職場においては、熟練の解体が進められ、個人の職務は固定的であったので、仕事のセキュリティは高かったという整理になる。

　労働市場において、内的・外的フレキシビリティが追及されるようになると、雇用のセキュリティと仕事のセキュリティの水準はいずれも低下する。そのことを前提とすると、たとえ雇用者や職務内容は変わっても、特定の労働市場において労働者が雇用された状態を保持できる程度を意味する、労働市場のセキュリティの重要性が増大する。こうして3つのセキュリティを区分した後、Storper and Scott（1990）は表2-1を土台とする「新産業空間」の類型ごとに、各セキュリティの水準を提示している（表2-2）[4]。非熟練労働者の労働市場のセキュリティが低水準であるのは当然であろうが、特定の職能に特化し、企業特殊的な技能だけを身につけているタイプの労働者は、雇用のセキュリティは高くても労働市場のセキュリティが低水準となると理解できる。

　以上の整理を行ったうえで、Storper and Scott（1990）は労働市場のフレキシブル化の進行が労働者に及ぼす負の影響を列挙していく[5]。彼らは、これだけ深刻なデメリットを認識していながらも、それらへの政策対応は、フレキシビリティのコストを公正に割り振り、システムそのものの効率性に打撃を与えかねない不安定要素を取り除くように、競争を調整するものでなければならな

表2-2　新産業空間における産業組織と労働者のセキュリティ

	仕事の セキュリティ	雇用の セキュリティ	労働市場の セキュリティ
デザイン集約的・クラフト的生産			
労働集約的な柔軟な専門化			
熟練労働者	低	高	高
非熟練労働者	低	低	低
技術集約的な柔軟な専門化			
熟練労働者	高	低	高
非熟練労働者	低	低	低
高度技術生産			
技術集約的な柔軟な専門化			
熟練労働者	高	高	高
非熟練労働者	低	低	低
システムハウス型製造	低	高	低
専門・管理ネットワーク	低	高	低
半継続的な連続生産	低	低	低
ビジネス・金融サービス			
労働集約的な柔軟な専門化	低	低	低
専門・管理ネットワーク	低	高	高
熟練不要のサービス	低	低	低

資料：Storper and Scott (1990：585) を一部修正。

いとしている。さらにフレキシビリティの持つ肯定的な側面、とりわけフレキシビリティが有する大量生産の硬直性と標準化を乗り越えていく可能性を委縮させることがあってはならないと付言している。

　Storper and Scott (1990) が労働者の視座に立つようにみえて、決してそうではないことは明白であろう。Gertler (1988, 1989) が批判したように、彼らは、「フレキシブルな蓄積体制」への移行が不可避の一般的傾向であると考え、それに対応して企業が生産システムや労働力のフレキシビリティを追求することを当然視する。フレキシビリティを備えた企業は競争力を高め、それらが集積する「新産業空間」が形成される。そこにはフレキシブルな地域労働市場が展開し、労働者はそれに適応した職業・社会生活を営むことを強いられる。今やフレキシビリティは地域経済や国民経済の競争力につながるのであるから、フレキシブル化を阻害する政策はとるべきではなく、むしろ企業がフレキシビリ

ティを高められるような政策が望ましいというわけである。

　こうした論理は明らかに企業の視座から組み立てられており、労働者が必然的に直面すると考えられる困難が付随的に導き出されているにすぎない。見方を変えれば、スコットらによる労働市場のフレキシビリティ論は、労働者の職業・社会生活を被説明変数に留め置いているといえる。

　これに対して、Allen and Henry（1997）は、労働力のフレキシビリティとして扱われてきた労働市場の変化を、労働者が直面するリスクとして再認識することを提唱する。Allen and Henry（1997）は、従来の労働力のフレキシビリティに関する議論において、その主語が常に企業であったと的確に指摘する。そしてベック（1998）に依拠したリスク概念を援用し、労働市場の変容が労働者にいかなる影響を及ぼすのかに照準を合わせた議論を展開する。企業側からすれば、非正規雇用の広汎な活用などによって、その時々に必要な労働力を調達することは、数量的フレキシビリティを追求する経営戦略の一環である。しかしそれは、労働者の側からすれば、失業の恐れや細切れの労働時間に直面するリスクにほかならないのである。

　Allen and Henry（1997）は、労働者の行為主体性をことさら強調するわけではない。しかしフレキシビリティは労働者からすればリスクであるという主張は、資本あるいは企業の視点から労働者の視点へというポジショナリティの転換を果たしている点で、Herod（1997a）による「労働の地理学」の主張と共鳴する節がある。

　フレキシビリティという言葉は、イデオロギー性を帯びており、宿命論や称揚論に乗って無批判にこれを受け入れるわけにはいかない。しかし、全く否定的な立場を採ることも不適切である。グローバル化に関して、Dicken（1998）が議論の交通整理を行ったうえで述べているのと同様に、労働市場のフレキシブル化という言葉で表現される何らかの変化が、現実に起きていることは確かだからである。「労働の地理学」の発展のためには、労働市場のフレキシブル化が労働者の職業・社会生活にいかなる変化をもたらしたのか、あるいはそれに労働者がいかに対応し、さらには異議申し立てをしてきたのかを明らかにす

ることが必要である。

　企業のフレキシビリティ追求による労働者のリスクの増大は、これまで企業や公共機関において直接雇用の労働者が担ってきた施設整備や福利厚生に関わる業務が、外部化・民営化されることによって、とりわけ顕在化してきた。こうして生み出される雇用の大半は、スキル形成の機会のない低賃金のものであり、もっぱら女性や移民の労働力がそれを充当している。Allen and Henry (1997) も、論文の後半を清掃やケータリング、警備などの請負サービス業を事例とする経験的研究に充てている。Reimer (1998) は Allen and Henry (1997) がフレキシビリティ概念を批判しリスク概念を採用したことを高く評価したうえで、地方自治体における強制競争入札（compulsory competitive tendering）の導入による地域労働市場の変容を分析している。また Reimer (1999) は、労働の細分化（fragmentation of work）によって複数のパートタイムに従事せざるを得ない労働者の状況を描き出している。

　企業や公共機関が外部化したサービス需要は、規模の経済を生かした大企業が請け負うことが多い。こうした企業の従業員は、それぞれが派遣された職場で施設整備やケータリングなどに携わっているため、賃金や労働条件に不満を感じても団結して異議申し立てをすることが難しい（Savage 1998）。労働組合にとってみても、製造業を念頭に置いた職場を基盤とする従来の手法では、組織化は難しいことになる。サービス従業員国際組合（SEIU: Service Employees' International Union）が展開した「用務員に正義を」キャンペーン（Justice for Janitors Campaign）は、組織化が困難な労働者を組織化した成功例として知られる（Savage 1998, 2006）。これは、SEIU が組合員数の減少という難題に取り組むための新機軸として、1985年から着手したものであり、組織化の基盤を職場ではなく地域に置き、ある労働者が職場で直面した問題をコミュニティの問題と捉えるコミュニティ・ユニオニズム（第1章参照）に立脚することで、組織化率の飛躍的な向上を達成した。

　しかし、「用務員に正義を」キャンペーンは、リスクにさらされがちな労働者の声を反映した組合活動を保証するモデルとして、手放しに称揚できるもの

ではない（Savage 2006）。ロサンゼルスの支部組合では、次第にヒスパニック系組合員が増加する中で、外部のオーガナイザーが主導権を握る体制への不満が募っていった。1995年には、ヒスパニック系の組合員が執行委員の選挙に独自候補を擁立し、勝利を収めたが、従来の議長との間に深刻な対立が起こり、組合活動に支障をきたした。これに対してSEIUは、新執行委員を保留とし、管理者を派遣して事態の収拾を図った。

上記のロサンゼルスの事例の顛末[6]にも表れていたように、SEIUは巨大企業が事業所サービス業を支配する傾向が強まるにつれ、運動のスケールをコミュニティから産業に拡大することで対抗するというスケール・ポリティクスを明確にしてきた。それに伴い、出発点にあったコミュニティ・ユニオニズムは後景に退くことになり、ローカルな労働者の声は届きにくくなった。

労働者が直面するリスクは、労働者のジェンダーやアイデンティティとも交錯しながら発現する。McDowell（2003）は、イギリスの2つの都市において実施した若者へのインタビュー調査から、ジェンダー間でのリスクの不均等性を産業構造の変化と関連づけている。かつてイギリスの労働者階級の男性は、製造業の現業職といった典型的な「男性職」に就くことが予定されており、仕事を通じて階級的なアイデンティティを育みつつ、それなりに安定した生活を送ることができた[7]。しかし製造業が衰退し、対個人サービスの雇用が増大すると、一般的なジェンダー意識からそうした職に相応しいとされ、対人スキルが高い（と考えられている）女性のほうが、労働市場においてむしろ優位に立つことになる。こうして低学歴の若年男性は労働市場から排除されるリスクを負い、男性として、あるいは稼ぎ手としてのアイデンティティの危機にさらされることになるのである。

3 ワークフェアの席巻

(1) ワークフェアとは何か

　新自由主義的な経済思想が席巻する以前、すなわちケインズ主義的な政策が主流であった時代には、政府は完全雇用の達成を目標に掲げ、公共投資や公務部門による雇用創出を図った。また、国民の基本的生活は国家が保証するとの理念に基づき、労働市場への参加の有無にかかわらず、個人が社会的に認められた存在として一定水準の生活を維持することができる福祉国家の成立が目指された。

　先進資本主義国の経済成長が鈍化して財政が逼迫し、市場原理主義や小さな政府が唱導される時代になると、労働市場政策や福祉政策は大幅な見直しを迫られた。また、社会保障・福祉の受給が就労による自立への逆インセンティブになっているため、受給者を抑制するためには労働を義務化するべきとの論調も広がってきた（Peck 2001；Sunley et al. 2006）。こうした中で、政府は社会保障や福祉の受給者を、可能な限り労働や社会活動に参加させる方途を模索するようになった。イギリスのブレア政権下における若年雇用対策、「ニューディール政策」[8]や、クリントン政権が掲げた「従来型福祉の廃止」や「福祉から労働へ」という路線は、その典型とみなされている[9]。

　このような、「何らかの方法を通して各種社会保障・福祉給付を受ける人びとの労働・社会参加を促進しようとする一連の政策」（埋橋 2007：18）は、ワークフェア（workfare）と呼ばれ、そうした政策に特徴づけられる国家は、福祉国家（welfare state）と対照させてワークフェア国家（workfare state）と呼ばれる。Peck（1996：187-188）は、ワークフェア国家に共通してみられる政策的傾向を、①福祉や労働市場に関するプログラムへのアクセスについても市場原理を拡大的に適用、②福祉水準の低下と受給基準の厳格化、③教育、訓練、起業、あるいは低賃金労働に参加させるためのさまざまな強制手段の適用、

④より厳正な給付金の管理と福祉受給者に対する監視、⑤職業訓練の民営化と規制緩和、と整理している。ワークフェアとは、個別具体的な政策内容というよりは、福祉を生活保障から就労に向けた条件整備へと位置づけ直すことを是認する、倫理的・政治的コンセンサスを含意した政治経済学的傾向である（Peck 1996：188）。つまりワークフェアとは、ある種のイデオロギーである。

福祉国家は、総需要を管理し、完全雇用を達成するというケインズ主義的なデマンド・サイドのマクロ経済政策を特徴とし、普遍的に福祉を提供することで社会統合を図る。これに対して、ワークフェア国家はサプライ・サイドに重心を置いたマクロ経済政策を採る。「シュンペーター的ワークフェア国家」（Schumpeterian workfare state：Jessop 1993）という呼び方もあるように、グローバル化を所与の傾向として、新たな製品や組織形態を生み出すイノベーションの創出を促すことで、企業および国家の競争力を高めようとするのである。ケインズ主義の目標であった完全雇用は放擲され、規制緩和によってフレキシブルな労働市場を実現することで、企業の競争力強化に寄与することが目指される（Peck 2001）。

ワークフェア国家の具体的な政策内容は、しばしばハードなワークフェアとソフトなワークフェアに二分される。ハードなワークフェア国家では、福祉への依存が内面化され、仕事に対する意欲や行動様式に問題を抱えているといった、労働者のパーソナリティに関わる要因を失業や不安定就労の主因とみなし、就労に向けた行動を起こさない人を懲戒的に処したり、福祉給付期間を制限したりすることで、就労に誘導することを政策の柱としている。これに対してソフトなワークフェア国家は、労働者が現実の労働市場に存在する雇用機会に見合う技術や知識を持っていないことを、失業や不安定就労の主な要因とみなす傾向が強い。したがって、教育・訓練を通じて労働者の包括的な就業能力（エンプロイアビリティ）を高める政策が中心となる。埋橋（2011：113）の言葉を借りれば、ソフトかハードかの差はあれ、ワークフェアとは、従来は福祉の領域が担っていた問題を労働市場に「投げ返す」ものであるが、他方で「投げ返される側の雇用情勢の悪化」というアポリアがある。つまり、ワークフェ

とは、福祉国家が取り組んできた就労機会の不足という問題をアポリア化、すなわち解決不能の問題であると開き直ってしまおうという政治的コンセンサスであるといえる。

(2) ワークフェアの国家間・地域間の差異

ソフトなワークフェア、ハードなワークフェアという区分が示唆するとおり、福祉国家からワークフェア国家への転轍以降の制度変化の道筋は、国によって異なる。福祉からワークフェアへの転換に関する研究は、主として Esping-Andersen（1990）の比較福祉国家論を受け継ぎ、福祉国家の変容という文脈で進められてきた（社会政策学会編 2001）。エスピン－アンデルセンの比較福祉国家論では、脱商品化と階層化という2つの指標に基づいて、福祉国家が政治勢力のイニシアティブを異にする自由主義レジーム、保守主義レジーム、社会民主主義レジームの「3つの世界」に類型化される（Esping-Andersen 1990, 1999）。脱商品化とは、労働力が純粋な商品として労働市場において分配される状況、すなわちポラニー（2009）が「悪魔のひき臼」と呼んだ状況から隔たっている程度である。自由主義レジームの福祉国家は脱商品化の度合いが低く、労働市場への社会政策的な介入は低調である。階層化の度合いが高い保守主義レジームの下では、稼ぎ手となる中核的な労働者像を前提に、高齢者の労働市場からの退出を促し、女性の労働市場への参入を妨げる制度がみられる。社会民主主義レジームの下では、高福祉を支えるために労働力供給を極大化しようとする政策が採られる（Esping-Andersen 1990）。

Peck（2001：73-77）は、エスピン・アンデルセンの枠組みに依拠して、福祉国家からワークフェア国家への移行過程を類型化し、ワークフェア国家における労働市場の調整様式の多様性について論じている[10]。自由主義ワークフェア国家は、労働市場政策についても自由市場を前提とした方法論的個人主義アプローチを採り、福祉への依存者を減らし社会的支出を削減するために、できる限り労働力を労働市場に吸収させることを目指す。保守主義ワークフェア国家では、積極的労働市場政策が全面的に展開されることは少なく、労働市場の

階層性を保持し、各部分労働市場ごとに異なった政策を用意して、労働市場の再統合を図る傾向にある。社会民主主義ワークフェア国家は、福祉供給における普遍主義と再分配を通じた平等化を保持し、多様な主体を政策形成の場に巻き込みながら人的資本を形成する仕組みを構築する、積極的労働市場政策が採られることが多い。

　ワークフェアに関しては社会政策学において研究が盛んであり、ワークフェア国家の類型化と各類型の特質に関する議論や、特定の国におけるワークフェアの政策的展開などに関する研究が多数得られている[11]。経済地理学者としてワークフェア国家に取り組んだペックは、ジェソップの議論を踏まえつつ、同じ国の内部でも、ワークフェア的な政策が地域差を伴って展開することを説得的に示すという、独自の貢献を成し遂げた。Jessop（1993, 1994）は、ケインズ主義的福祉国家からシュンペーター主義ワークフェア国家への移行を特徴づけるのは、「国民国家の空洞化」であるとした。Swyngedouw（2000：548）が示すように、国民国家の空洞化は2つの空間スケールに向けて進んでいく。1つはEU、WTO、IMF、G8といった超国家的主体に権限が移譲され、こうした主体によって方向づけられたグローバル・スケールでの政治経済的情勢の影響下に、国民国家が置かれるようになるという動きである。もう1つは、ローカル・スケールへ権限移譲であるが、これは地方政府の権限が強まることと同義ではない。サッチャリズム期のイギリスでは、小さな政府を掲げながらも中央集権主義が貫かれ、地方政府の権限を弱めつつ、選挙を経ない単一機能を持つ組織に権限が委譲された。

　Peck（2001）では、アメリカ合衆国におけるワークフェア的福祉改革の過程が、ナショナルな空間的枠組みと微妙な関係を持ちながら、施策主体のローカル化を伴いながら進んでいったことを明らかにした。その時々の政治状況の中で、ときには揺り戻しを伴いつつも、福祉政策を策定し実施する権限は方法を代えながら連邦から州へと移譲されていった。

　1996年以前は、主に連邦政府の規制の適用除外申請制度によって、州ごとの福祉政策の多様性が生まれていた。ブッシュ大統領（父）は、1992年の大統領

選挙においてワークフェア（ワーク・ファースト）的福祉改革を実現するとし、そのためにより簡便・迅速に適用除外が受けられるようにすることで、州独自の創意工夫を促す意思を明らかにしていた。大統領選挙はクリントンが勝利するが、クリントン大統領の下でも、適用除外申請制度の活用によるワークフェア的福祉制度改革は進んでいくことになる。こうして州は、予算の枠内において、独自の福祉政策を展開できる権限を得ることになった。しかし、この制度は、連邦の規制が適用除外になるというだけであり、取り組み内容いかんで連邦からの福祉関連補助金が増額されるものではない。したがって、州としては、短期的に結果が得やすい施策や、福祉受給を制限する枠組みを優先し、長期的なキャリア形成を見越した失業者のスキル形成支援などのプログラムには、二の足を踏む状況であった。

1996年には、要扶養児童家族扶助（AFDC：Aid to Families with Development Children）が廃止され、貧困家族一時扶助（TANF：Temporary Assistance for Needy Families）に置き換えられるという福祉制度改革が行われる。この改革は、①TANFの権限が州に委譲され連邦から州への補助金は一括補助金となり、②州に対してTANF受給者の最低就労参加率を設定し週30時間以上就労に参加させることが義務づけられ、③連邦財源を用いるTANFの支給期間を生涯で60カ月に限定する、などの抜本的なものであった（藤原・江沢2007）。①は、TANFの運用が根本的に州レベルの多様性を帯びるようになったことを意味する。そして②、③が各州をワークフェア政策、さらにはワーク・ファースト的施策へと走らせることは説明を要さないであろう。

州によるワークフェア政策の展開も、州内一律ではない。一般的な形態を示せば、就労支援については、各サービス供給地域（SDA：Service Delivery Area）ごとに設置される民間産業評議会（PIC：Private Industry Council）と呼ばれる機関が、その地域においてどのようなスキルを持つ労働者が求められているのかを見定め、職業訓練などの就労支援の枠組みを決定する[12]。具体的な就労支援プログラムについては、NPOやコミュニティ組織、コミュニティ・カレッジ、民間職業訓練機関といった労働市場の媒介項に委託され、通常は複

数の組織が連携してその遂行に当たる。こうして Peck and Tickell（1992, 1995）がいうように、労働市場はローカルな様式の下で社会的に調整される。

当然ながら、個々の就労支援プログラムの成否は、それが実施される地域的文脈に強く依存する。しかしプログラムが評価され、さらにはその蓄積に基づいてワークフェア政策そのものの是非が論じられるときには、地域的な文脈が剝ぎ取られた観念的な議論に昇華してしまう。あるいは、福祉に依存するインナーシティと、それを負担する郊外という紋切り型の二項対立に落とし込まれる。そこに与野党の政治戦略が絡み、連邦レベルでの福祉改革の方向性は微妙に変化するが、その影響はローカルなレベルに降りていく間に地域的文脈との相互作用の中で多様性を帯びる。Peck（2001：Chapter 3）は、文脈依存的でローカルなワークフェアの実践と、地理を持たない（あるいはナショナル・レベルで均質化された）ポリティカルな言説空間のサイクルとして、アメリカ合衆国の福祉改革のプロセスを描き出している。これによって、ペックが行った地域労働市場の再概念化の確かさが見事に実証されている（第１章参照）。

4　エンプロイアビリティ概念の再検討

(1) ワークフェアとの関連性

エンプロイアビリティ（employability）は、ワークフェアの理念を理解するうえで重要な概念であり、就業能力や就労可能性の一言で単純に置き換えることは妥当でない。Peck and Theodore（2000a）は、エンプロイアビリティを「仕事への意欲、雇用条件や賃金への期待、労働市場と職場における振る舞いなどを含む労働者の属性の集合体であり、就労機会を左右するもの」と定義している。より簡潔には、労働者の諸属性を「労働市場価値を含んだ就業能力」（厚生労働省職業能力開発局 2001）という観点からみたものが、エンプロイアビリティであると理解されている[13]。

Peck and Theodore（2000a, b）は、Peck（2001）で詳述されたようなワー

クフェア国家における労働市場政策の具体的な展開を踏まえたうえで、その背景にあるワークフェアの理念と、そこにおけるエンプロイアビリティの認識について批判的に検討している。彼らによれば、サプライ・サイドに依拠したワークフェア政策では、いまある労働市場が政策にとっての与件とされる。そして現存する就労機会において求められているエンプロイアビリティに応じて求職者を序列化し、就労可能な人から順になるべく早く仕事に就かせることを目標としている。イギリスの「ニューディール政策」の場合、就労支援プログラムの参加者は、まずは補助金なしの職に就く努力を迫られる。それが不可能な場合には、補助金付きの職に就くことを目指し、続いてボランティアや環境整備活動に従事することを目指す。職業教育・訓練に専念できるのは、基本的な技術や知識を欠き、上記のいずれの選択肢も達成できなかった人に限られているため、多くの参加者はエンプロイアビリティを高める機会に恵まれないまま、労働市場に押し戻される。

　また、ワークフェア的就労支援では、就労までの最短経路を採ることが優先されるため、就労支援プログラム参加者の多くは、要求されるスキルが低水準であり、それゆえ低賃金で雇用形態が不安定な就労機会しかない二次労働市場に組み込まれる。ワークフェア国家においては、失業状態にとどまることが容認されないため、相対的に良好な就労機会が新たに提供されない限り、二次労働市場には新しい労働者が次々と送り込まれる。こうして二次労働市場は常に椅子取りゲーム的な環境となり、賃金や労働条件は押し下げられ、労働者はいっそう高いリスクに直面することになるのである（Peck and Theodore 2000a, b）。

　ペックらは、ワークフェア国家の労働市場政策が、現状を追認して労働市場における不平等や差別の問題を顧慮せず、いま、ここで雇用者が求めている条件をエンプロイアビリティと称し、これをどの程度満たしているか（job-readiness）という基準で労働者を選別していると批判する[14]。彼らは、労働者の職業キャリアを長期的に見据えたエンプロイアビリティ向上の取り組みが重要であることは認めており、「ニューディール政策」をはじめとする就労支援プログ

ラムを全面的に否定するわけではない。彼らが強調するのは、サプライ・サイドの労働市場政策は、就労機会の増大や労働市場における差別の撤廃、採用や選別に関する慣行の見直しなど、デマンド・サイドの積極的労働市場政策と組み合わせてこそ、意味があるということである。供給側に偏ったワークフェアの労働市場政策は、労働者の就労可能性を高めることにつながっていないばかりか、賃金や労働条件を押し下げ、労働市場の不安定化要因となってしまうのである。

(2) エンプロイアビリティの状況依存性

　ペックらの議論の整理を通じて、ワークフェア国家の労働市場政策におけるエンプロイアビリティとは、現状を所与として、雇用者が労働者の属性を労働市場における価値という観点から見たものであることが明らかになった。「労働の地理学」が、資本や企業の視点から労働者の視点へというポジショナリティの転換を意味するのであれば、労働者にとっての就労可能性という観点から、エンプロイアビリティの概念を捉え直す必要がある。

　この試みにとって、McQuaid and Lindsay（2005）やHouston（2005a）は、大いに参考になる[15]。これらの研究は、同一の著者が関わった他の研究（Lindsay 2005；Adams et al. 2000, 2002；Houston 2005b）や引用文献を参照する限り、経済地理学者による「労働の地理学」とは系譜を異にしている。しかしワークフェアの労働市場政策に対する姿勢や、既成のエンプロイアビリティ概念への問題意識については、広義の「労働の地理学」と共有点を持っている。

　Houston（2005a）によれば、サプライ・サイドの労働市場政策の下では、雇用者が求めるスキルと求職者が有するスキルが乖離していること（スキル・ミスマッチ）によって、失業が発生するとみなされている。そして、スキル・ミスマッチを失業の主因とする考え方は、労働力需要の構造変容、とりわけ空間的リストラクチャリングを考慮していない点が問題であるとする。そこで彼は、通勤可能な範囲に十分な就労機会がないことが、特定の地域での高失業率をもたらしているとの前提に立った空間的ミスマッチ研究[16]を振り返り、ス

キル・ミスマッチと関連づけながら、都市圏内部の特定地域に失業者が滞留する要因について考察を進める。

彼はスキル・ミスマッチも失業や不安定就労の要因として重要であり、空間的ミスマッチとスキル・ミスマッチが相互に関連し合っていることを認める。しかしこの論文のもっとも重要な結論は、「同一の個人のエンプロイアビリティは、労働市場の空間的・時間的多様性を反映して、空間的・時間的に異なっている」(Houston 2005a：238) という点にある[17]。Peck and Theodore (2000a, b) が政策分析を下敷きにした規範的な議論にとどまっていたのに対し、Houston (2005a) は、ミクロな経験的研究の蓄積から、供給側の要因だけでなく需要側の要因をも考慮して、エンプロイアビリティを捉え直す必要性を導き出している。

McQuaid and Lindsay (2005) は、エンプロイアビリティ概念の変遷をたどり、元来多様な意味を持っていたエンプロイアビリティという言葉が、ワークフェアが席巻する中で、次第に雇用者からみた労働者の属性を意味する言葉に固定化していったことを跡づける。その上で、個人が置かれている状況や、より広い社会的・制度的・経済的要因と個人属性との複合体へと、エンプロイアビリティ概念を拡張しようとする。

McQuaid and Lindsay (2005) では、エンプロイアビリティの構成要素は個人的要素、個人的環境、外的要素に大別される（表2-3）。これは、McQuaid and Lindsay (2002) において、需要側、供給側とミクロ、マクロの4要素の組み合わせとして整理されたエンプロイアビリティ概念を発展させたものである。表2-3のうち、サプライ・サイドの労働市場政策においてエンプロイアビリティとみなされてきたのは、もっぱら個人的要因であった。しかしMcQuaid and Lindsay (2005) によるエンプロイアビリティ概念には、個人的要因とは独立した要素として、家族的責任の程度や利用可能な交通手段などからなる個人的環境と、労働市場の状況や育児支援の程度といった外的要因が加えられている、つまりここでは、労働者にとっての就業可能性という観点から、エンプロイアビリティの再概念化が図られている。

表2-3 エンプロイアビリティの構成要素

個人的要因	個人的環境	外的要因
・仕事に関するスキルと属性 　仕事に対する意識・態度・行動特性 　移転可能なスキル 　学歴・資格 　仕事に対する知識・経験 　労働市場への参加度合い ・人口学的特性 　年齢・性別など ・心身の健康状態 　健康状態・障害の程度 ・求職の技能・求職行動 ・順応性・移動性	・世帯の状況 　ケアの義務 　住宅へのアクセス ・家族・コミュニティの労働文化 ・諸資源へのアクセス可能性 　交通手段 　資金 　社会資本	・需要側の要因 　労働市場 　マクロ経済 　労働力需要の特性 　求人方法 ・サポート要因 　雇用政策 　公共交通整備や育児支援など

資料：McQuaid and Lindsay（2005：209-210）を整理して作成。

　外的要因はいずれも地域差が大きいし、個人的環境も住宅市場や家族形態およびジェンダー規範の地域差などを反映する。したがってこうした要素を組み込んだエンプロイアビリティは、必然的に地理的多様性を帯びたものとなる。Houston（2005a）や McQuaid and Lindsay（2005）が批判するように、既成のエンプロイアビリティ概念は、時間・空間を捨象した、一般的で移転可能な労働者の能力を暗黙の内に想定していたのである。

　エンプロイアビリティが労働者にとっての就労可能性と捉え直されると、労働市場政策の方向性も変化せざるを得ない。教育や訓練によって個人的要素のうちのある部分を高めることだけでなく、労働者が就労するに当たっての障壁を取り除くことや、新たな就労機会を創出すること、労働市場における差別を撤廃し、採用や選別に関する問題点を是正することなども、エンプロイアビリティを高める取り組みとして求められるからである。こうした取り組みこそが、Peck and Theodore（2000a, b）の主張した、需要側と供給側の双方に目配りした労働市場政策なのである。

　このような労働市場政策を実行に移すためには、何が労働者の就労を阻む障壁となっており、現実の労働市場がいかなる問題をはらんでいるのかを認識する必要がある。そのためには、Houston（2005a）が行ったように、空間的ミ

スマッチ研究の流れをくむ経験的研究を再検討することが有益であろう。また、Hanson and Pratt（1995）などのような、世帯内の性別役割分業や労働市場におけるジェンダー差別が女性の就労に及ぼす影響を明らかにした研究も、重要な知見を提供してくれるはずである。実務レベルでは、地域労働市場の実情を的確に把握し、「労働の地誌学」とでもいうべき実践を緻密に展開することが何よりも求められる。もちろん、それは記述的な「労働力の地理」ではなく、理論に裏打ちされたものであり、かつ問題志向であるべきである。この点については、改めて第9章で述べることにする。

注
1） Scott（1988a, b）については、松原（1995）による紹介がある。
2） なかでも、フレキシブルな生産システムを、フォード主義的生産システムと対置しうるほど重要な概念とみたSchoenberger（1987, 1989）と、フレキシビリティが概念としての有効性を発揮する範囲はかなり狭いと主張したGertler（1988, 1989）との論争が有名である。詳細は、友澤（1995）、北島（1996）を参照。
3） 「生産のポリティクス」とは、Burawoy（1985）によるものであり、労使ならびに労働者集団間の論争、駆け引き、交渉の明示的な過程とその背後にある権力と利害関係の本質的基盤、ならびにそうした過程が埋め込まれたフォーマルな制度的基盤を意味する。
4） ここでの論理構成は、主導産業の類型に対応して地域労働市場が特徴づけられ、労働者のセキュリティの水準が決まるというものであり、Peck and Tickell（1992）が批判したように調整様式に関する議論が欠落している。
5） ①競争の激化によって企業の開廃業が頻繁になることの社会的コストが労働者に転化される、②雇用のセキュリティを確保できる労働者が減少し、不安定就労者が増加する、③賃金の二極化が進む、④都市において苦汗労働が復活し、とくに女性や移民が犠牲となる、⑤移民の増加によって都市下層が形成され、犯罪などに対する社会的コストが増大する、⑥労働者の権利を擁護する労働組合の弱体化を招く、⑦労働者・企業両者によるスキル形成への投資のインセンティブが低下する（Storper and Scott 1990：589-590）。
6） ロサンゼルスの支部組合は、もともと看護・介護労働者を中心にした組合であったが、用務員を組合員として取り込むことで組織を拡大させてきた経緯がある。SEIUが派遣した管理者は、用務員を組合員とする別の支部組合の代表をしていた。

彼は、ロサンゼルスの支部組合から用務員の組合員だけを切り離し、それを500kmほど離れたところに本部を持つ自分の組合に併合した。

7) 一方で、労働者階級が労働市場の特定の部分を占め、階級的なアイデンティティを強めることが、労働市場の分断を成立させる労働市場外の要因となってきたことも事実である（Bauder 2001）。

8) 6カ月以上失業手当を受給した若年者に、求職支援や教育・訓練などを受けるように促し、これを拒否した場合には失業手当を減額・停止するという積極的労働市場政策である。その具体的内容と問題点は、Peck and Theodore (2000a)、Sunley et al. (2006)、居神 (2007) に詳しい。

9) アメリカ合衆国では、1996年に個人責任・労働機会調整法（Personal Responsibility and Work Opportunity Reconciliation Act）に基づく福祉制度改革が行われ、公的扶助の受給者に対して2年以内に職に就く義務が課せられ、受給期間は生涯を通じて60カ月に制限された（池上 2001）。これによって公的扶助の受給者は大きく減少した（埋橋 2007）。

10) ペックは、Peck (1996) の段階では、Jessop (1991, 1993) のシュンペーター主義ワークフェア国家（SWS）の概念に基づき、ワークフェア国家を新自由主義SWS、新コーポラティズムSWS、新国家主義SWSに類型化していた。

11) たとえば埋橋 (2011：26-27) は、ワークフェア国家をアメリカ合衆国やイギリスに代表される「福祉から就労へ」タイプ、スウェーデンに代表される「就労に伴う福祉」タイプ、社会保障制度が未整備である発展途上国の経済発展の過程で見出される「はじめに就労ありき」タイプに大別している。

12) PICは民間企業、教育機関、労働組合、行政、コミュニティ組織などを代表するさまざまなメンバーから構成される。Benner (2002) は、PICを公共セクターによる労働市場の媒介項に分類しているが、実際にはPICは議長ならびにメンバーの過半数が民間企業に属していなければならない組織である。そのため、労働力の需要側の論理が就労支援の方針に反映されやすい（Peck 1996）。

13) さらに厚生労働省は、エンプロイアビリティの構成要素を、①「職務遂行に必要となる特定の知識・技能などの顕在的なもの」、②「協調性、積極性等、職務遂行に当たり、各個人が保持している思考特性や行動特性に係るもの」、③「動機、人柄、性格、信念、価値観等の潜在的な個人的属性に関するもの」の3つに整理している。狭義の就業能力といえる①をハード・スキル、パーソナリティとの線引きが難しいものやパーソナリティそのものといえる②および③をソフト・スキルあるいはジェネリック・スキルと呼ぶこともある（Houston 2005a）。

14) Lloyd and Payne (2008) は、コールセンターの職場においては、雇用条件の悪

さや緊張を強いられる労働環境を耐え忍ぶ資質がスキルとみなされていることを明らかにし、このことを強く批判している。これは、まさに雇用者が、自らが求めている条件こそ、労働者が持つべきスキルやエンプロイアビリティであると拡大解釈していることの証左である。

15) Urban Studies Vol. 42, No. 2 は、"Employability and Local Labour Market Policy" と題した特集を組んでおり、McQuaid and Lindsay（2005）および Houston（2005a）はそこに収められている。この特集は、ほぼそのままの形で McQuaid et al.（2006）として出版された。

16) 空間的ミスマッチは、もともとアメリカ合衆国におけるインナーシティの黒人の高失業率を説明するための仮説として提唱された（Ihlanfeldt and Sjoquist 1998）。それまで黒人を含むマイノリティの高失業率は、もっぱら雇用者の差別意識という非空間的な要因によって説明されていた。これに対して空間的ミスマッチ研究では、低スキルのサービス業や製造業の雇用が郊外化したことが、雇用機会と労働者の住居の空間的な乖離をもたらしたことを明らかにしてきた（Hugues 1989；Kasarda 1990；Holzer 1991；McLafferty and Preston 1996）。その後の研究の発展に伴い、考察の対象は労働者全般に拡張され、空間的ミスマッチの概念も、労働力の需要と供給の空間的な乖離一般を指すようになった。

17) Sunley et al.（2006）においても、個人のエンプロイアビリティがその人が働く地域労働市場のコンテクストから独立したものではないと主張されている。

第3章　地域労働市場における高卒者の職業経験と専門高校の役割

1　新規学卒労働市場における専門高校卒業者

(1) 新規学卒労働市場の変容

　本章では、大分県内の2つの専門高校（工業高校と商業高校）の卒業者に対して実施したインタビュー調査に基づき、専門高校において教育を受けたことがその人の職業経験とどのように関連しているのかを、地域労働市場の特徴と関連づけて分析する。それを踏まえ、今日の専門高校が労働市場の媒介項としていかなる役割を担っているのかについて考察する。

　日本の高度経済成長は、三大都市圏を含む太平洋ベルトに立地した重化学工業がエンジンとなって、国民経済全体を浮揚させることで達成された。製造業の生産拡大に伴う人口増加は、商業やサービス業における労働力需要を生み出し、大都市圏は深刻な労働力不足に見舞われた。一方、高度成長期の非大都市圏では、人口転換の過程で生じた多産少死世代（伊藤1984）が就職の時期を迎え、これに農業労働の効率化が相まって、労働力は供給過剰の状態であった。

　成長著しい大都市圏と労働力過剰の非大都市圏の間で発生した労働力の空間的ミスマッチは、高度経済成長を成し遂げるうえで克服すべき課題であった。しかし現実の労働市場は、需要と供給が「見えざる手」によって瞬時に結びつけられるものではない。そのため、大都市圏の労働力需要と非大都市圏の余剰労働力とを結びつける「見える手」が求められたのは必然であった。この「見える手」となったのが、新卒一括採用制度における学校および職安である。

新規学卒者は、移動の制約が相対的に小さい労働力であるが、その分布は全国に分散している。仮に各企業の採用担当者が全国各地を訪れて採用候補者を一人ひとり面接するとなると、莫大な時間と費用がかかる。逆に、卒業前の中学生・高校生に対して今日の大卒者のような就職活動を課すわけにもいかない。インターネットも携帯電話もない時代であるから、物理的に遠く離れた中学校・高校に通う新規学卒予定者に、求人情報を届けることだけでも難題であった。新卒一括採用制度は、求人情報のありかを学校あるいは職安に一元化し、採用候補者の選抜過程についても、その大半をこれらの組織が代行することによって、こうした課題に対処するものであった（中澤 2012b）。

　高度成長期においては、中卒者から大学・大学院卒者にわたるすべての新規学卒労働市場が、組織的な社会的調整の下に置かれていた[1]。とりわけ学校が労働市場の媒介項となったことで、労働市場における労働力の需要と供給の空間的ミスマッチという難題が乗り越えられたのであった。1960年代半ばまでは、新規学卒就職者の多数派は中卒者であったが、1960年代の後半になると進学率の急上昇に伴って中卒就職者は激減し、新規学卒者の中心は高卒就職者へと移行した。

　オイルショックを転機として高度成長期から安定成長期へ移行すると、大学等への進学率が伸び悩んだため、高卒者は依然として新規学卒労働市場の中核を占め続けた。ところがバブル経済の崩壊によって日本経済が低成長期に入ると、大学等への進学率の上昇が顕著になり、新規高卒就職者は急減した。現在高校卒業後ただちに就職という進路を取る人は、もはや大学等への進学者よりも少ない。かつて高度経済成長を支えた高卒者は、若年労働市場において相対的に低学歴となり、学卒無業や失業、不安定就労といった問題が先鋭的に表れる階層として、多くの研究者の注目を集めるに至ったのである（日本労働研究機構 2000a, b, 2001；尾嶋編著 2001；安田 2003；片瀬 2005；耳塚 2005ほか）。

　新規学卒労働市場における学校という媒介項の存在は、日頃から生徒に接する教員が進路指導や就職先の選択に深く関与するため、適職の選択に結びつく可能性が高く、それゆえ離職率も低く抑えられると理解されてきた。ところが

今日では、高卒就職者の約半数が3年以内に離職しており[2]、初職を離職後は正規雇用と非正規雇用の間を行き来するなど、不安定就労状態に陥る若者が少なくない（小杉2007）。それでも学校を介して就職先を決定する制度が維持されているため、一連の若年雇用問題の発生を労働市場の媒介項である学校の機能不全に求め、高校における学習内容と仕事とのミスマッチや進路指導の問題点を指摘する研究者が多い（本田2005；筒井2006；大多和・山口2007ほか）。

　高卒者を含めた若者の就職にまつわる研究は、その多くが教育社会学の範疇で行われてきたこともあり、教育から職業へと移行するプロセスや、就職活動の結果として得られた就労機会の「質」の問題が焦点化されてきた。その反面、若者個人の職業キャリアをより広い時間的な流れの中で把握する視点が弱かった。学校における学習内容と仕事との関連性についても、卒業時点で希望どおりの就職ができたか否かという観点からのみ評価するのではなく、職場において学校教育を通じて学んだ内容を生かすことができているかという観点で、職業教育のあり方や就職指導の意義を検討することが必要である。

　これらの不足については、回顧法によってライフコースを把握する研究や、同一個人を高校卒業後から継続的に調査する研究の出現によってかなり満たされてきた。なかでも東京都立大学「高卒者の進路動向に関する調査」グループは、東京都の2つの公立高校卒業生を高校3年生の秋から追跡し、貴重な成果を生み出している。このうち乾編（2006）は高校卒業後1年目の卒業生の姿を多面的に描き出しており、わずか1年足らずの間に、彼／彼女らのライフコースに大きな変化が起こったことを示している。卒業後3年目の調査結果である乾ほか（2007）では、専門学校や短期大学に進学した人の多くも就職していたため、若者の職業経験に関するより広い知見が盛り込まれている。対象者の語りからは、仕事を通して職業キャリアの展望を得つつある人と、職場でのトラブルがライフコース全体に影を落としている人との分岐が浮かび上がってくる。また、対象者の行動からは、交友関係においても、就業機会においても、「地元」という限られた領域を基盤としたものに依存する度合いが大きいことが見て取れる。

しかし乾らの研究は、地域的文脈の中で職業キャリアを中心とするライフコースを解釈するという姿勢が不徹底であると感じられる。もちろん、乾ほか（2007）の副題に示されるように、一連の研究は「世界都市」東京という文脈の下で、進路多様化校の卒業生の学校から職業への移行過程を捉えようとしている。その問題意識を反映して、乾編（2006）では、東京都における若年労働市場に関するいくつかの指標が提示されてはいる（宮島2006）。しかし、そこで確認されているのは、サービス産業化に伴う非典型雇用の増大という一般的傾向にすぎず、地域労働市場の特徴の把握としては不十分である。

同様の問題は、小樽市の工業高校の卒業生を約10年間にわたって追跡調査した小西（2002）も抱えている。この研究は、小樽という住み慣れた街のなかで、友人との付き合いを大切にしながら、一方で仕事を通じて確固とした職業キャリアを築きたいと願って生活する若者たちの姿を活写している。小西（2002）を一読すれば、北海道さらには日本の都市システムにおける小樽市の地位が低下し、それに伴って地域労働市場が厳しさを増していることと、彼らのライフコースの浮沈とが不可分の関係にあることは十分に理解できる。しかし、労働市場の状況に関する定量的なデータは全くといっていいほど示されておらず、提示される小樽市の地域特性は印象論のレベルにとどまっている。

また、乾編（2006）や小西（2002）からもうかがえるように、高卒者の就職先はかつてに比べてローカル化している。すなわち、高卒者のその後の職業経験がそれぞれの地域労働市場の特徴に依存する度合いは強まっている。経済地理学においては、地域労働市場の構造と個別世帯の労働力供給や個人の就業の織りなす複雑な関係性を把握しようとする優れた研究蓄積がある（たとえば末吉1999；友澤1999など）。しかし、現在の高卒就職者あるいは若年者に焦点を当ててそうした課題に取り組んでいる研究は、郊外第二世代に対するアンケート調査をもとに、若者にとって親と同居していることが非正規雇用に結びつきやすいと論じる稲垣（2002）や、大都市圏郊外の進路多様化校の卒業生が「地元」でしか求職行動をせず、高校在学中のアルバイトの延長線上で非典型雇用化していくことを報告した木下（2006）が得られている程度である。こうした

現状を踏まえ、本章では、大分県内の特徴を異にする2つの地域労働市場において、専門高校卒業生がいかなる職業経験をしているのかを明らかにすることを目指す。

(2) 専門高校の位置づけ

2008年3月の高卒就職者のうち、過半数（55.9％）は専門高校卒業生である[3]。それにもかかわらず、地域労働市場との関連において専門高校卒業生に焦点を合わせた研究は、山梨県郡内地域の労働市場における工業高校卒業生の位置づけを明らかにした小金澤ほか（2002）や、埼玉県北部の工業高校を事例に、不況に伴って東京都内の企業との就職を介した結びつきが弱まったことが、卒業生の就職先のローカル化が進んだ要因であることを示した根岸・谷（2004）などにとどまっている。

2008年3月の専門高校卒業生のうち、商業高校では43.9％、工業高校では62.6％が、卒業後すぐに就職している[4]。この数字が示唆するように、専門高校においても進学率は上昇している。低成長期に入ってからは、それまで高卒者に就労機会を用意してきた製造業の海外移転などにより、とくに非大都市圏の地域経済の低迷が著しい。その一方で、高卒者の就職先は長期的にみてローカル化してきた。とくに非大都市圏出身の高卒就職者にとって、出身地で安定したライフコースを展望できるような就労機会を見つけることは容易ではない。進学率の上昇は、そうした事情とも関連している。

それでも、専門高校に求められている第一義的な機能は、実践的な職業能力を持った若者を労働市場に送り出すことである。文部科学省は、ドイツの職業教育・訓練を参考に、全国にモデル地域（実質的にはモデル校）を指定して、2004年度から3年間「専門高校等における『日本版デュアルシステム』推進事業」を実施した（佐々木 2005）。このプロジェクトは、「実際的・実践的な職業知識や技術・技能を養う教育・訓練を高等学校教育に導入して生徒の資質・能力を一層伸長するとともに、勤労観、職業観を育むことを第一義的なねらい」とするものであり、「専門高校等と地域の産業・企業とのパートナーシップを

確立して地域の産業・企業が求める人材などを育成する」ことが目標とされた（専門高校等における「日本版デュアルシステム」に関する調査研究協力者会議 2004）。しかし、ほとんどのモデル地域のプロジェクトは、事前学習と短期間のインターンシップを組み合わせたものであり、実践的なスキル形成の舞台とはなりえなかった[5]。

結局「日本版デュアルシステム」は、制度として定着しなかったが、関係者の期待が高かったことは事実であり、プロジェクト期間前後には実務関係の雑誌に数多くの解説記事や事例紹介が掲載された。そのことは、労働力需要に合うようなスキル形成を行ったうえで生徒を就職させること、すなわち労働市場の媒介項としてスキル・ミスマッチを解消する機能が、専門高校に対して期待されていることを反映している。

専門高校にこうした期待がかけられることは、今に始まったことではないが、新規高卒者に対して安定した労働力需要が存在した高度成長期・安定成長期と、新規高卒者の有効求人倍率が常態的に1を下回っている低成長期とでは、状況が大きく異なる。各地の専門高校が「地域の産業・企業が求める人材」を適切に焦点化し、適切な職業教育・訓練を構築し、実施したとしても、就労機会が絶対的に足りなければ「椅子取りゲーム」状況は改善されない。ここにサプライ・サイドのワークフェア的労働市場政策の限界がある（第1章参照）。

本章のもとになった調査が行われた大分県においても、専門高校は地域の労働力需要に見合った労働力を供給することが期待されていた。本章では、対象者の職業経験を通じて、生徒にとっての専門高校における教育の意義と、専門高校が地域労働市場において担っている役割を明らかにすることを目指す。

2　対象者と対象地域

大分県では、2008年3月の高卒就職者の68.2%を専門高校の卒業生が占めており、高卒就職者に占める専門高校卒業生の割合は全国（55.9%）よりもかなり高い。大分県の2008年3月の高卒者に占める専門高校（職業学科）の割合は

29.9％であり、うち12.6％を工業科が、9.9％を商業科が占める[6]。そこで本章では、製造業の雇用が増加している中津市に立地する大分県立J工業高校と、事務職や販売職の雇用が相対的に多い大分市に立地する大分県立K商業高校を選定し、両校の卒業生を調査対象者とする。J工業高校の調査当時の学科構成は、機械、電気、電子、材料技術、化学工学、土木の6学科であった。K商業高校は、調査時点で商業、国際経済、情報処理の3学科編成であった。いずれも創立から半世紀以上が経過した伝統校である。

本章は、J工業高校を卒業した20歳代の男性10人と、K商業高校を卒業した20歳代の女性10人に対して実施したインタビュー調査に基づいている。2007年3月の卒業生のうち、J工業高校では93.5％が男性であり、K商業高校では69.0％が女性であった。また2007年度の大分県統計年鑑によれば、大分県では工業科在学生の90.6％が男性であり、商業科在学生の67.9％は女性であった。工業科および商業科の男女比は全国値でみても同様であり、工業科在学生の90.4％が男性、商業科在学生の64.8％が女性である。すなわち、専門高校における学科選択はジェンダー化されており、工業高校は典型的な男性の進学先である一方で、商業高校は女性の進学先として重要である。商業高校在学生の3分の1程度は男性であるが、K商業高校の場合、男性は女性に比べて進学する傾向が強いため、2007年3月卒業生では、就職者の73.3％を女性が占めている。工業高校と商業高校の相違点を浮き彫りにしながら、高卒就職者の職業経験を把握するためには、それぞれの専門高校における典型的な就職者に焦点を当てて考察するほうが実り多いと考え、J工業高校については男性卒業生に、K商業高校については女性卒業生に、それぞれ対象を絞ることにした。

インタビュー調査は、2007年秋に主として調査者1〜3人に対象者2〜4人が同時に応対する形式で実施し[7]、1回当たりの所要時間は1時間30分から2時間30分であった。対象者は、それぞれの高校の教員から卒業生を紹介してもらうことによって確保した。したがって本章の対象者は、高校卒業後、相当の期間を経過した後も当時の教員と連絡がつき、なおかつインタビュー調査に応じる用意があったということであり、対象地域で働く若者を統計的な意味にお

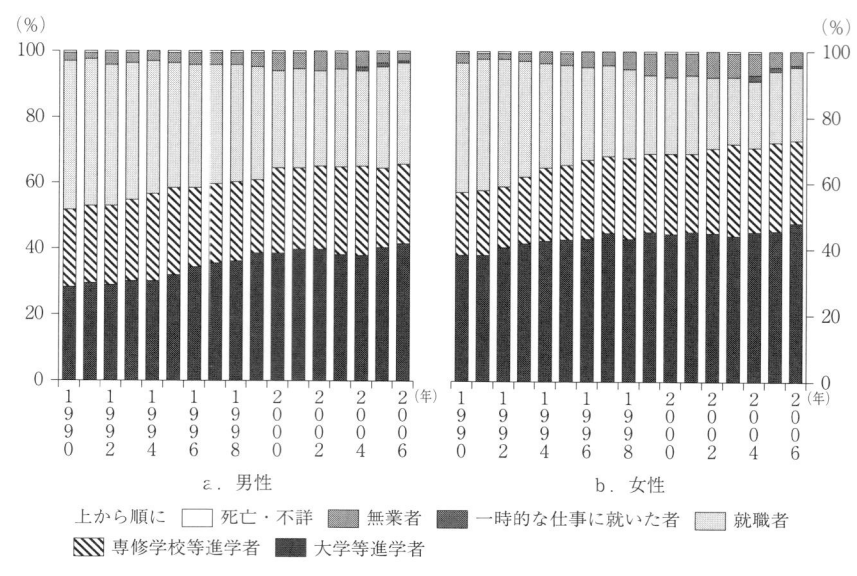

図3-1　大分県の高校生の高校卒業後の進路

上から順に　□死亡・不詳　■無業者　■一時的な仕事に就いた者　□就職者
　　　　　　▨専修学校等進学者　■大学等進学者

資料:学校基本調査により作成。

いて代表する存在ではない。しかし彼／彼女らの職業経験は、個人の特殊事情ばかりではなく、地域労働市場の特性や現代の若者が共有する社会環境を反映していると思われる。本章では、インタビュー調査を通じてそれらを読み解くことを試みる。

　現在、高卒就職者が大学等進学者よりも少数であることは、大分県でも例外ではない（図3-1）。1990年3月の時点では、大分県内の高校を卒業した男性の45.6%、女性の40.0%が就職しており、大学等への進学率（それぞれ28.4%、38.1%）を上回っていた。しかしその後、進学率の上昇と就職率の低下がほぼ一貫して進んだ結果、2006年3月の卒業生では、就職率は男性が31.1%、女性が21.8%と大学等進学率（男性41.6%、女性47.8%を）大きく下回るようになった。この間、専修学校等への進学率も上昇し、2006年3月に卒業した女性では25.4%と就職率を凌ぐまでになった（男性は23.9%）。

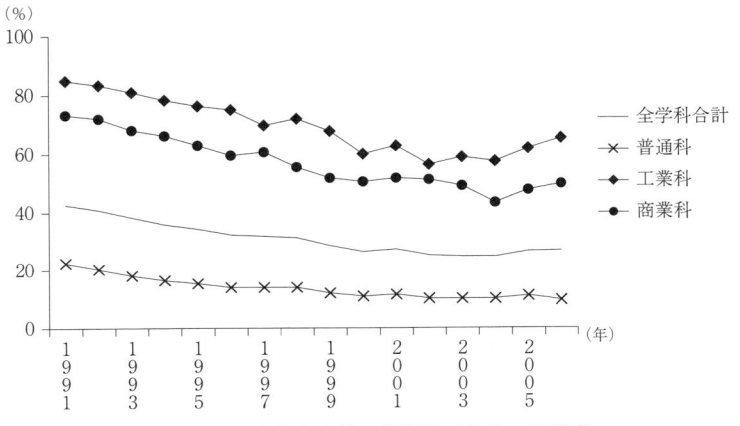

図3-2　大分県内高校の学科別卒業生の就職率
資料：大分県統計年鑑（各年度版）により作成。

　ただし就職率の動向は、学科によって異なっている（図3-2）。普通科の就職率は1991年3月の時点で22.0％とすでに低かったが、それ以降さらに低下を続け、2006年3月卒業生の就職率は10.1％となった。工業科と商業科の就職率も長期的には低下傾向にあるが、普通科と比べれば高い水準を維持している。景気回復を反映してか、2004年頃からは就職率に若干の回復すら見られる。これらの事実から、普通科高校に進学するか専門高校に進学するかによって、言い換えれば高校に入学した時点ですでに、高校卒業後の進路が相当程度方向づけられることがわかる。

　本章の対象者が卒業した2つの高校でも、1990年代に進学率が上昇し就職率が低下する傾向が見られた（図3-3）。2006年3月卒業生の就職率は、J工業高校が70.0％、K商業高校が51.5％であり、県内の工業高校および商業高校全体とほぼ同水準である。また、J工業高校、K商業高校ともに、2002年から2004年頃にかけて自営・その他の割合が若干高まっている。この時期は、全国的に見ても高卒者の就職が厳しかった時期に当たり[8]、J工業高校およびK商業高校でも就職先の内定を得られないまま卒業を迎えた生徒が存在したと考え

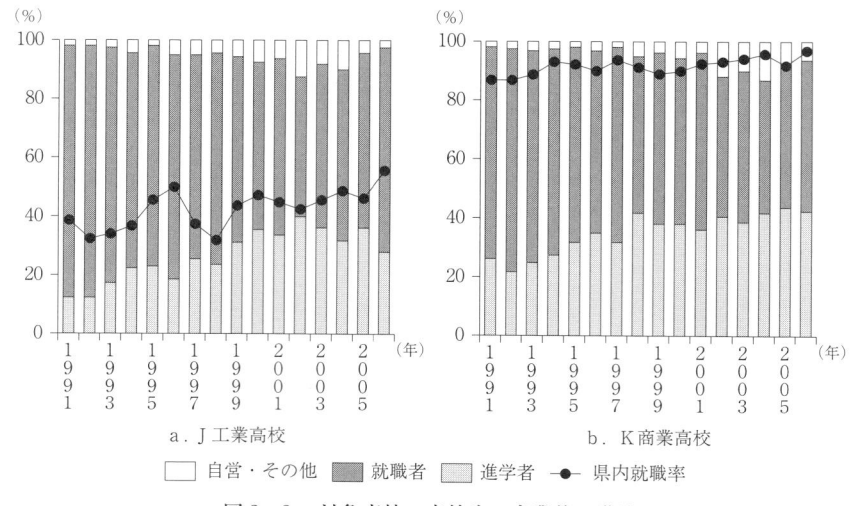

図3-3　対象高校の高校生の卒業後の進路

凡例：自営・その他　就職者　進学者　●県内就職率

a. J工業高校　　b. K商業高校

資料：各高校の学校要覧（各年度版）により作成。

　られる。

　K商業高校では、かねてからほとんどの就職者が県内の企業に就職しており、近年はさらにその傾向が強まっている。なおK商業高校の教員への聞き取り調査によれば、就職先のほとんどは大分市内であるという。J工業高校でも、趨勢としては県内就職率が高まっているものの、現在でも県外就職者が約半数に上る。ただしJ工業高校の立地する中津市では、従業者・通学者の10.5％が福岡県を従業地・就学地としている[9]ため、県外就職率の意味するところはK商業高校の場合と異なる。現にJ工業高校では、北部九州に展開する自動車関連企業など、中津市から通勤可能な範囲に立地する企業に就職する生徒が少なくない。2006年3月のJ工業高校卒業生を例にとると、74.4％が大分県を含む九州内の各県に就職している。そのうちどの程度の職場が中津市から通勤可能であるのかは明らかでないが、J工業高校の教員によれば、近年は生徒が地元と認識する範囲に立地する企業への就職が中心になっているとのことであった。

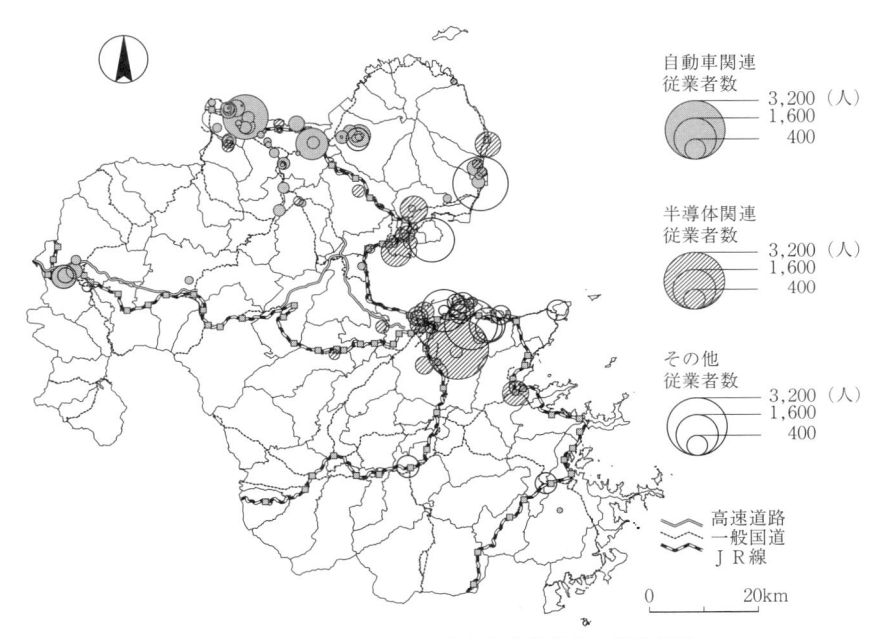

第 3 章　地域労働市場における高卒者の職業経験と専門高校の役割　67

図 3-4　大分県内の主な進出企業事業所の従業者数

注：1）基本的に進出企業と、自動車および半導体関連の主な事業所を示しているが、すべてが捕捉されているわけではない。とくにその他のカテゴリーでは、大規模であっても地場企業であるために示されていないものがある。
　　2）産業分類は原資料による。
　　3）従業者数は2008年6月時点で、間接雇用労働者などを含む。
資料：大分県企業立地推進課『企業立地のご案内』2007年度、2008年度版および大分県提供の資料により作成。

　程度の差はあるが、J 工業高校、K 商業高校ともに就職先は高校周辺にローカル化しているといえる。したがって、それぞれの高校周辺の地域労働市場の態様が、卒業生の就職やその後の職業経験に影響する度合いは、以前に比べて高まっている。そこで、大分県内の地域別の有効求人倍率と職業構造を見ることにより、中津市周辺と大分市周辺の地域労働市場の特性を把握しておくことにしたい。

　大分県は、1964年に大分地区が新産業都市に指定されて以降、工場誘致が一定の成功を収めたため、九州内の他県と比較すれば良好な雇用情勢を示してき

表3-1　大分県内の職業安定所管轄地域別の有効求人倍率

	1991	1993	1995	1997	1999	2001	2003	2005	2007
大分県全体	0.98	0.73	0.62	0.60	0.43	0.39	0.54	0.80	0.93
大分	1.13	0.78	0.68	0.65	0.42	0.43	0.65	0.90	1.01
別府	0.91	0.67	0.57	0.53	0.44	0.39	0.60	0.83	1.13
中津	0.96	0.75	0.65	0.58	0.49	0.36	0.44	0.80	0.92
日田	0.93	0.83	0.66	0.64	0.50	0.42	0.47	0.59	0.68
臼杵	0.82	0.61	0.58	0.64	0.33	0.34	0.37	0.57	0.67
佐伯	0.73	0.59	0.47	0.53	0.32	0.32	0.31	0.52	0.63
宇佐	0.92	0.65	0.54	0.51	0.47	0.34	0.45	0.72	0.84
豊後大野	0.86	0.84	0.74	0.59	0.59	0.39	0.37	0.63	0.75

注：1）パート、新規学卒求人は除く。
　　2）2007年度は12月まで。
　　3）豊後大野は、2003年度までの名称は三重であった。
資料：大分労働局資料により作成。

た（宮町2004)[10]。しかし大分県内に目を移すと、工場進出の状況や労働市場の態様には顕著な地域差が見られる（図3-4）。大分市以北（県北）には、中津市周辺における自動車関連産業（土井・大家2004）や、国東半島から大分市にかけての半導体産業や電機電子産業（鹿嶋1998）など、大規模な製造業事業所のまとまった立地がみられるのに対して、大分市以南（県南）では企業誘致が進んでおらず、大規模事業所が少ない。加えて県南の主要都市は造船業（臼杵市、佐伯市）やセメント製造業（津久見市）といった構造不況産業を基盤産業としてきたため、地域経済の衰退は深刻である[11]。産業立地の地域差は、有効求人倍率の地域差に反映されている（表3-1）。職業安定所管区のうち県南に位置する佐伯、臼杵、豊後大野は有効求人倍率が低位で推移している。これに対して、中津や大分は相対的に高い有効求人倍率を示している。

　本章の対象者は、現在も卒業した高校からそれほど遠くないところに勤務先を有していた。したがって分析対象は、相対的に雇用情勢が良好な中津市周辺と大分市周辺における若者の職業経験ということになる。ただし、中津市周辺と大分市周辺では、若者にとって典型的な就労機会は異なる。

　中津市周辺では、1975年に完成車メーカーであるＳ社の組立工場が福岡県内に立地したことにより、1970年代から自動車部品メーカーの進出が見られた

第3章　地域労働市場における高卒者の職業経験と専門高校の役割　69

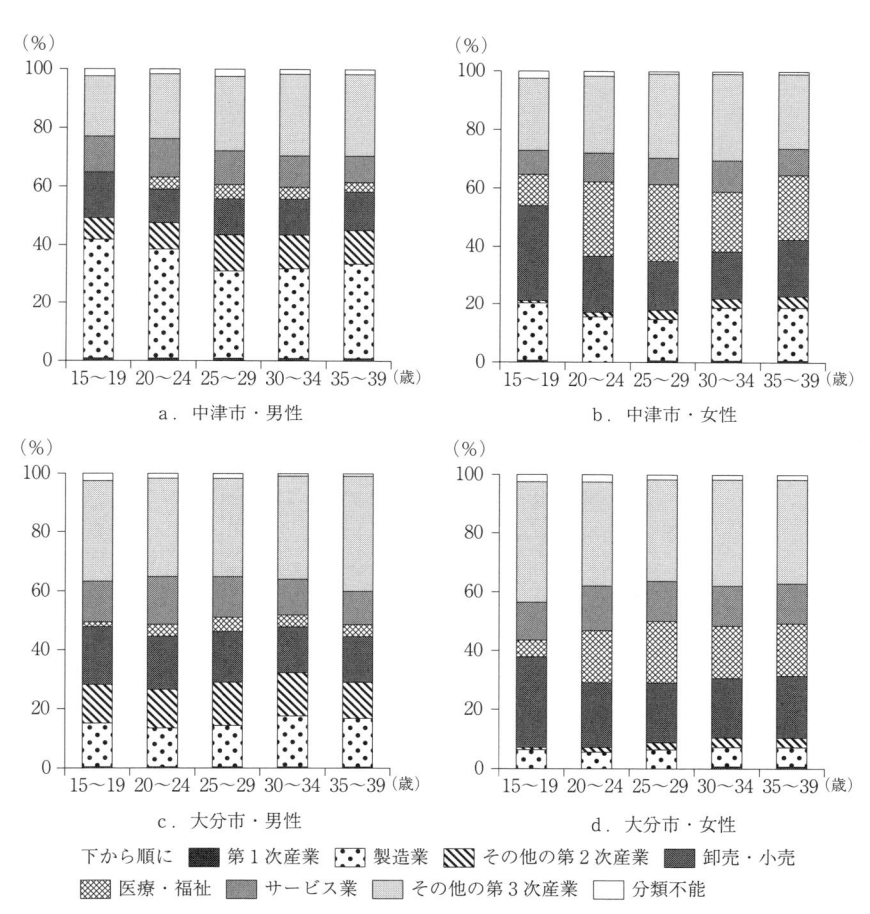

図3-5　中津市と大分市の若年就業者の産業構成

下から順に：第1次産業　製造業　その他の第2次産業　卸売・小売　医療・福祉　サービス業　その他の第3次産業　分類不能

a．中津市・男性　　b．中津市・女性　　c．大分市・男性　　d．大分市・女性

資料：2005年国勢調査により作成。

（小川 1994）。さらに2004年12月には完成車メーカーH社が中津市内で組立工場の操業を開始したことにより、中津市周辺は北部九州・山口地域の自動車関連産業集積の一角に組み込まれ、同産業の雇用は地域労働市場においていちだんと大きな位置を占めるようになった（土井・大家 2004）。このことは、15～39歳の男性就業者においていずれの5歳年齢階級とも30～40%が製造業に従事

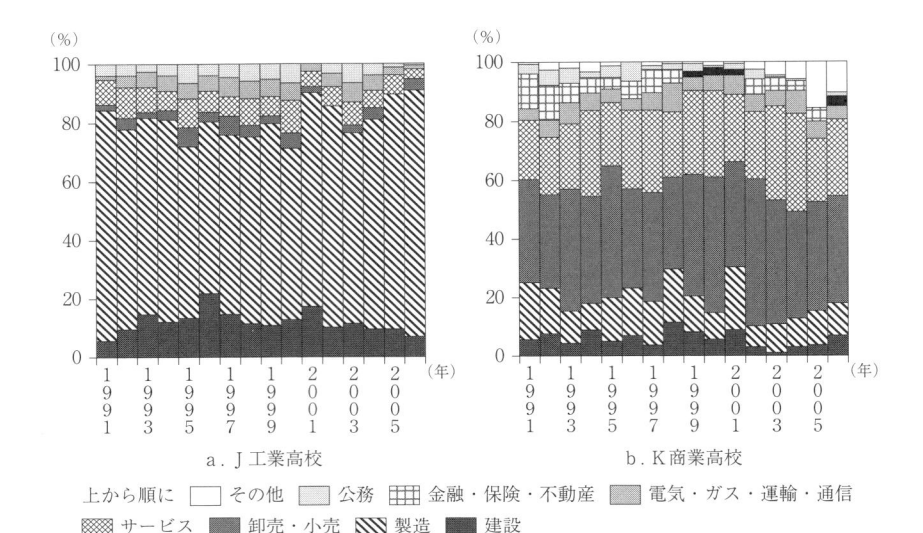

図3-6　対象高校卒業生の就職先の産業構成

上から順に　□その他　公務　金融・保険・不動産　電気・ガス・運輸・通信　サービス　卸売・小売　製造　建設

資料：各高校の学校要覧（各年度版）により作成。

していることからも見て取れる（図3-5）。工業統計調査によれば、2005年の中津市における輸送用機械器具製造業従業者は3,116人であり、製造業従業者（8,861人）の35.2％を占めている。したがって中津市は、自動車関連産業などの工場誘致によって、生産工程職を中心とする男性職の就労機会が増大した地域と位置づけられる。

　大分市では、新産業都市に指定されたことを契機に工業化が進んだが、現在では製造業で働く若者（15～39歳）の割合は、男性でも20％を下回る。他方で、大分市は人口47万4,094人（2010年国勢調査）を擁する県庁所在都市であるため、一定の中枢管理機能や商業集積が存在し、サービス経済化の進展が顕著である。そのため、15～39歳の男性の約70％、女性では90％以上が第三次産業に従事している。このことから、大分市は、サービス経済化が進展し、事務職や販売職、サービス職などの女性職が若者の主要な就労機会となっている地域であるといえる。

J工業高校とK商業高校の卒業生の産業別就職先を見よう（図3-6）。J工業高校の卒業生の大部分は、製造業の職を得ている。職業別のデータは得られていないが、そのほとんどは生産工程職であるとみられる。近年では不況と公共投資の削減によって建設業への就職者が減少したことにより、就職先が製造業に特化している。K商業高校卒業生の産業別就職先は、サービスや卸売・小売が中心である。また、図3-6にはあまり明確に現れていないが、地元の金融機関が採用を減少させ、しかも採用の中心を大卒者に移したことにより、金融・保険・不動産業に就職する卒業生が減少している[12]。こうした若干の変化はあるものの、J工業高校卒業生とK商業高校卒業生は、それぞれの高校周辺の地域労働市場を特徴づける職種に就いている。

3 専門高校への進学と就職

(1) 専門高校への進学

J工業高校の卒業生に関しては、H君を除くすべてが2004年3月の卒業生である（表3-2）。K商業高校の卒業生については、2000年3月卒業が3人、2002年3月卒業が5人、2004年3月卒業が2人である。したがって対象者のほとんどは、1990年代後半から2000年前後に高校に入学したことになる。大分県では、専門高校に関しては学区制が適用されていなかったが、対象者の多くは高校の近辺から通学していた。

高校への進学に当たり、対象者が専門高校であるJ工業高校やK商業高校を進学先として選んだ背景には、中学校の進路指導がある。中学校の担任教員は内申書や学力に照らして合格可能性を判断したうえで、それぞれの生徒に対してどの高校を受験するのが妥当かを指導しており、それが進学先の高校の決定に強い影響力を持っていた。しかし本章の対象者のなかには、中学校での指導を踏まえながらも、成績による序列化とは異なる次元で、主体的に専門高校への進学を選んでいる例が目についた。

表3-2 インタビュー対象者の概要

	ID	学科	高校卒業年	職歴
J工業高校	A	土木	2004.3	親のコネで土建業に就職（1年）→自動車組立（2年半）
	B	土木	2004.3	花屋（アルバイト）→衣料品店（アルバイト）→父親の経営する保険代理店の営業職
	C	電気	2004.3	自動車組立（2年半）→先物取引（福岡、3カ月）→訪問販売（1カ月）→衣料品店（アルバイト）
	D	電子	2004.3	学卒以来衛生陶器組立
	E	化学工学	2004.3	学卒以来衛生陶器組立
	F	材料	2004.3	学卒以来自動車組立（特殊車両）
	G	化学工学	2004.3	学卒無業のまま求職活動（半年）→電子部品組立（派遣社員、1年半）→自動車組立
	H	機械	1997.3	住宅建材製造（岡山、2年）→衣料品店（福岡、4年）→自動車組立（4年、部品供給→保全）
	I	機械	2004.3	バス等の設計（東京、3年半）→建設会社の設計（半年）
	J	機械	2004.3	農業用機械組立（大阪、10カ月）→下水処理場（臨時）→消防士
K商業高校	K	情報処理	2000.3	デパートのインフォメーション（5年半）を結婚退職→職業訓練校→派遣社員→デパート臨時職員
	L	情報処理	2000.3	学卒以来団体職員（貯金課5年、ガソリンスタンド2年半）
	M	情報処理	2000.3	学卒後専門学校進学（福岡、2年）→美容師（5年半）
	N	商業	2004.3	学卒以来個人病院の医療事務
	O	国際経済	2004.3	学卒以来湯布院の旅館でサービス
	P	国際経済	2002.3	学卒以来団体職員（事務）
	Q	国際経済	2002.3	学卒以来プロパンガス販社の事務
	R	国際経済	2002.3	学卒以来石油販社の事務
	S	国際経済	2002.3	学卒以来海運業の事務
	T	商業	2002.3	学卒以来図書販社の事務

資料：インタビュー調査により作成。

　対象者がJ工業高校およびK商業高校への進学を選んだ基準としてもっとも重要なことは、彼／彼女らが高校進学の時点で卒業後の進路が就職であることを明確に意識していたことである。A君とB君は、学力的には卒業生の大半が4年制大学に進学する普通科高校に進学することも可能であった。しかしA君は「何となく就職するだろうと思い」、B君は「就職なら工業高校と思った」との理由から、J工業高校への進学を決めている[13]。就職を意識した高校選びをしていることは、K商業高校の卒業生も同様である。Nさんは「小さいときから、高校を出たら就職するつもりだった。親も高卒で仕事をしていたので、

親と同じにしようと思った」と答えた。Tさんは高校を選ぶときから、大学に行くとしても、就職をしてお金を貯めてからでも間に合うと考え、まずは働きたいという意識があったという。彼女は普通科高校や私立高校のオープンスクールにもいくつか参加したが、最終的には「就職に強い」との定評があるK商業高校への進学を選んでいる。Mさんは、対象者の中で唯一高校卒業後、美容師を養成する専門学校に進学しており、厳密には高卒就職者ではない。ただし、美容師になることは中学生の頃からの希望であったことから、専門学校への進学は就職の前段階としての位置づけが明確である。彼女は大学に進学することは全く考えておらず、そのため普通科高校に進学することは念頭になかったという。

　竹内（1995）が1985年にある専門高校で実施した調査によれば、普通科高校を含めた高校の学力的序列に組み込まれる過程で不本意入学者が増加した一方で、学力的には普通科高校に入学できる生徒が、少なからず進学してきていたという。竹内の調査は20年以上前のものであるが、本章での分析からも、専門高校への進学の意志決定が、単純に学力面での序列にしたがってなされるわけではないことが確認できる。

　J工業高校卒業生とK商業高校卒業生の間にみられる違いとしては、K商業高校の卒業生には、子どもの側からの家計状態の認識や親の意見が、直接的あるいは間接的に進路に関わる意思決定に影響していた例がみられることである。たとえばQさんは「女だからというのもあったが、3人兄弟だったのでお金もかかると考えて、高校卒業後は就職と決めた」という。進学する高校を選ぶに当たり、Pさんは「兄が年子で県内でも上位の進学校に行っていたし、初めから就職を考えて」、別の専門高校とどちらにするか考えた末にK商業高校を選んだ。Pさんは、高校3年生のときに高校卒業後専門学校に行きたいという希望を親に伝えたことがあった。しかし親の同意は得られず、「兄も進学していたので諦めた」という。彼女たちは、必ずしも積極的に専門高校への進学を選びとったわけではない。しかし彼女たちもまた、成績による振り分けの結果としてではなく、高校卒業後の進路が就職であることを明確に意識したうえで、

就職に有利な専門高校への進学を選択している。

なお、J工業高校、K商業高校の中での学科選択については、対象者がそれにこだわった様子は認められなかった。いずれの高校も、学科別に入学試験を実施しており、入学のために必要な学力は学科によって異なる。そのため中学校では、J工業高校やK商業高校の進学希望者に対しては、個々の学力に応じて受験すべき学科のアドバイスをしており、対象者はそれにほぼ従っていた。このことからも示唆されるように、対象者は高校卒業後の進路が就職であることについては明確に意識していたものの、卒業後にどのような仕事に就くのかについては、工業あるいは商業という以上には、具体的な印象を持っていたわけではない。

(2) 専門高校卒業後の職業経験

①J工業高校卒業生の場合

　J工業高校卒業の対象者のうち9人は、2004年4月に就職の時期を迎えている。この時点ではH社の自動車組立工場はまだ稼働していない[14]。当時、有効求人倍率は回復基調を示し始めた（表3-1）ものの、依然として新規高卒者の労働市場は軟調であった。図3-3でみたように、J工業高校でも、進路が「自営・その他」である生徒の割合が若干高まっていた時期である[15]。

　G君が在籍していた化学工学科の就職戦線は、とくに厳しかった。彼は第一志望の就職試験に落ちた後も内定獲得に向けて努力したが、「就職担当の先生が持ってくる求人は職人系が多かったり、印刷の仕事だったりで、今一つピンとこなかった」という。G君は次第に消極的な姿勢で就職活動に臨むようになり、結局仕事が決まらないまま高校卒業を迎えた。高校を卒業してからは、アルバイトをすることもなく毎日ハローワークに足を運んだ。そして、たまたま求人票提出のためにハローワークを訪れた企業関係者に誘われ、大手家電メーカー子会社の工場で派遣社員として働くことになった。そこで1年半働いたのち、完成車メーカーH社の中途採用試験に合格して正社員となり、現在に至っている。

G君のように、高校卒業の時点で正社員の職を得ることができなかった人もいるとはいえ、J工業高校の就職希望者のほとんどは高校卒業と同時に正社員の職に就いている。対象者についても、7人は正社員として就職しており[16]、就職先はいずれも製造業大手企業やその子会社であった。彼らは出身学科とほとんど関係なく、主に交代勤務制の工場で生産工程に従事し、ほぼ恒常的に残業もこなしていた。そのせいもあって、彼らの所得はかなり高い。C君はチームリーダーをしていたこともあり、20歳の時点で残業代や手当を含めて手取り月収が30万円程度であったという。またH君は、入社直後の月給が、手取りで約18万円であったという。大分県の高卒男性の平均初任給が14万5,800円（2006年賃金構造基本調査による）であるのと比較すれば、かなりの高給である。

　ただし、正社員として就職した7人のうち、卒業後もずっと同じ職場に勤め続けていたのは3人であった。2003年3月に大分県内の高校を卒業し就職した人のうち、就職後3年以内に離職した人の割合は57.3％であり[17]、これは全国の都道府県で3番目に高い水準である（全国49.3％）。新規高卒者一般に比べて工業高校卒業生の離職率は低い可能性があるものの[18]、短期間のうちに新規学卒時の就職先を離れた高卒者は少なくないと思われる。高校卒業と同時に有力企業に正社員として就職し、そこで相対的に高い所得を得ていたとしても、必ずしもその後の勤続に結びつかないのである。

　J工業高校を卒業した対象者が離職に至った理由はさまざまである（表3-3）が、一般的に言えるのは、自分の職場に対する対象者の評価が、職場の雰囲気や人間関係に大きく左右されていることである。多くの工場では、それぞれのラインは代表者（職長）の名前を冠して〇〇組などと呼ばれており、職場における準拠集団となっている。上に立つ職長の面倒見が良いか悪いかで、同じ工場であっても、ラインによって雰囲気や人間関係は大きく違っており、そのことが従業員の定着率に強く影響する[19]。

　一方、新規学卒時の就職先に勤務し続けている3人は、OJTによって順調にスキルを身につけ、仕事にもやりがいを感じている様子がうかがえた。F君は、H社の工場で特殊車両の生産部門でボディの溶接の工程を受け持っている。

表3-3　J高校卒業生の離職理由

	離職前の仕事	離職理由
A	土建業	出張が多く、朝は早いし、夜は遅い。残業はある。なのに手当はつかない。世話してくれる人がいて、完成車メーカーの中途採用試験を受け、合格。
B	衣料品店（アルバイト）	父親の経営する保険代理店で働くことにした。兄が家業を継がないのでおはちが回ってきた。
C	自動車組立	保全といわれて入社したのにラインの仕事。工場の立ち上げ要員だったので、20歳そこそこでラインのリーダーになり、余裕がない中で責任ある仕事を任される。会社への不信が募っていたところに、自分のラインで事故があったのを機に退社。
G	電子部品組立（派遣）	夜勤だけの派遣の仕事だったので、完成車メーカーの中途採用試験を受けた。
H	住宅建材製造	工場は同じ仕事の繰り返しで、体が慣れてくればこなせるが、これでいいのかなという思いがあったため、福岡に行き、もともと興味があった衣料品販売に転職。
I	バス等の設計	上司とのそりが合わなかった。10年以上やっている先輩の中に目標となる人がいなかった。よく大学生と比較されたこと、仕事量が多く自分の時間が持てなかったことなどの不満もあった。こうした理由で退社し、中津に戻ってハローワークで求職活動を始める。
J	農業用機械組立	自分の時間が取れなかったことに尽きる。サッカーをやっていたので、その時間がほしかった。わずか10カ月で退社して中津に戻り、ハローワークで求職活動を始める。

資料：インタビュー調査により作成。

　流れ作業で生産される一般車両とは異なり、特殊車両の生産を受け持つためには熟練を要する。溶接には作業者の癖が出るため、自分がつくったものは見ればわかるのだという。F君にとっては、自分の手で自動車をつくっているという実感を得られることが仕事に対する充実感につながっている。

　D君とE君が勤務する大手製造業企業は、J工業高校の近くに40年ほど前から工場を構えている。D君とE君は、ここで組立作業に従事している。この工場では、数多くの工程を担当できる多能工を育成する方針を取っており、しばしば担当する作業の内容が変化する。彼らは新しい仕事を覚えていくにつれて、仕事に対するやりがいが強くなってきたという。入社4年目の彼らは、すでに後輩にアドバイスをするまでになっている。D君は、「正式な教育係になっているわけではないが、入社して4年もたったら、ここまではしなくてはい

けないだろうなと自分なりに考える」と、自発的に仕事に取り組む姿勢を見せる。彼はこの企業でキャリアを積み、ゆくゆくは現場で積んだ経験を技術部門で生かしたいと考えている。そして、「この会社では、高校卒業後、そのまま『持ち上がり』[20]で家族持ちになっている人も多いので、こういう人生も良いかなと思っている。家を建てて、車を持って、そこそこ裕福に暮らしている。そういう人たちを見ていて、影響されるところはある」と述べるのである。D君の語りからは、職業キャリアの展望が開けていることが、ライフコース全体の展望を可能にしていることが受け取れる。

② K商業高校卒業生の場合

K商業高校卒業の対象者については、10人中9人が初職に勤め続けており、残るKさんも、結婚を機に退職するまで5年5カ月初職に勤め続けていた。対象者の就職先はいずれも大分市周辺の企業や団体であり、Kさん、Mさん、Oさん以外の7人は事務職に従事している。後述するように、高学歴化が進んだ結果、今日では事務職に就くことのできる高卒女性は減少し、その主な職種は販売職やサービス職となっている。しかし彼女たちは就職活動に際して事務職を希望し、結果的にそれを実現することができた。

対象者の初任給は税込み13万～14万円といったところで、彼女たちが就職活動の過程で目にした求人票の相場も同程度であった。2006年賃金構造基本調査によれば、大分県の高卒女性の平均初任給は13万9,200円であり、対象者の初任給は平均的なものといえる。Tさんは、教科書などの図書販売を手掛ける中小企業に勤務して、「伝票の処理や帳簿の入帳のほか、お茶汲みを含めて」事務一般を引き受けている。彼女の入社時の手取りは11万円程度で、就職後5年が経過した現在も手取り12万円程度とわずかしか上がっていない。しかし賃金に対する不満の声は強くなく、「自分の仕事を考えるとこれくらいが妥当かなと思っている」という。彼女は「もう少しほしいなと思うこともあるが、その分仕事もプラスになるかなと思ったりする。残業をして、自由な時間を削ってまで給料を増やしたいとはあまり思わない」と語る。残業をしてまで給料を増

やしたくはないという感覚は、他の対象者にも共通していた。

　彼女たちの仕事に対する将来展望はどのようなものだろうか。対象者の中で、キャリア形成に対する意欲がもっとも強く感じられたのは、湯布院の旅館で接客をしているOさんであった。この旅館は全国的に名が通っており、国内外の要人もしばしば訪れる。この旅館では研修とOJTを通じて、敬語の使い方や立ち居振る舞いを従業員に身につけさせている。Oさんは、高級旅館で接客をしているという自負を持って働いており、宿泊客にねぎらいの言葉をかけられたときにやりがいを強く感じるという。もともとOさんは、銀行の事務職への就職を希望していたが叶わず、高校3年時の11月に行われた合同面接会で今の職場にめぐり合った。しかし今では彼女にとって、「接客は天職になりつつある」のである。今後Oさんは、結婚して子育てをしながら今の旅館に勤め続けることと、東京の一流ホテルなどに移り、接客のエキスパートとしてのキャリアを積んでいくことの2つの方向性を考えていた。

　Oさんと美容師として働くMさんを除くと、K商業高校卒業生からは今後のキャリア形成に対する意欲はあまり感じられず、インタビュー調査からは毎日の仕事を淡々とこなしている様子がうかがえた。彼女たちが仕事に対して概して「冷めている」のは、結婚（あるいは出産）に伴って今の仕事を辞めることを想定しているからである。Tさんは、10年後は結婚して子育てをしていたいとし、仕事を辞めて子育てをすることについて、「やっぱり順繰りなんじゃないかと思う」と語った。Qさんも「子育ては使命かなと思う」と述べる。TさんやQさんは、親の姿に将来の自分の姿を重ね合わせ、結婚し、子育てに専念することをひとつの義務と捉えている。Nさんは10年後の自分の姿として「普通に結婚して、子どももいて、パートでもして、ご飯もちゃんとつくって、当たり前のような感じだけれど、家庭を持っていたい」と語った。彼女もまた、このようなライフコースを想定することに関して、「自分の母親も、自分が生まれてからはずっと家にいたが、中学生ぐらいのときから学校の時間帯にパートに出るなどしていた」ことを挙げている。

　子育てが一段落した後にパートとして働くことは、日本の女性のライフコー

スとしては一般的であり、対象者からもそうした働き方を予期する声が聞かれた。Ｌさんは、「できれば家庭内にいたいが、経済的に無理だろうからパートか何かに出ることになるだろう」と述べた。Ｑさんは「パートとか、家のこともできる程度の仕事はしていたい」と語り、その理由として「旦那さんのお金だけだと、自分が使いたくても使いにくいから」という理由を挙げた。彼女たちがパートという働き方を想定するのは、家庭における家事や子育てを優先事項と考えているからであり、一方でそれだけでは経済的に充足できない部分があるからである。

　このように、Ｋ商業高校卒業生には、結婚や出産に伴って退職するライフコースへの指向性が見られる。彼女たちは、家事や育児に専念する母親の姿を目の当たりにして、成長の過程でそうした指向性を育んでいったと考えられるが、彼女たちの職場環境も結婚や出産に伴って退職するライフコースへの指向性を増幅している。Ｓさんは、インタビュー時に妊娠８カ月であった。彼女の勤務する大分市内の中小企業では、結婚をしたら退職することが「暗黙の了解」になっていた。それでも彼女は、結婚後も仕事を続けたのであるが、結局産休に入るタイミングで退職するという[21]。ＪＡに勤めるＬさんは、まもなく職場の同僚と結婚するが、「職場結婚で夫婦とも正規職員というのは良くない」とされているため、臨時職員になることが予定されている。職場の上司には「夫婦とも正規職員はだめという規定はないが、『理事の目があるから』と言われた」のだという。

　Ｋ商業高校卒業生の多くは、大分市周辺の中小企業などで庶務的な仕事に従事しており、将来のキャリア像が具体的に描きにくい状況にある。また、ある程度仕事を覚えてくると、仕事が単調であると感じられるようになる。そのため、就職して数年が経過した頃に、転職を考えたことがあると語った対象者もいる。Ｔさんは、転職をしても正社員の事務職の仕事は得られないと考えて、転職を思いとどまっている。またＱさんは、「３年目のとき、事務の他の資格を取って違う職に就きたいと思っていた」が、それは困難であると実感した。現在彼女は「結婚までは頑張ろう」という気持ちで、同じ職場に勤め続けてい

る。

　以上のように、K商業高校卒業生の場合は、結婚や出産での退社が前提になっている職場に勤務していることや、キャリア形成の展望がない仕事に就いていることが、もともと彼女たちが持っていた結婚や出産を機に退職するライフコースへの指向性をいっそう強めている側面がある。別の見方をすれば、大分市のような地方都市およびその周辺では、高卒女性が仕事を通してキャリア形成の展望を得られる就労機会は限られているのである。

4　専門高校における教育と職業経験

　専門高校における教育は、生徒のエンプロイアビリティの向上を主眼としている。それではその目標は、どの程度、どのような形で達成されているのであろうか。本章では、対象者の主観による専門高校における教育の意義について検討するとともに、地域労働市場の中で専門高校が果たしている役割を把握することを試みる。

(1)　J工業高校卒業生の場合

　J工業高校卒業生のなかには、溶接や三角法などの具体的な内容を挙げて、それらが仕事の上で役に立ったと述べた人もいたが、工業高校での学習内容は直接的には仕事に役立っていないという意見が多かった。なかにはJ工業高校の後輩へのアドバイスを求められて、「今の高校生には『学校で勉強を頑張っても意味がない。人間関係が大切だ』と言いたい」と明言する対象者（A君）もいた。そもそも、今日の大手製造業企業の工場には、前もって特別の知識や技能を必要としないほどに、工程の細分化や自動化が進んでいるところが多くある。J工業高校の校長の言葉を借りれば、生産現場の労働者を「ワーカー」、「テクニシャン」、「エンジニア」と分けた場合、工業高校の理念は「テクニシャン」すなわち現場の技術者を養成することにある。しかし、現在の中津市周辺の地域労働市場で必要とされている労働者の多くは、前もってスキルを身に

つけていることを求められていない「ワーカー」である。そうした理念と現実の乖離は、工業高校で教育をする側も認識している。

　また、J工業高校の卒業生に特徴的であったのは、C君が「工業高校の生徒には肉体労働のことしか頭にないので、別の選択肢があることをわからない」と話しているように、高校卒業後は「自分は工場で働くのだ」と了解していることである。その背景には、J工業高校卒業生の就職先がますます製造業に集約され、現にほとんどが製造業に就職している事実がある[22]。高校卒業後、製造業大手企業に正社員として就職した7人は、いずれも高校の進路指導を通じて就職先を決定している。その過程で、ほとんどの生徒はとくに疑問を抱くことなく製造業の企業を第一志望に選び、教員の側も製造業の企業への就職を前提とした進路指導を行っていた。

　ところがH君は、「卒業しても工場に行くというイメージはなかった」と語った。彼はアパレル関係の店員になりたいと思っていたため、担任の教員にそういう職に就きたいと相談したところ、「『あほか、そんな仕事はない』とどやされた」という。担任の教員にしてみれば、工業高校の卒業生にとって「正統」な就職先は製造業であるという意識があったのであろう。そこで彼は、「給料だけで就職先を決め」、結局製造業の企業に就職し、組み立てラインで働くことになる。その後、福岡市に移って、かねてから希望していた衣料品店の店員になるが、再び中津に戻って製造業に転じている。

　H君もそうであるが、製造業の企業に就職したものの、のちにそれが自分に向かないと感じて転職した人もいる。B君は、朝8時30分から夜9時まで働くのが普通という状態に置かれ、わずか10カ月で初職を辞めている。中津市に戻って職探しをするに当たり、彼は「工場の仕事は避けようと考え」、中津市の下水処理場での臨時職を経て、現在は消防士をしている。

　それでも、製造業の職が工業高校卒業生の職歴の中で1つの基軸となっていることは確かである。たとえばC君は、若くしてラインのリーダーとしての責任を担うことの重圧と会社への不信感から初職を辞め、以来職を転々としているが、近い将来初職とは別の完成車メーカーに就職するつもりだという。い

くつかの仕事を経験する中で、自分に向いているのは工場の仕事であり、また安定した収入が得られるのも、工場の仕事であると実感したからである。

先述のH君の場合も、アパレル関係の店員の仕事を経験した後、知人の勧めを受け入れて、再び自動車の組立工場で働くに至っている。彼は今でも工場の仕事は「自分のやりたい仕事ではない」と語るが、仕事に関する語りからは、工場で働くことに違和感があるようには感じられない。むしろ、半年ほど前に自律的な判断が求められる保全に配属されたことにより、仕事にやりがいを見出しつつある様子であった。このことからも、製造業であるかないかというよりは、働くことを通じて自らのスキルが高まっていることが実感でき、将来のキャリアを展望できるか否かが、仕事に対する動機づけや職場への定着に強く影響するといえる。

以上の知見を整理してみよう。工業高校の卒業生の多くは、自分たちが受けた教育と現在の仕事の内容とは必ずしも関連しないと感じている。一方で彼らは、工場を工業高校の卒業生に相応しい職場とみなす心性を有している。つまり工業高校は、実践に役立つ職業教育・訓練によって特定の仕事に直接役立つスキルを養成することよりも、工場で働く心構えを持った労働力を地域労働市場に供給することに貢献している。

このことは、大分県における高校の定員とその内訳の変遷とも関連づけられる。少子化の流れを反映して、大分県でも高校の定員は減少を続けてきた。高校入試における合同選抜[23]が廃止された翌年の1996年度には、入学定員総数は１万2,764人であったが、2008年度にはその69.3％の8,840人に減少した。この間、高学歴化が進行したが、生徒の多くが高等教育機関に進学する普通科高校は、1996年度の定員に対する2008年度の定員数が63.6％（1996年度7,986人、2008年度5,080人）であり、むしろ総数を上回る減少率をみている。定員削減の傾向が続いてきたことは工業高校も例外ではないが、1996年度の定員に対する2008年度の定員数は73.2％（1996年度1,748人、2008年度1,280人）であり、普通科や後述する商業科に比べれば、削減幅は小さい。

誘致企業は地域住民に就労機会を提供する反面、自治体に対しては、必要な

労働力を充足できる環境整備を要請する。必要な労働力が得られなければ、誘致企業は事業規模の縮小や事業所の閉鎖に踏み切る可能性がある。企業誘致について一定の成功を収めた大分県でも、誘致企業の労働力需要が必ずしも順調に充足されているとはいえず、調査時点では一部の企業で人手不足が顕在化していた[24]。こうした状況おいて、工場で働くことを了解している工業高校の生徒は、製造業の企業にとって貴重な存在である。

　2000年の国勢調査によって大分県の男性生産工程・労務作業者の学歴構成を見ると、25〜29歳では79.4％、30〜34歳では81.6％が高卒以下の学歴であった。高等教育機関への進学が一般化し、加えて若者の雇用情勢が厳しさを増した時期であっても、生産の現場では高学歴層への学歴代替が進んでいない。したがって、誘致企業を中心とする製造業の労働力需要を満たすためには、より多くの高卒者が生産工程職に就職することが期待される。しかし中津市内の高校を卒業して就職した男性のうち、生産工程・労務職に就いた人の割合は、1991年3月卒業者においてすでに79.1％に達していた。生産工程・労務職に就いた高卒者の割合はさらに上昇し、2006年3月卒業者では85.6％となっており、今後の上昇の余地は小さい。そうなると、製造業の人手不足の打開策としては、工業高校を拡充することで潜在的な製造業への就職者を増やすしかない。

　現に大分県は、産業界の声に応える形で、2007、2008年度と2年度連続して工業科の入学定員を増加させた[25]。これはまさに、労働市場の社会的調整のローカルな形態（Peck and Tickel 1992）の具体的展開である。J工業高校も2008年度に機械科の入学定員が40名の増加となった。これは、この年度の全日制において唯一の定員増である。工業高校補強の論理として、大分県は企業のニーズに応えうる知識・技能を持った人材の育成を掲げており、企業との連携の下で生徒の実習や教員の技術研修を行うといった、デュアルシステムの考え方に沿った具体的な取り組みも始めている。しかし文部科学省主導の「日本版デュアルシステム」がプロジェクト終了後、現場に根付くに至らなかったことに鑑みれば、よほど周到に組織しなければ、所期の成果を上げられないであろう。少なくとも大分県の工業高校の現状は、製造業の人手不足が深刻化する中

で、高校卒業後就職という進路を想定している生徒を囲い込み、製造業へと方向づける役割を担っているといえる。

(2) K商業高校卒業生の場合

　K商業高校卒業生についても、高校での学習内容が現在の仕事に役立っているかとの問いに対しては、直接的にはあまり役立っていないとの答えが多い。ただし、汎用性の高いパソコンの操作技能については、とくに事務職に従事している場合には、仕事の上で役に立っているとした対象者が多い。商業高校のカリキュラムを特徴づける簿記に関しても、直接それに関わる仕事をしている対象者は限られる。しかしJAに勤務するLさんとPさんにとっては、高校時代に簿記の用語や考え方を身につけていたことが、仕事をするうえでの土台となったという[26]。

　簿記とパソコンの操作技術を除くと、商業高校で学んだ特定の資格や技能を挙げて、それが現在の仕事に直結しているとする例はなかった。しかしTさんは、「商業科で勉強していたので、会社に入って聞く言葉が初めて聞く言葉ではないので、その点は役立った。簿記を一生懸命勉強したので、手形や小切手といったものもわかっていた。会社に入って会計的なことをしているわけではないので、簿記の学習内容が直接的に役立っているわけではない。ただ、考え方は生かすことができている」と、商業高校で学習したことを評価した。Kさんも「専門はこれといって役に立ったことはない」としながらも、「ただ、事業所などで飛び交う言葉を耳にしたときに、ああ、聞いたことがあるなと思う言葉が多く、違和感がない。商業高校で、商業の仕組みやお金の流れ、モノの流れについて勉強していたので、すんなりと販売の仕事に入っていくことができ、不安がなかった」と述べた。商業関係の科目全般を学ぶことを通じて、職場でよく使われる言葉や会社内での資金の流れをある程度知ることができ、それによって仕事を始めるに当たっての戸惑いが少なかったとの感想は、K商業高校を卒業した対象者に共通するものであった。

　以上から理解できるように、対象者が商業高校で学んだことの効用として実

感しているのは、職業教育・訓練を通じて体得した具体的なスキルや取得した資格よりも、むしろ事務職あるいは販売職として働く心構えが身に付いていたことである。その点については、J工業高校卒業生が工場を自らに相応しい職場と認識していたことと共通する。このことから専門高校は、高校卒業後の進路が就職であると自己認識している生徒たちにとって、自分がこれから就く可能性の高い職業に対するアイデンティティを育む場所としての意味を持っている。言い換えれば、仕事に臨む姿勢というジェネリック・スキルが養成されているのである。

ところで、今日の商業高校は、工業高校とはやや異なる状況に置かれている。かつて事務職は、高卒女性が就く典型的な職種であった。1990年の時点では、大分県の25～29歳の事務従事者のうち、61.7％を高卒者が占めていた。しかし2000年には、この割合は46.9％になっている。高学歴化が進展する中で、高卒者が充当してきた事務職の就労機会が短大卒者や大卒者と競合するようになり、結果としてより高い学歴層への代替が起こったのである。

学歴代替の進展は、新規高卒者の職種構成の変遷に明確に現れている。1991年3月に大分市内の高校を卒業して就職した女性のうち、45.1％は事務職に就いていた。ところが2006年3月の卒業生では、この割合が23.3％に減少している。販売職の割合も減少しており、1991年3月の卒業生では21.5％であったものが、2006年3月の卒業生では16.2％となった。代わって割合を増大させたのがサービス職と生産工程・労務職であり、同期間にサービス職が12.3％から26.5％に、生産工程労務職が9.7％から16.9％へと変化した。また、販売職とサービス職については、学歴代替に加え、非正規雇用化の進展によって正規雇用としての就労機会が減少していることも指摘できる。

このように、高学歴化と非正規雇用化の中で、高卒女性は地域労働市場において固有の位置を確保することが難しくなり、徐々に周縁化されつつある。その余波を受けて、商業学科は総合学科への転換や学級数の削減を余儀なくされている。大分県における1996年度の商業学科の定員数は1,595人であり、高校定員総数の12.5％を占めていた。しかし2008年度の定員数は1996年度の52.7％

の840人にまで減少し、高校定員総数に占める割合も9.5％に減少した。

K商業高校も、やはり学級数や定員の削減を免れなかった。しかしK商業高校では、2004年3月の卒業生のうち、就職した女性の53.7％が事務職に就いている[27]。同じデータによれば、同年に大分県内の商業高校を卒業して就職した女性全体のうち、事務職に就いたのは33.0％である。K商業高校の事務職就職率が高い背景には、卒業生の多くが就職する大分市では、大分県内の他都市に比べて事務職としての就労機会が多いことが考えられる。K商業高校が伝統校であることから、これまでの実績に基づいて毎年のように求人票を寄せる企業が多いことも影響していよう。今のところK商業高校は、地域労働市場に事務職や販売職といった女性職に就く労働力を供給する役割を果たし続けている。しかし、今後もその役割を継続的に担うことができるか否かは不透明である。地元金融機関の採用が大卒者に移行したことなどからうかがえるように、仮に事務職就職者の割合が保たれるとしても、卒業生の就職先が地元資本の中小企業に限定されていくことが予想される。

5 おわりに

本章では、大分県内の2つの専門高校卒業生の職業経験を、地域労働市場の態様と関連づけながら明らかにしてきた。今日では、全国的に見ても高卒就職者の過半数は専門高校卒業生であり、大分県ではその割合が70％近くに達するため、本章では専門高校卒業生を研究対象とした。対象者はいずれも高校進学の時点で、卒業後の進路が就職であることを明確に意識しており、それゆえ就職に有利とされる専門高校を進学先として選択していた。J工業高校を卒業した男性は、自動車関連産業の進出によって製造業の雇用が豊富な中津市周辺で、主に製造業の生産工程職として働いていた。一方K商業高校を卒業した女性は、県庁所在都市である大分市で主に事務職に就いていた。

J工業高校卒業生のなかには、労働密度の高い単純作業や、会社に不信感を抱かざるをえない事態に直面して、離転職に至った人がいる一方で、高校卒業

時の就職先に定着して技能を形成し、具体的な職業キャリアの展望を描いている人もいた。その違いは、個人のスキル水準によるというよりは、就職することになった企業の労務管理のあり方や、職場の人間関係によるところが大きい。彼らの多くは、工業高校での職業教育・訓練が現在の仕事に直接的には役立っていないと評する。その反面彼らは、製造業の生産工程職が自分たちに相応しい職であると認識している。なかには自分のやりたいことを求めて離転職を行う人もいるが、製造業の生産工程職は工業高校卒業生の職歴の中軸に位置している。

　K商業高校卒業生は、ほぼ全員が高卒時の就職先に勤め続けていた。しかし彼女たちのほとんどは、結婚や出産でその仕事を辞めるであろうと展望している。それは、なかば彼女たち自身の希望でもある。しかし、職業経験の中で、職業キャリアの形成に価値を見出すようになった対象者が少ないことは、彼女たちの職場や従事する仕事が、たどるべき職業キャリアの筋道を示してくれるものではなかったことを物語る。彼女たちもまた、高校での学習内容が直接仕事に役立つことはあまりないとしたが、商業に関する学習をしていたことによって、職場で飛び交う言葉に違和感を覚えずに済み、働く心構えができていたことは評価していた。

　2つの専門高校卒業生の職業経験から判断して、生徒にとって専門高校とは、特定の仕事を遂行するために不可欠な知識や技術を身につける場所であるというよりは、これから就く可能性の高い仕事に関連した職業アイデンティティを育む場所として機能している。そのことを地域労働市場における専門高校の役割という観点から捉え直せば、高校卒業後就職という進路を想定している生徒を、地域労働市場のある部分（J工業高校であれば製造業の生産工程職、K商業高校であれば地場企業の事務職）へと方向づける労働市場の媒介項であるといえる。

　大分県は、地域労働市場における労働力需要に応じて、専門高校の再編や定員管理を行うという労働市場の社会的調整を実施していた。すなわち、工業高校の定員を増加させ、高卒就職希望者を人手不足が顕在化しつつある誘致企業

へと媒介した。一方事務職や販売職において学歴代替が起こっていることを踏まえ、商業高校の再編や定員の縮小を行った。

　インターンの導入などによる職業高校と企業の連携は、文部科学省による「日本版デュアルシステム」以後も各自治体の自主的な施策としてしばしば取り組まれている。職場の現実を踏まえながら職業教育・訓練を進めることが若者のスキル形成に資する場合もあるであろうし、そのために専門高校が貢献できる可能性は十分にある。しかし、分断された地域労働市場の中で、高卒者を想定した就労機会の多くが、特段のスキルを必要としていないという状況が変わらなければ、専門高校が高度な知識や技術が身につくカリキュラムを周到に編成したとしても、それを生かす機会に恵まれるのは、ごく一部の卒業生にとどまることになる。専門高校では生徒への動機づけの意味もあって、資格取得にきわめて積極的に取り組んでいるが、それらの多くは使われることのない過剰なスキルとなってしまう可能性を認識する必要がある。

　本章の対象者のうち、順調にスキルを向上させ、将来のキャリアが展望できている人は、日々の仕事に対してやりがいを感じており、ライフコース全体も見通すことができていた。地域労働市場というメゾレベルでも、職場というミクロレベルでも、身につけたスキルを生かすことができ、キャリアの展望をもって仕事に臨める職場、いわば現場レベルでの専門性が生きる就労機会を増やしていくことが理想であることは間違いない。そうした理想がいかなる条件の下で実現可能となるのかについては、労働市場の現実と理論的考察とを相互参照しながら、第9章で改めて論じたい。

注
1）　今では個人的な就職活動が中心の文系大卒者でも、高度成長期には学校を通じた就職が一般的であったという（苅谷2000：52-53）。
2）　厚生労働省の資料によれば、2004年3月に高校を卒業し、就職した人の3年後の初職離職率は49.5%である（http://www.mhlw.go.jp/bunya/koyou/wakachalle/pdf/data_1.pdf：2008年5月8日閲覧）。
3）　学校基本調査による。これに対して、2007年5月の全国の高校生徒数に占める

専門高校生徒数（職業学科）の割合は20.2%である（http://www.mext.go.jp/a_menu/shotou/shinkou/genjyo/021201.htm：2008年5月11日閲覧）。
4） 学校基本調査による。
5） 少数ではあるが、文部科学省としての事業終了後も、高校独自の取り組みとして継続している例がある。
6） 以上は大分県統計年鑑による。
7） Tさんのみは1人でのインタビュー調査となった。インタビュー調査は、J工業高校卒業生については高校に近いファミリーレストランで、K商業高校卒業生についてはK商業高校の会議室で、平日の夕方から夜にかけて行った。インタビュー調査は、いずれも当時授業などを担当した教員が隣席して行われたため、その影響は排除できない。
8） 文部科学省の「高校・中学新卒者の就職内定状況等」によれば、2002年3月卒業生の就職決定率は89.7%であり、1977年3月以来もっとも低い値である。翌2003年3月卒業生の就職決定率も90.0%と低位である。
9） 2010年国勢調査による。
10） 職業安定業務統計によれば、大分県の有効求人倍率（季節調整値）は、1997年6月以降、少なくとも2008年3月までは、九州7県でもっとも高い値を示している。
11） 造船業やセメント製造業の事業所の従業者数は、図3-4には示されていない。
12） 1991年3月のK商業高校卒業生のうち就職者は289人であり、うち35人が金融・保険・不動産業に就職していた。一方2006年3月の卒業生のうち就職者は140人であり、金融・保険・不動産業に就職したのはこのうちの4人であった。
13） D君がJ工業高校を進学先として選んだ理由は、他の対象者とは異なり、むしろ大学への進学をも視野に入れた意志決定であった。彼は、「中津にあるA高校、B高校（いずれも普通科）は進学校で、高校を出たら大学か専門学校に進学すると決まっている。でも、工業高校であれば、就職もできるし、工学部への進学もできるので、高校3年間考える時間があると自分なりに考えた。中学校の先生もそういうことを言っていた気がするし、自分にとってはそれが工業高校を選んだ一番の理由」であると述べた。結局D君は、とくに悩むことはなく就職という道を選んでいる。
14） 2004年12月の稼働をにらみ、H社は数年前から工場の立ち上げ要員として新規学卒者を採用し、関東地方で訓練を施していた。2004年3月にこの企業に入社したC君とF君も、工場の操業開始までは一時的に関東地方の工場で訓練を受けていた。
15） J工業高校の学校要覧（各年度版）によれば、1991年3月から1998年3月までの卒業生に関しては、進路がその他（進学、就職、自営以外）の人は10人以下であ

った。1991年以降で進路がその他の人が最多になったのは2002年3月の卒業生の25人（10.8％）であるが、2004年3月の卒業生も19人（8.6％）と高水準であった。

16) A君は、高校卒業直後の就職先での雇用形態が不明である。

17) 大分県平成19年度「安心・活力・発展プラン2005」推進委員会資料による（http://www.pref.oita.jp/10111/choukei/followup/data/h19-2.pdf：2008年2月18日閲覧）。

18) 大分県高等学校教育研究会工業部会は、卒業生の代表的な就職先である企業に対してアンケート調査を行い、大分県の工業高校卒業生（2000年3月卒業）の離職率を調査している。それによると、3年後の離職率は29.2％とかなり低かった。しかし調査の対象となった延べ4,299人の卒業生のうち、捕捉できたのは69.8％にとどまった。捕捉できなかった人の多くはすでに離職していると思われることから、工業高校卒業生の離職率はこれよりかなり高いと考えられる。

19) 職長の人柄がラインの雰囲気や人間関係を左右し、それが従業員の定着率にも影響することは、H社に勤務した経験を持つ対象者が共通して指摘した。D君とE君の職場でも事情はほぼ同様であるという。

20) ここで彼は「持ち上がり」という言葉で、高校のクラスが持ち上がるかのように遅滞なくライフコースが進行していくことを表現しようとしたのだと思われる。

21) ただし、Sさんは、そのことについて強い不満を持っているわけではない。Sさんは、「子育ては自分の中でも大きなもの。今は子どもに時間をかけて、一緒にいたいと思う。子どもが学校に行っている時間は働きに出て、後は家にいたい。自分の親もそうだった」と語った。

22) J工業高校の学校要覧によれば、本章の対象者の多くが含まれる2004年3月に卒業し就職した人のうち、71.5％が製造業に就職している。製造業に就職する人の割合は近年さらに増大し、2007年3月の卒業生では就職者の85.2％が製造業に職を得ている。

23) 大分県では、かつて大分市、別府市、中津市において、複数の高校が一括して入学者選抜を行い、その希望を一定程度反映させながら各高校に合格者を振り分ける合同選抜が行われていたが、1994年3月の入試を最後にすべて廃止された。なお、合同選抜に参加していた高校はすべて普通科高校であり、合同選抜が行われていた時期でも、専門高校は単独選抜を行っていた。

24) この点については、大分県知事も認識している。「現在、本県では、ものづくり産業を中心とした企業進出や生産拡大が相次ぎまして、工業高校を初めとした若年人材に対するニーズが急激に高まっております。とくに本県では、企業誘致などで景気が回復する中で有効求人倍率も1倍程度となり、一部に人手不足感が生じております」（大分県議会平成19年第2回定例会7月9日における広瀬勝貞大分

県知事の答弁)。
25) 2007年度の工業科の入学定員増加について、大分県知事は次のように発言している。「(企業の求める人材と高校が育成する人材)のすり合わせとともに、工業高校の入学定員の見直しも重要だろうというふうに思います。そこで、進出企業や地場企業などからのニーズに応えまして、今年度からA工業高校とB工業高校の機械科の入学定員を約80名増やしたところであります」(大分県議会平成19年第2回定例会7月9日における広瀬勝貞大分県知事の答弁、一部修正)。
26) JAは農協簿記という特殊な方式の簿記を使用しているが、一般的な簿記の知識が援用できるのだという。
27) 大分県高等学校教育研究会商業部会の資料による (http://os-bukai.oita-ed.jp/shinro2004.html: 2008年2月18日閲覧)。

第4章　ジョブカフェによる若年不安定就労者支援の限界

1　若年不安定就労者の焦点化

　1990年代後半以降、就職先が決まらないまま高校や大学の卒業を迎えた学卒無業者や、フリーターと呼ばれる非正規労働者の増加が顕在化し、若者の雇用にまつわる問題は社会的な関心を引きつけるようになった。こうした状況をうけて、政府や日本労働研究機構（現、労働政策研究・研修機構）などが若者の働き方に関する基礎的なデータの収集を進め、それらに基づく分析が公表されるようになった（粒来 1997：日本労働研究機構 2000a, b, 2001；小杉 2001）。研究の当初は不安定就労状態にある若者[1]の属性と働き方の実態を把握し、彼／彼女らを類型化する作業が中心であった。フリーターの類型論としては、小杉（2001）による「夢追求型」、「モラトリアム型」、「やむを得ず型」の3類型がよく知られている。社会的には「モラトリアム型」に近いフリーター像が流布している中で、小杉（2001）は非正規雇用の若者を「フリーター」という言葉で一元的に語ることができないことを示したのである。

　実態が明らかになるにつれて、若年不安定就労者の発生を若者個人やその家族の責任のみに帰することはできず、社会・経済の構造的問題として捉えるべきだとの認識が次第に広がった。玄田（2001）は、いわゆる「リストラ」の犠牲者と目されてきた中高年の雇用は、相対的に守られており、雇用を取り巻く環境が劣悪化したのはむしろ若者においてである、という世代論的な観点を提示した。また、宮本（2002）は日本の家族社会学的な特質に注目し、日本においては若者を自立させる社会的仕組みが備わっておらず、そのことが親に経済

的に依存したまま不安定就労状態に停滞する若者を生み出しているとした。

　若年不安定就労者の増加を社会・経済の構造的問題と位置づけ、多元性を持った存在とする見解は、今や常識化している。しかし、日本の社会・経済の構造的な問題であろうとも、それは全国共通の形を取って具現化するわけではない。産業構造や若者の社会経済的属性自体が地域的に異なるのはもちろんのこと、労働市場の社会的調整が地理的多様性をもってなされることにも起因して、若年不安定就労者が地域労働市場において占める位置や彼／彼女らが不安定就労状態となるプロセスは、必然的に地理的多様性を持つ。この点について、十分な注意が払われてきたとはいえない。

　代表的な論者である小杉の著作（小杉 2001, 2004；小杉編 2002；小杉・堀 2004 ほか）には、都道府県別・地域ブロック別のフリーター率の図表や地図が登場し、地域差にも言及がある。しかし結論は、地域差を捨象した一般論に収斂してしまっている。列挙して紹介することは割愛するが、特定の地域の若年不安定就労者を対象とした調査報告や実証研究は数多い。それらは具体的な地域において行われており、地理的多様性の因子を何らかの形で捉えているはずである。しかし、新谷（2002）や小西（2002）のように、若年不安定就労者の内面や行動様式に至るまでを詳細に検討した優れた研究であっても、彼／彼女らが不安定就労状態に陥るプロセスが、地域特性とどう関わっているのかについてはほとんどふれていない。

　日本労働研究機構が主導してきたような、若年不安定就労問題に関する代表的な研究は、暗黙の裡に大都市圏の「フリーター」を念頭に置いて行われていたように思われる。そうした研究が大きな存在感を持つゆえに、そこで提示されている若者不安定就労者像は、あたかも日本全国の若者に当てはまるかのような錯覚を抱かせる。その結果、調査の段階では各地域の若年不安定就労者の特徴を確かに捕捉していても、分析の過程で一般化された若年不安定就労者像と整合する形に解釈しなおされるか、研究成果として活字になる過程で夾雑物としてそぎ落とされてしまっているのではなかろうか。

　政府は「地域の実情」を反映した労働市場政策の必要性を繰り返し指摘し、

地域雇用政策を重視する政策を打ち出している[2]。労働市場政策における国と自治体との関係の変遷を跡づけた佐口編著（2010）や神崎（2011）によると、自治体を労働市場政策の主体とする試みは戦後日本において段階的に行われてきたが、2000年以降、地方分権化という旗印のもとで急速に顕在化した[3]。本章で取り上げるジョブカフェもまた、都道府県が運営主体とされている。現在の日本の労働市場政策は、国家の空洞化傾向を伴って行われており、その意味において日本は、Peck（2001）が指摘したワークフェア国家の特徴を備えている。

地域雇用政策の実施主体である自治体は、毎年の事業成果を政府に報告する。政府はそれらを取りまとめ、その内容は各自治体にフィードバックされ、一部は白書や報告書、ウェブサイトなどを通じて一般にも公開される。自治体の報告書には、多かれ少なかれ当該地域固有の実情が含まれているはずである。しかし白書や報告書の文体を見ればわかるとおり、政府のレベルでは、それらが捨象され一般論が編み上げられる。若年不安定就労者に対する地域雇用政策に関しても、Peck（2001）が指摘したように、地域の実情がローカルな文脈から剥ぎ取られてナショナルな言説として流布し、政策主体である自治体は、そのナショナルな言説の影響の下でローカルな問題に向き合っている状況にあると考えられる。

筆者は、これまでの若年不安定就労者に対する関する調査・研究にも、ステレオタイプ的な若者像を念頭に置いたものが目立ち、地理的多様性への配慮が欠けていると感じている。求められているのは、個別の研究の成果をあらかじめ用意されたストーリーや類型論にあてはめていくことではない。若年不安定就労問題を地域特性と関連づけて分析する際に有効な分析枠組みの精緻化に資する、「理論に裏打ちされた実証研究」が求められる。

本章は、若年不安定就労者に対する政策であり、かつ地域雇用政策であるジョブカフェに関する内容と、若年不安定就労者そのものに関する内容の両方を含んでいる。ジョブカフェは、正式名称を「若者のためのワンストップサービスセンター」といい、2003年6月に策定された「若者自立・挑戦プラン」に基

づいて都道府県が主体的な取り組みとして整備する、若者を対象とした就労支援施設である。2節では、主に経済産業省が公開している政策資料を分析することで、ジョブカフェが国家の空洞化を伴ったワークフェア的労働市場政策の典型例であることを示すとともに、その成果と限界について考察する。3節以下では、大分県を事例地域として、ジョブカフェの政策対象である若年不安定就労者が直面している諸問題を内在的に分析する。3節1項では、大分県の若年労働市場の全体像を一般的な統計によって素描する。それを踏まえ、3節2項では大分県が実施したアンケート調査を再分析することで、大分県の若年不安定就労者の特徴をより詳細に把握する。4節では、ジョブカフェおおいたにおける就労支援の現場に即して、若者が正規雇用に至る過程で直面している困難を、地域的文脈と関連づけながら質的に検討する。

　筆者はエンプロイアビリティの射程を労働市場において評価しうる就業能力にとどめるのではなく、その人が持てる能力や資質を発揮できる状況にあるかどうかを含めた、状況依存的な概念にまで拡張すべきであると考えている（第2章参照）。本章での分析を通じて、若年不安定就労者がよりよい就労機会を得ようとする際に、エンプロイアビリティの構成要素のうち地域的文脈を反映した個人的環境や外的要因が障害となりうること、ジョブカフェ事業を含め、サプライ・サイドのワークフェア的発想ではこうした問題に対処できないことが理解されるであろう。

2　労働市場政策としてのジョブカフェ事業の特徴

(1) ジョブカフェ事業の開始まで

　従来の日本の労働市場においては、新規学卒労働市場の比重が大きく、とりわけ中・高卒者や理工系の大学・大学院卒者にあっては、学生と企業とのマッチングに学校が強く関与していた（苅谷ほか編 2000：中澤 2008）。ところが1990年代以降、日本経済が低成長期に入ると、新規学卒労働市場は機能不全を

起こすようになる。就職が決まらないまま卒業を迎える学卒無業者が急増し、新規学卒時に就職した人のうち、新規中卒者の約7割、高卒者の約5割、大卒者の約3割が就職してから3年以内に離職する状況になった。そして1990年代後半には、ニートやフリーターといった不安定就労や無業の若者を指すカタカナ言葉が耳目を集めるに至った。

　教育期間を終えた後の若者に対する就労支援の必要性が高まるなか、文部科学省、厚生労働省、経済産業省、内閣府の4府省は、2003年4月に「若者自立・挑戦戦略会議」を発足させ、同年6月には「若者自立・挑戦プラン」を取りまとめた[4]。その冒頭では、「わが国にとって人材こそ国家の基礎である」が、現在の若者は「自らの可能性を高め、それを生かす場」に恵まれておらず、そのような状況が続けば、「若者の職業能力の蓄積がなされず、中長期的な競争力・生産性の低下といった経済基盤の崩壊はもとより（中略）ひいては社会不安の増大、少子化の一層の進行等深刻な社会問題を惹き起こしかねない」との「認識」が示されている[5]。こうした「問題の原因」としては、①労働力需要の低迷とミスマッチの拡大、②目標設定能力と実行力の欠如した若者の増大、③労働市場の変化と従来の教育・人材育成・雇用システムとの齟齬が挙げられている。

　「若者自立・挑戦プラン」において、上記の問題に対処する具体的な政策は、(1) 具体的政策と (2) 地域における若年者対策推進のための新たな仕組みの整備（若年者のためのワンストップサービスセンター（通称：Job Café（ジョブカフェ））に大別されている。ジョブカフェ以外の取り組みがすべて (1) に押し込められていることから、「若者自立・挑戦プラン」の中でジョブカフェが突出して重要な位置を占めていたことがうかがえる。

　ジョブカフェに関する説明に入る前に (1) 具体的政策の中身に言及しておきたい。(1) 具体的政策は、①教育段階から職場定着に至るキャリア形成および就職支援、②若者労働市場の整備、③若者の能力の向上／就業選択肢の拡大、④若者が挑戦し、活躍できる新たな市場・就業機会の創出に区分され、項目には表4-1に整理したような内容が盛り込まれている。①～③では、教育の各

表4-1 「若者自立・挑戦プラン」におけるジョブカフェを除く「具体的政策」の概要

①教育段階から職場定着に至るキャリア形成及び就職支援
　○教育施策と雇用・能力開発施策の連携による若年者の職業的自立、職場定着推進
　　〈キャリア教育、職場体験等の推進〉
　　　a．学校教育全体を通じた勤労観・職業観の醸成
　　　b．地域の関係者の連携・協力に基づく職業体験学習
　　　c．インターンシップの拡大
　　　d．教育活動における地域の多様な人材の活用
　　〈日本版デュアルシステムによる能力向上機会の提供〉
　　　a．「実務・教育連結型人材育成システム（日本版デュアルシステム）」の導入
　　　b．企業等のニーズを踏まえたフリーター再教育プランの提供
　　〈専門人材による就業支援、キャリア形成支援体制の整備〉
　　　a．ジョブサポーターによる一貫したマンツーマンの就業支援
　　　b．キャリア・コンサルティング人材の能力要件明確化とその養成・活用
②若年労働市場の整備
　○就業経路の複線化に対応した就職システムの整備
　○企業の人材要件の明確化と能力を軸とした若年労働市場の整備
③若年者の能力の向上／就業選択肢の拡大
　○やる気のある若者に対する教育・訓練機会の提供
　○高度な専門能力等を持つ人材を養成する「キャリア高度化プラン」
　　　a．産学官連携によるキャリアアップのための短期教育プログラムの開発、推進
　　　b．専門職大学院の設置促進などによる高度専門職業人養成の強化
　　　c．大学教育の工夫改善に資する取組等の充実強化
④若者が挑戦し、活躍できる新たな市場・就業機会の創出
　○民間やNPOを最大限活用した「若年者創業チャレンジプラン」の推進
　　〈創業コミュニティの形成〉
　　　a．起業予備軍総合支援サービス「起ちあがれニッポン　DREAMGATE」の展開
　　　b．ベンチャー企業向け実践型インターンシップ等の実施
　　　c．大学発ベンチャーの市場化支援
　　　d．産業クラスター計画の強化
　　〈産業再生・創業促進型人材の重点的育成〉
　　　a．実践的な創業教育の支援
　　　b．市場が求める産業再生・創業支援型人材育成の強化
　　　c．技術と経営に精通した高度人材（MOT人材）の育成強化
　　　d．小中高校生に対する体験・参加型の起業家教育
　　　e．創業塾の拡充
　　〈創業促進のための制度基盤の整備〉
　　　a．最低資本金制度の撤廃、有限責任会社・有限責任組合の導入
　○新産業創出のための研究開発支援と施設整備
　○健康サービスのネットワーク化によるヘルスケアサービスの創出
　○コミュニティビジネスの活性化等による就業創出
　○潜在需要を喚起する規制改革の加速等によるビジネス市場の拡大

注：①、○、〈　〉、aなどの記号は、資料においてアウトラインの階層を示すために用いられていたものをそのまま用いている。
資料：若者自立・挑戦戦略会議「若者自立・挑戦プラン」2003年6月10日付を要約して作成。

段階を通じて、若者のエンプロイアビリティを向上させるサプライ・サイドの施策を基軸とし、学校や非就業状態から労働市場への円滑な移行を支援する枠組みを構築していくことが目指されている。

「具体的政策」においては、④がとりわけ大きな存在感を示している。これは、前出の「問題の原因」の最初に記されていた「労働力需要の低迷」に対して、ケインズ主義的な雇用創出策ではなく、能力ある若者による積極的な起業を支援する施策を採り、起業の果実として新たな産業と雇用機会が生み出されることを期待するという政府の姿勢が示されている。このように「若者自立・挑戦プラン」は、Jessop（1993, 1994）のいうシュンペーター主義的ワークフェア国家の何たるかを具体的に示し、日本がその典型例であることを表明した政策文書であるといえよう。

(2) ジョブカフェ事業の展開

ジョブカフェは、経済産業省と厚生労働省の連携事業である。事業そのものは経済産業省主導で進められた感があるが、経済産業省のジョブカフェそのものに対する予算は2006年度で終了したため、その後はむしろ厚生労働省が予算上重要な位置を占めるようになっている（表4-2）。ジョブカフェは政府の施策であるが、その実施主体は都道府県である。多くの都道府県は、ジョブカフェの事業運営を各種団体に委託しており、受託した団体もキャリア・カウンセラーなどの専門職を自前で確保できない場合には人材ビジネス企業などに再委託して確保していた。シュンペーター主義的ワークフェア国家に典型的にみられる「国民国家の空洞化」（Jessop 1993, 1994）を具現化した雇用政策のローカル化（Peck 2001）の典型例である。

ジョブカフェ事業は、2003年12月と2004年1月に経済産業省主催で「ジョブカフェ準備委員会」が開催されたことで具体的に動き始める。2004年4月からは、全国の都道府県でジョブカフェの設置が急ピッチで進められた。ジョブカフェは最終的に香川県を除く46都道府県に設置されたが、うち43都道府県は、2004年7月までにジョブカフェの設置を終えている[6]。各ジョブカフェの取り

表4-2 ジョブカフェの予算と利用状況の推移

			2004年度	2005年度	2006年度	2007年度	2008年度
予　算	厚生労働省	（億円）	27.3	25.6	25.8	26.3	22.9
	経済産業省	（億円）	52.5	67.5	66.5	13.0	27.5
	合　計	（億円）	79.8	93.1	92.3	39.3	50.4
利用状況と就職に関する指標	サービス利用者数①	（人）	1,086,194	1,632,709	1,672,573	1,590,872	1,666,515
	就職者数②	（人）	53,341	89,307	92,708	87,723	85,109
	②／①	（％）	4.9	5.5	5.5	5.5	5.1
	フリーター数③	（万人）	214	201	187	181	170
	③／②	（％）	2.5	4.4	5.0	4.8	5.0

注：1）経済産業省のジョブカフェ予算（地域産業活性化人材育成事業）は2006年度で終了したため、2007年度からは減額となっている。
　　2）2007年度経済産業省予算のうち、14.0億円は「ジョブカフェ機能強化型若者・中小企業ネットワーク事業」予算。
　　3）2008年度経済産業省予算のうち、4.0億円は補正予算、15.0億円は「地域連携型雇用情報提供事業」、「中小企業若年者雇用環境整備推進事業」、「ジョブカフェ地域ネットワーク強化事業」予算。
　　4）就職者数はジョブカフェの斡旋によるものに加え、それ以外での就職（自己就職等）で確認されたものを含む。
　　5）フリーター数は厚生労働省が推計したものであり、年単位である。
資料：経済産業省ジョブカフェ評価委員会第17回資料1「ジョブカフェ事業の平成20年度事業評価・平成21年度事業目標（全地域取りまとめ）」2009年6月30日付。

組みは、ジョブカフェ事業モデル地域（2004年度15カ所、2005年度20カ所）に指定された都道府県[7]を中心に、経済産業省が設置したジョブカフェ評価委員会によって多面的に評価され、その結果はウェブサイトなどを通じて公開されてきた[8]。

　「若者自立・挑戦プラン」は、ジョブカフェを、「若者の生の声を聞き、きめ細やかな効果ある政策を展開するための新たな仕組みとして、地域の主体的な取り組みによる若年者のためのワンストップセンター」と位置づけている。当然若者であっても、従来からあるハローワークに行けば、求人に関わる情報やサポートを受けることができる。しかし失業や不安定就労状態の若者が、自ら進んでハローワークを訪れることは少ない。ハローワークは敷居が高いと感じている若者にも何とか足を運んでもらうため、ジョブカフェは立地条件が良く、若者になじみのある場所に設置されることが多く、施設内の雰囲気も来所者がリラックスできるよう配慮されている（高橋2005）。そして、ワンストップセンターを謳っているように、そこを訪れれば求人情報が得られるのみならず、

専門家によるカウンセリングや研修プログラムなどを受けることもできるという、若者の就労に関するさまざまなサービスの包括的な窓口を目指してきた。

　企業と若者とのマッチングはジョブカフェの主要な業務である。そのため、熱心に地域の企業を回り、インターンシップや職場見学・体験に協力してくれる企業や、若者を雇用したいと考えている企業を確保することは、ジョブカフェ職員の重要な仕事であった。それに基づいて企業の相談会や若者と企業との交流会が多数開催され、それが就職に結びつく例も少なからずあった。しかし、ジョブカフェの事業主体である都道府県のほとんどは、無料職業紹介を行う権限を有していないという問題点がある。2004年3月には、職業安定法の改正に伴って地方公共団体が自らの施策に関する業務に付帯して行う無料職業紹介事業が届出によって可能になった。しかし事業計画の策定は都道府県にとっては煩雑な作業であったようで（紺屋 2007）、ジョブカフェの無料職業紹介権限の取得は遅々として進まなかった[9]。結果としてほとんどのジョブカフェは、求人票に基づく職業紹介の機能をハローワークにゆだねざるを得ないという障害を抱えていた（高橋 2005）。

　その関係から、2006年度の時点で46カ所のジョブカフェ（本所）のうち39カ所はハローワークに併設されていた[10]。ジョブカフェとハローワークの連携が緊密であれば、実質的なワンストップ性は担保されるが、ジョブカフェは都道府県、ハローワークは厚生労働省と管轄主体が異なることに起因するサービスの分断が表面化する場合も見られた（紺屋 2007）。マッチングのお膳立てはできても、無料職業紹介の権限がないため、マッチングの核心に携わることができないことは、ジョブカフェの大きな限界点であった。

(3) ジョブカフェ事業の成果と課題

　定量的にみて、ジョブカフェはどの程度の成果を上げたのであろうか（表4-2）。ジョブカフェのサービス利用者の全国累計は、初年度の2004年度が108.6万人であり、その後は年間150万～160万人で推移した。利用者のうち就職決定者数の累計は、2004年度が5.3万人であり、2006年の9.3万人をピークに漸

減している。ジョブカフェは事業開始から短期間のうちにサービス利用者および就職決定者数を急速に拡大させたが、その後は頭打ちとなったことがわかる。

就職者数をサービス利用者数で割った値からみて、ジョブカフェのサービスを受けたことが第一義的に重要であったか否かはともかく、年間利用者のおおむね5％にあたる9万人程度の若者が何らかの形で就職している。試みに各年のフリーター数に占めるジョブカフェの就職決定者数を計算したところ、初年度を除いては4～5％であった。ジョブカフェの定量的な成果をどう見るかは意見が分かれるであろうが、筆者はジョブカフェが若年不安定就労者と地域における労働力需要とを結びつける媒介項として一定の役割を果たしてきたと考えている[11]。ただし、国の政策として実施された期間の大半が戦後最長の景気拡大期（2002年2月から2008年2月の73カ月）に当たっていたので、その役割や効果は割り引いて考える必要がある。最終年度である2008年8月にはリーマン・ショックが起こり、第6、7章で分析するとおり、同年秋以降には大分県でも大規模な雇用削減の結果として大量の失職者が発生した。雇用不安が拡大化する中で、2008年度をもってジョブカフェ事業は事実上国の手を離れ、自治体の自主事業へと移管されたのである。

続いて質的な面からジョブカフェの成果を検討してみよう。『ジョブカフェ事業5年間のあゆみ』という報告書には、「ジョブカフェを評価するポイントとして、『地域特性への適合』も挙げられるだろう。ジョブカフェは若年の雇用対策のみならず、産業の振興、雇用の掘り起こしという役割も担っている。そこで、全国一律の対策ではなく、地域の実情に応じた手段を、現地（民間）のマンパワーを生かして進めていくこととなった」と記されている[12]。この目標を達成するためであれば、都道府県を事業主体とすることの妥当性は担保されよう。

表4-3は、各モデル地域の「特色ある事業」の表題をまとめたものである。確かにモデル地域のなかには、地域の実情に合わせた特色ある事業を展開したところもある。たとえば、JOBカフェ福岡の「ものづくり人材育成講座」は、福岡県が推進する「北部九州自動車150万台生産拠点構想」と連動している。

表4−3　「モデル地域の特色ある取り組み」とされる事業

北海道	ジョブルートマップ作成と実証セミナー
青森県	企業と若者の交流事業・企業の魅力体験事業
岩手県	ものづくり魅力発信フェスタ（企業説明会・ワークショップ）
群馬県	OB・OG全体会
千葉県	仕事探しカフェ（企業説明会）
石川県	いしかわ元気企業ナビ（ウェブサイトによる企業紹介）
岐阜県	ものづくり合同会社説明会
京都府	京都式「地域で支える運営方式」（公労使でジョブカフェを運営）
大阪府	ものづくりシリーズ（意識啓発、魅力発信、入社後フォロー）
島根県	県内産業と学校との連携事業
山口県	企業の魅力体験プログラム
愛媛県	若者就業体験プログラム（職場見学・体験）
福岡県	ものづくり人材育成講座（職場見学・体験）
長崎県	ジョブトレーナー（早期離職を防ぐための要員配置）
沖縄県	若者と中小企業とのネットワーク構築事業
宮城県	企業と求職者の新しい出会いの場づくり事業「トライアウト研修」
茨城県	若年者の特性別対応表と指導モデル
新潟県	夏合宿セミナー（一般的スキルを身につける）
福井県	ワイガヤ会・ジョブフェスタ（企業と若者の交流事業）
大分県	高度IT人材育成プログラム
広島県	交流会シリーズ（企業と若者、企業と教員、企業と企業）

資料：経済産業省『ジョブカフェ事業5年間のあゆみ』2009年1月付により作成。

　その内容は、見学バスツアー（1日）、セミナー（1日）、人材育成講座（3泊4日）、合同会社説明会（1日）からなり、3年間で1,000人以上が受講し、その約80％が就職する実績を上げたという。しかし全体としては、企業説明会や企業と若者あるいは若者同士の交流会、短期間の職場見学・体験など、似通った内容に収斂しており、地域特性と関連した多様性は乏しい。

　『ジョブカフェ事業5年間のあゆみ』は、ジョブカフェの「活動成果・蓄積されたノウハウ」をカウンセリング、ネットワーキング、マッチングの3点に整理し、都道府県の取り組みを挙げながら具体的に説明している。同報告書は、ジョブカフェの事業のうち、キャリア・カウンセリングを「最重要のサービス」と位置づけたうえで、カウンセリングを効果的に行うための要諦が要領よく示されている。ジョブカフェが行うカウンセリングが単なる不安解消や動機づけのためのものではなく、キャリア・カウンセリングであるとするならば、相談

者が具体的なキャリアを展望できる助けとなるべきであり、そのためには、地域労働市場の特性を考慮することが不可欠である。報告書からは、「インテーク（初回）でなかなか語らない若者」、「やりたいことがわからない若者」、「なかなか行動に移せない若者」などに対処する臨床心理学的なカウンセリング技術については、かなりのノウハウが蓄積されてきたことがわかる。しかし地域特性を顧慮したキャリア形成支援などに関する記述はみられない。

　ネットワーキングとは、支援を効果的に実施するため、行政、学校、企業、地域諸機関の連携を形成することであり、成功のポイントとして、①信頼関係をつくる、②連携相手のニーズに合わせる、③地域振興マインドを持つことが挙げられている。各ジョブカフェは、事業を理解し協力してくれる企業とのネットワークづくりを重視し、成果を上げてきた。それを基盤として「地域企業に必要な人材育成プログラムを企業の協力を得て開発し、定期的に実行し、利用促進を試みる」ことが推奨されているが、それが実現をみた例はきわめて少ない。履歴書の書き方や求人票の読み方など、就職活動の過程で必ず求められる一般的なスキルの習得を目指したセミナーは、すべてのジョブカフェが実施していたであろう。しかし短期的な職場見学・体験を超えた内容をもつインターンシップや職業教育・訓練は実績が少ない。ちなみに本章が取り上げるジョブカフェおおいたは、IT業界で即戦力として需要の高いプログラミング技術、データベース技術、ネットワーク技術を6カ月間かけて習得させる「高度IT人材育成プログラム」を2005年度に実施している。このように長期にわたる本格的な職業訓練を提供した事例は珍しいのである。

　マッチングの段階では、企業と密に接触してそのニーズを汲み取る一方で、若者に対しては労働市場の現状に対する理解を促し、企業と若者の距離を埋めていくことが肝要である。ジョブカフェのなかには、そのためのツールとして企業説明会や工場見学などのイベントを熱心に実施してきたところも少なくない。逆に、無料職業紹介の権限を持っていないジョブカフェができるのはそこまでであり、あとはハローワークにゆだねざるを得なかったという見方もできる。

ジョブカフェは、そのほとんどが自前で無料職業紹介を行う権限がなかったので、労働市場の媒介項としては不完全な存在であった。それでもジョブカフェは、働きたいあるいは働かなければと思っているが、独力では前向きに動き出せない若者の窓口となり、彼／彼女らに対してカウンセリングを施し、合同説明会や職場見学・実習などによって仕事に対する具体的なイメージを持ってもらったうえで、ハローワークでの求職に繋いでいく役割を担った。ただし、時間をかけた職業教育・訓練を提供したジョブカフェはわずかであり、結果的にジョブカフェは、若者が各自のエンプロイアビリティの範囲内で、その時点において地域労働市場に存在する就労機会を見出す手助けをすることになった。また都道府県が事業主体となることで、ジョブカフェは地域の実情に合ったサービスを提供することが期待されたが、政府による評価や成果の取りまとめの過程で地域的文脈はそぎ落とされ、事業内容は均質化してしまった。

次節以下では、大分県を事例地域として、若年不安定就労者が直面する諸問題が地域的文脈と密接に結びついていることを明らかにする。その作業を通じて、本来ジョブカフェが果たすべきであった、地域の実情に合った就労支援事業の重要性が改めて浮き彫りにされるであろう。

3 大分県の労働市場における若年不安定就業者

(1) 若者の雇用に見る大分県労働市場の特徴

本節では、いくつかの統計指標に基づき、大分県の若年労働市場の特徴を把握する。まず、15〜34歳の都道府県別完全失業率をみると、男女とも西高東低の傾向にある（図4-1）。女性では、大阪圏の完全失業率が際だって高く、男性では、大阪圏に加えて東京圏の完全失業率も高くなっている。東北と比較した場合、九州の若年失業率は男女とも高い。

大分県の若年失業率は、男女とも全国値をやや下回る。1985年の時点でも大分県内の有効求人倍率は、ほぼすべての職安管轄区域において中・南九州の平

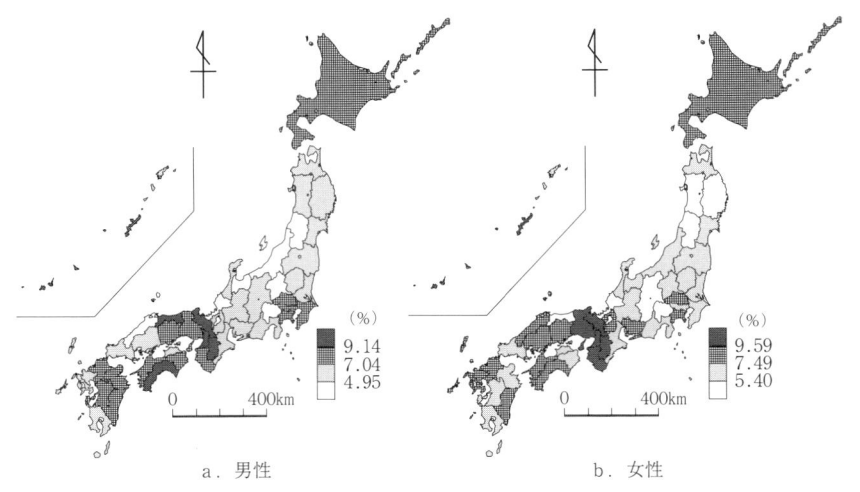

図 4-1　15〜34歳の完全失業率

a．男性　　　　　　　　　b．女性

資料：2002年就業構造基本調査により作成。

均を上回っていた（友澤 1999：169-170）。また、加茂（2002：46）は、有効求人倍率などの4変数を用い、1997年の九州全域の職安管轄区域を類型化している。それによると、大分県内の職安管轄区域には、良好な労働市場特性を示す類型に該当するものが多い。若年労働市場に限らず、大分県内の地域労働市場は良好な状態を安定して維持してきたとみてよい。

　若年不安定就労者を厳密に定義することは難しいが、ここでは労働政策研究・研修機構の定義によるフリーター率[13]の地理的パターンを検討する（図4-2）。男性では、北陸から滋賀県、三重県にかけての地域でフリーター率が低いのが目立つ。一方東京圏や大阪圏では、フリーター率の高い都府県が多い。このことから、フリーターをはじめとする若年不安定就労者が、大都市圏に特徴的な存在であるとする考え方にも一理あるといえるだろう。しかし九州をはじめ、フリーター率の高い県は非大都市圏にもみられることに注目したい。都道府県を単位として、15〜34歳の男性の失業率とフリーター率の相関係数を求めたところ、0.62であり、失業率が高いところではフリーター率も高い傾向に

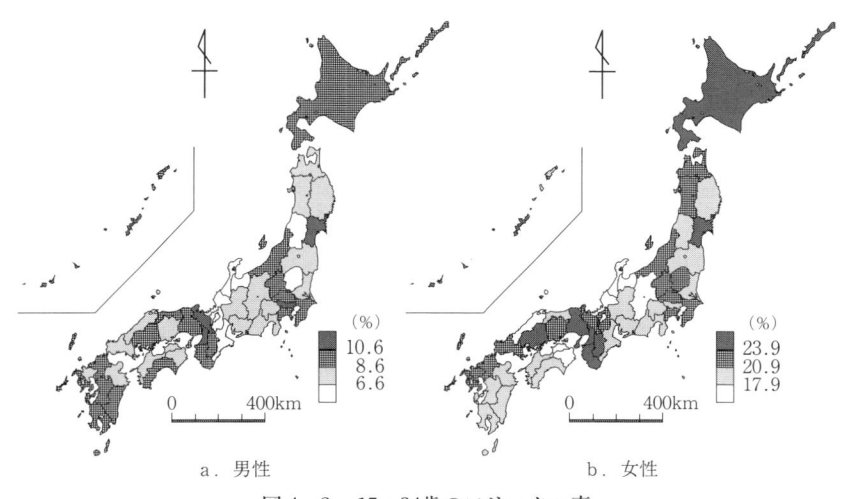

図4-2　15〜34歳のフリーター率

資料：労働政策研究・研修機構（2005：125-126）により作成。

ある。

　女性のフリーター率は、多くの都道府県で男性を大きく上回る。パターンとしては、東京圏、大阪圏と東北が高く、中国や九州にも高い値を示す県が分布する。女性の失業率とフリーター率の相関係数は0.53であり、男性よりも弱いとはいえ、失業率が高い地域ではフリーター率も高い傾向にある。

　大分県のフリーター率は男女とも全国値を下回り、男性は九州7県の中では最低である。女性は宮崎県に次いで2番目に低い。しかしフリーターの絶対数とその比率は大分県でも確実に増加している。大分県の男性のフリーター率は、1992年には2.2％と全国値よりかなり低かったが、2002年には8.0％と全国値との差は縮小している[14]。大分県の女性のフリーター率は、1992年には8.9％であったが、2002年には20.0％となっている。フリーター率はこの10年間でどの都道府県でもほぼ例外なく増加しており、フリーターに代表される若年不安定就労者の増加が大都市のみの問題でないことを裏づける。

　最後に職業構造から、大分県の若年労働市場の特徴を把握する（表4-4）。

表4-4 大分県と全国の職業構造

		大分県 (%)					全国 (%)				
		15～24歳	25～29歳	30～34歳	15～34歳	生産合計	15～24歳	25～29歳	30～34歳	15～34歳	生産合計
男性	専門・技術	5.9	9.8	13.9	10.2	10.4	8.7	15.8	16.3	14.1	12.8
	管理	0.0	0.3	1.5	0.7	5.4	0.1	0.4	1.0	0.5	4.8
	事務	7.1	14.1	13.9	12.0	14.4	8.8	12.4	14.3	12.1	12.9
	販売	17.3	13.1	14.9	14.9	12.9	16.0	17.2	17.4	16.9	15.4
	サービス	13.3	8.6	4.6	8.5	5.0	15.8	6.5	4.9	8.4	5.7
	保安	0.8	3.1	1.9	2.0	3.4	2.0	2.3	2.1	2.1	2.6
	農林漁業	0.8	0.9	1.5	1.1	1.4	1.4	1.1	1.2	1.2	4.6
	運輸・通信	3.9	3.7	7.1	5.0	7.2	2.5	4.7	5.3	4.3	5.5
	生産工程・労務	50.6	45.9	39.9	45.1	39.3	42.6	38.0	35.8	38.4	34.4
	分類不能	0.4	0.6	0.6	0.6	0.6	2.0	1.6	1.7	1.8	1.4
女性	専門・技術	26.3	29.1	18.8	25.1	18.8	17.2	22.8	20.1	20.0	15.4
	管理	0.0	0.4	0.0	0.1	0.8	0.0	0.0	0.2	0.1	0.8
	事務	30.0	34.3	36.7	33.6	28.2	29.4	40.3	39.7	36.2	29.1
	販売	15.4	12.3	12.8	13.5	11.9	18.2	12.1	11.1	14.0	13.1
	サービス	17.0	10.1	14.2	13.6	16.8	21.7	11.3	11.1	14.9	15.2
	保安	0.0	1.1	0.5	0.5	0.3	0.3	0.3	0.3	0.3	0.2
	農林漁業	0.0	1.1	1.4	0.8	1.2	0.3	0.5	1.0	0.6	4.6
	運輸・通信	0.0	0.0	0.5	0.1	0.4	0.5	0.4	0.4	0.5	0.4
	生産工程・労務	10.1	10.4	14.7	11.6	20.8	10.3	10.6	14.5	11.6	19.8
	分類不能	1.2	1.9	0.9	1.4	0.8	2.2	1.7	1.6	1.8	1.4

注：大分県の15～19歳従業者数が少ないため、年齢区分を15～24歳とした。
資料：2002年就業構造基本調査により作成。

大分地区が新産業都市に指定されて以来、大分県は工場の誘致を積極的に行ってきた。近年でも、キヤノンの生産設備増強やダイハツ車体の中津への本社工場全面移転など、製造業の設備投資が相次いでいる。これを反映して、全国に比べて生産工程・労務の割合がかなり高く、15～24歳の男性では約半数が生産工程・労務に従事している。女性では、全国よりも専門・技術の割合が高い一方で、事務の割合がやや低くなっている。

　工場誘致による雇用創出は、大分県の労働市場がこれまで比較的良好な状態を保ってきた主な要因の1つである。しかし、ある地域において雇用が量的に確保されても、必要とされるスキルや雇用条件など、質的な面でのミスマッチが発生すれば、失業者や不安定就労者は増加する。鳥丸（2001）は、1990年代の後半に九州のUV曲線が右上方へシフトしていることから、就業に対する価値観の多様化や職業選別意欲の高まりに加え、終身雇用へのこだわりの希薄化などを背景として、構造的・摩擦的失業が増加したと結論づけた。大分県における若年不安定就労者は、やはり質的なミスマッチに直面しているのであろうか。次節では、大分県が2005年に実施した「若年不安定就労者実態調査」を個票ベースで再分析し、大分県における若年不安定就業者の特徴を把握する[15]。

(2) 大分県の若年不安定就労者の特徴

　「若年不安定就労者実態調査」は、大分県内にある従業者数30人以上の2,800事業所（ただし、サービス業は30人未満を含む）に調査票を配布し、パート・アルバイトなどの非正規雇用の従業者に回答してもらうよう依頼したものである[16]。対象者は、女性（256人）が男性（170人）よりかなり多い。男性の85.3％、女性の87.1％には同居家族がおり、ほとんどは親との同居と思われる。平均年齢は、男性が24.6歳、女性が25.2歳である。男性では25歳を超えると急に人数が少なくなる（26歳以上は35.9％）のに対し、女性は20歳代前半よりもむしろ後半のほうが多い（26歳以上は46.9％）。学歴は男女とも高卒者が40％強を占め、普通高校卒と専門高校卒が半々であることも男女共通である（表4-5）。学歴に関して男女で異なる点は、男性は専修学校卒が多いのに対し、

表4-5　大分県若年不安定就労者の学歴

	男性		女性	
中学校	5人	2.9%	9人	3.5%
高校（普通科）	33	19.4	50	19.5
高校（専門学科）	40	23.5	65	25.4
専修学校	30	17.6	21	8.2
高専・短大	7	4.1	62	24.2
大学・大学院	32	18.8	36	14.1
高校中退	5	2.9	5	2.0
その他中退	16	9.4	5	2.0
不明	2	1.2	3	1.2
総計	170人	100.0%	256人	100.0%

資料：「若年不安定就労者実態調査」個票の再集計により作成。

女性では短大卒が多いことである。また、男性では中退者が10％を超えている点が特徴的である。

対象者は調査時点で非正規雇用者であったが、男性の47.6％、女性の50.4％は正規雇用者として働いた経験を持っている。ただし、正規雇用の職に就いた経験を持つ人は高卒者に多く、とくに専門高校を卒業した人に多い。普通高校卒業者のうち、正社員としての勤務経験を持つ者は51.8％であり、専門高校卒業者では59.0％である。これに対して大卒者では、この割合が38.2％であり、大卒無業者がそのまま不安定就労者へと移行する実情を反映しているとみられる。

続いて、対象者が現在の働き方をしている理由について検討する（図4-3）。対象者に限っていえば、不安定就労状態にある理由として「正社員として働いていたが、解雇されたから」という非自発的離職を挙げた人はわずかである。理由としてもっとも多いのは、「本当は正社員として働きたかったが、自分の希望する職種や求人がなかったから」である。ここから、対象者の正社員志向がうかがえる。しかし「本当は正社員として働きたかったが、採用されなかったから」という、いわば正規雇用者としての就労機会の量的不足が、不安定就労状態にあることの最大の理由ではなく、自分の希望する職種や求人という、雇用の質の問題が第一の理由となっていることが注目される。加えて女性では、「時間や場所を自由に選んで働きたかったから」を理由に挙げた人も多い。つまり、正規雇用者としての求人が量的に不足していること以上に、職種や労働時間といった求人の質が、求職者である若者の希望とミスマッチを起こしていると解釈できる。

自分が不安定就労状態にあることに関しては、男女の意識差がかなりある。

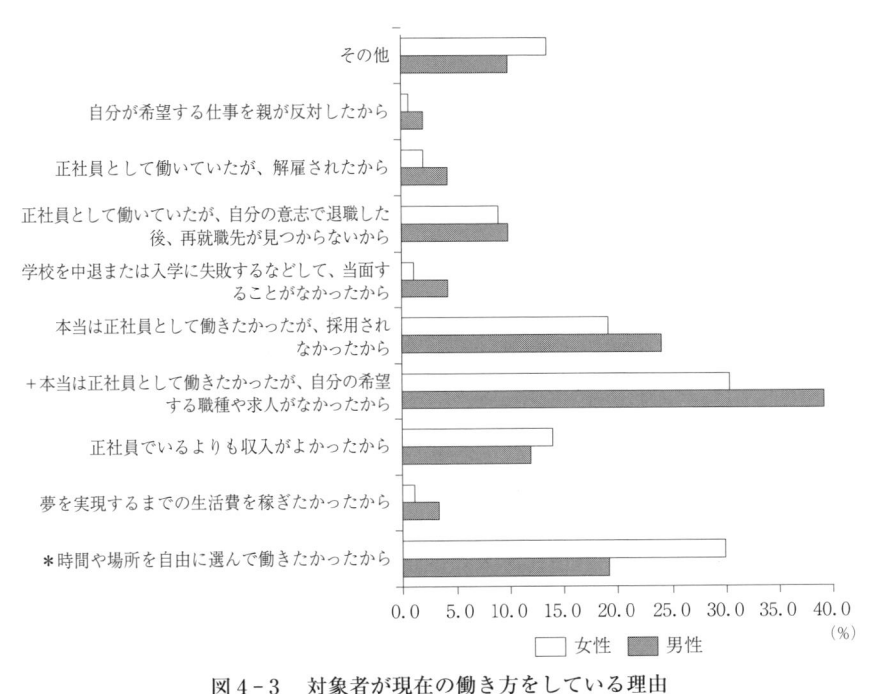

図4-3 対象者が現在の働き方をしている理由

注：複数回答、＊：5％水準で回答率に差あり、＋：10％水準で回答率に差あり
資料：「若年不安定就労者実態調査」個票の再集計により作成。

　現在の働き方を続けたくないと答えた割合は、男性が52.4％であるのに対し、女性は35.9％であった。現在の状態に不安や不満があると答えた割合も、女性が38.3％であるのに対し、男性は50.0％に達する。さらに不安や不満の具体的な理由を複数回答で尋ねる調査項目では、多くの選択肢において男性の回答率が女性を有意に上回った[17]。

　ところが、「あなたは正社員になる（定職に就く）ために、これまでにしたことや現在していることがありますか」という問いに対する回答からは、むしろ女性のほうが積極的に行動を起こしていることがうかがえる。「公共の職業安定所や相談所に行った（行っている）」（女性41.3％、男性25.9％）割合と、「公共の職業訓練やセミナーを受けた（受けている）」（女性9.8％、男性3.5％）

割合は、いずれも女性が有意に高い。その一方で男性は、行政に対する要望は積極的に表明している[18]。総じて男性は、女性に比べて不安定就労状態にあることに対して精神的・情緒的な不安や不満を感じ、そこから抜け出したいと思いつつも、積極的な一歩が踏み出せないでいる。

(3) 小括

失業率やフリーター率を見る限りでは、大分県の若年労働市場は少なくとも九州の中では良好な状態を示している。その一因としては、工場誘致が一定の成果を上げ、主に生産工程においてまとまった就労機会が生み出されたことが挙げられる。しかしフリーターに代表される若年不安定就労者の急速な増加については、全国同様に大分県も免れていない。若年不安定就労者に対するアンケート調査によれば、彼ら／彼女らが、自分の希望する職種や求人がなかったことを、自分がそうした状態にあることの第一の理由としている。

これらの事実からは、製造業の進出によって量的には雇用が確保される一方で、若者がそうした職を希望していないという、求人と求職の質的ミスマッチが存在すると予想できる。次章では、ジョブカフェおおいたにおける就労支援の現場からみた若年不安定就労者の姿を通して、若年労働市場における質的ミスマッチをより具体的に描き出すとともに、就職活動において若年不安定就労者がいかなる困難に直面しているのかを明らかにする。

4 若年不安定就労者としてのジョブカフェおおいた利用者

(1) ジョブカフェおおいたの概要

ジョブカフェおおいたは、大分市中心部に位置するハローワーク併設型のジョブカフェであり、2004年4月に設置された。2005年には、大分県が4月にモデル地域に選定されたのを契機として、7月に県下5カ所にサテライトオフィスが開設された。ジョブカフェおおいたの運営は、本所が財団法人大分県総合

雇用推進協会に、5カ所の支所（サテライト）は大分、別府、中津、佐伯、日田の各商工会議所に、それぞれ委託されている。サテライトオフィスはハローワークに併設されていないが、いずれも中心市街地に設置されており、求人情報を検索できる端末が備えられている。

　ジョブカフェおおいたのスタッフは、利用者への応対を主な業務とする相談員と、地域の企業や学校との連携づくりを主な業務とするコーディネーターに分かれていた。本所は相談員だけで10人ほどを擁していたが、サテライトは相談員とコーディネーターを合わせて総勢2、3人の体制で業務に当たっていた。2006年度のジョブカフェおおいたの利用者数は3万4,921人であり、モデル地域20カ所中14番目であった（表4-6）。年間利用者数が約3万～4万人の地域が多いことから、ジョブカフェおおいたの事業規模がとくに小さいわけではない。2006年度の新規登録者数と就職決定者数は、それぞれ20カ所中9番目、12番目とほぼ規模に見合った順位であるが、2004～2006年度の就職決定率は、全国値を若干下回って推移している。

　筆者は2005年12月から2006年1月にかけて、ジョブカフェおおいたならびに5カ所のサテライトの相談員やコーディネーター、大分県の担当部署などに対して聞き取り調査を行った。以下では、聞き取り調査によって得た知見と資料に基づいて、ジョブカフェおおいたの利用者が直面している諸問題を地域的文脈と関連づけて分析する。

(2) ジョブカフェおおいた利用者の直面する諸問題

　ジョブカフェおおいたでは、本所、サテライトともに若者への周知に力を入れており、駅前や若者の集まる場所でチラシを配っていたところもある。しかし、ジョブカフェおおいたへの来所者の多くは、友人からの口コミや学校の情報提供がきっかけで来所している。割合は不明であるが、非正規雇用や無職の若者だけでなく、正社員でありながら、人間関係上の軋轢や今の仕事が自分の適性に合わないなどの問題を抱えて来所する若者もいる。なかには親に諭されて、さらには親に連れられての来所もあるとはいえ、ほとんどのジョブカフェ

表4-6 ジョブカフェモデル地域における就業支援の実績

	①利用者数（人）			②新規登録者数（人）			③就職決定数（人）			④就職決定率（③／②）（%）		
	2004年度	2005年度	2006年度	2004年度	2005年度	2006年度	2004年度	2005年度	2006年度	2004年度	2005年度	2006年度
北海道	70,267	99,541	97,374	19,375	23,754	22,382	4,408	7,729	7,264	22.8	32.5	32.5
青森県	51,372	78,705	70,145	3,201	2,428	4,670	1,697	2,305	2,096	53.0	94.9	44.9
岩手県	26,118	43,317	47,617	9,617	8,276	6,850	1,853	2,431	2,550	19.3	29.4	37.2
群馬県	17,671	35,131	37,043	3,183	4,919	4,304	726	1,816	1,560	22.8	36.9	36.2
千葉県	33,772	36,461	32,698	14,235	11,266	7,482	4,198	6,321	4,786	29.5	56.1	64.0
石川県	92,280	51,815	50,946	3,871	3,496	2,025	1,389	1,921	2,094	35.9	54.9	103.4
岐阜県	26,508	32,903	27,456	9,532	11,110	8,116	2,487	5,230	4,573	26.1	47.1	56.3
京都府	32,003	36,804	29,673	3,910	3,198	3,068	1,339	2,009	2,338	34.2	62.8	76.2
大阪府	73,321	111,701	88,683	21,794	16,986	12,552	3,886	8,443	5,946	17.8	49.7	47.4
島根県	14,744	34,541	34,426	1,799	1,594	1,311	202	512	783	11.2	32.1	59.7
山口県	20,417	34,601	37,189	5,384	4,527	3,767	1,657	2,490	2,716	30.8	55.0	72.1
愛媛県	34,290	68,735	67,762	2,424	2,329	3,260	634	1,466	1,575	26.2	62.9	48.3
福岡県	46,450	61,062	62,883	9,932	8,858	8,456	5,884	5,170	9,937	59.2	58.4	117.5
長崎県	12,404	31,612	28,995	3,277	2,904	2,670	546	1,094	1,506	16.7	37.7	56.4
沖縄県	28,604	53,452	74,464	3,113	6,173	3,680	639	2,298	2,246	20.5	37.2	61.0
宮城県	23,131	52,178	61,995	3,248	3,840	4,016	952	1,665	2,121	29.3	43.4	52.8
茨城県	25,884	23,349	37,987	3,098	3,625	3,796	668	1,134	3,156	21.6	31.3	83.1
新潟県	28,839	57,313	60,834	4,994	7,542	6,920	2,329	4,027	3,808	46.6	53.4	55.0
福井県	6,204	20,667	28,801	1,572	3,125	3,965	509	1,186	1,396	32.4	38.0	35.2
大分県	7,117	28,761	34,921	3,653	5,085	4,608	933	1,457	2,241	25.5	28.7	48.6
総計	671,396	992,649	1,011,892	131,212	135,035	117,898	36,936	60,704	64,692	28.1	45.0	54.9

注：北海道から沖縄県までは2004年にモデル地域に指定され、宮城県から大分県までは2005年に指定された。
資料：ジョブカフェ評価委員会資料により作成。

利用者は働く意欲を持っていると相談員は感じている。しかし自分がどんな職に就きたいのか、あるいは就くことができそうなのかを明確に自覚している若者は多くない。そのため相談員は、利用者との対話の中で、彼／彼女の職に対する希望と能力の両方を見極め、それに応じてそのまま就職活動をするべきか、それとも職業訓練を受けるべきかなどのアドバイスを与える。

ジョブカフェおおいたの場合、ジョブカフェを利用して就職活動をする意志のある若者は、求職者のデータベースに登録することになる。大分県提供の資料によると、2006年1月末時点において登録されている有効求職者数は男性が485人、女性が777人であり、男性の78.9％、女性の72.5％は20歳代である。このデータベースは基本的にインターネット上にも公開されていた（匿名）。また、ジョブカフェ利用者向けの求人も、一部はインターネット上に公開されていた。求人と求職を照合してみると、希望者の多い事務職には求人が少なく、逆に生産工程・労務職については、求人は多いが希望者は少ないことがわかる（図4-4）。ジョブカフェおおいたに登録し、就職が決定した人のうち、生産工程・労務職に就いた割合は、男性が23.5％、女性が8.9％である（表4-7）。希望者に比べれば実際に生産工程・労務職に就く割合は大きいが、大分県では15～34歳の男性の45.1％、女性の11.6％が同職で働いている（表4-4参照）ことからすれば、とくに男性において生産工程・労務職への就職者割合が低い。

製造業の仕事が利用者に好まれないことは、本所、サテライトを問わず相談員の共通認識であった。なかなか埋まらない求人の多くは、製造業生産工程のものであるという。相談員によれば、利用者は製造業の生産工程の職に対して、典型的な3Ｋの職場であるという先入観を持っている。そもそも工場の立ち仕事や労働条件に嫌気がさし、正社員でありながら、新しい仕事を見つけようとジョブカフェを訪れる若者が少なくないという。

ジョブカフェおおいたの立ち上げから筆者が調査を行った時期にかけては、バブルの崩壊からほぼ一貫して低下を続けてきた有効求人倍率が2002年に底を打ち、景気が急速に回復している時期であった。大分県全体の全産業でみても、バブル崩壊直前に近い有効求人倍率を取り戻していた（表3-1参照）。大分県

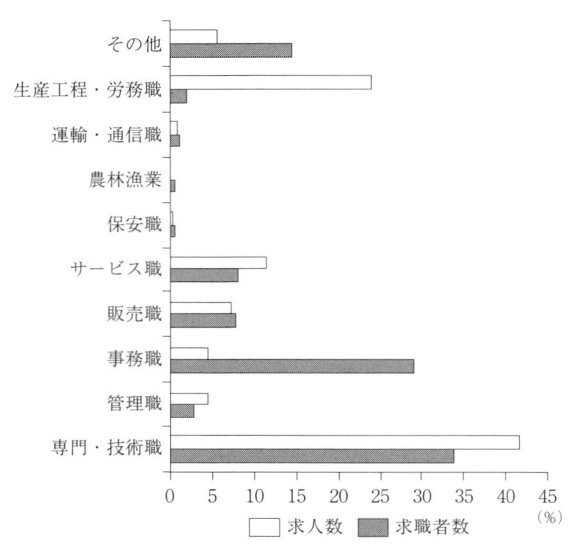

図4-4 職種別にみた求人数と求職者数

注: 1) 2005年12月時点。
 2) ここでの求人数は職業安定所の求人数とは異なる。
資料: ジョブカフェおおいた提供資料により作成。

表4-7 ジョブカフェおおいた経由の就職者の職種

	男性		女性		合計	
専門・技術職	55人	15.9 %	99人	21.0 %	154人	17.3 %
管理・事務職	24	7.0	192	40.8	216	24.2
営業・販売職	82	23.8	59	12.5	141	15.8
サービス職	50	14.5	50	10.6	100	11.2
保安職	4	1.2	0	0.0	4	0.4
運輸・通信職	33	9.6	3	0.6	36	4.0
生産工程・労務職	81	23.5	42	8.9	123	13.8
その他*	16	4.6	26	5.5	42	4.7
不明	—		—		75	8.4
計	345人	100.0 %	471人	100.0 %	891人	100.0 %

＊土木・雑務・その他。
 注: 2005年4月〜2006年1月末までの累計で、サテライト分を含む。
資料: 大分県雇用・人材育成対策室提供資料により作成。

の製造業における月平均労働時間は、有効求人倍率の谷である2002年が160.9時間であったのに対し、2006年は171.7時間である[19]。とりわけ人手不足気味であった輸出志向型製造業の大規模事業所においては、残業による長時間労働が常態化している状態であり、休日出勤もしばしば要請された。製造業の職場は交替制勤務であることが多く、休日が土日祝日に固定されていない。若者の多くは、残業や土日の出勤がある職場をなるべく避けようとするため、好景気で残業手当や休日出勤手当が見込める状況でも製造業の雇用機会には食指が動かない。その最大の理由は、友人と過ごす時間がなくなるからであるという。同様の指摘は、千葉県においてフリーター的な生活を送るストリートダンサーを調査した新谷（2002）や、小樽市の工業高校卒業生のエスノグラフィである小西（2002）でもなされている。時間的拘束を嫌い、友人関係を大切にする傾向は、ジョブカフェおおいた利用者に限ったことではなく、現代の若年不安定就労層の特徴といえそうである。

　製造業生産工程の仕事の人気がないことは、派遣や請負といった間接雇用労働力の活用が進んでいることにも関連している。事業所・企業統計調査によって2002年の製造業従事者に占める派遣・請負従業者の割合は、大分県では11.4％であり、16.0％の滋賀県に次いで全国2位である[20]。大分県内の派遣・請負従業者数は約9,000人であるが、杵築市（2,305人）、安岐町（2,171人）、大分市（1,354人）など、特定の地域に集中している。これは、大手製造業企業の工場が立地する地域と一致する。派遣・請負労働者は、労働条件の悪さなどから離職率は高い。しばしば発生する突発的な欠員は、正社員が残業や休日出勤をして対応せざるを得ないことから、間接雇用労働力の活用を進めている事業所では、正社員の労働条件も悪化することになる。

　ジョブカフェでは、本人がとくに非正規雇用を希望しない限り、正規雇用として就職するための手助けをする[21]。大分県は誘致した製造業の大規模事業所を地域経済の柱としてきた。ジョブカフェ利用者も、またその親も、製造業ではあっても、全国的に名の通った大企業であれば就職したい、子どもを就職させたいと思っている場合が多いという。しかしそうした大企業こそが、派遣や

請負を積極的に活用しているのであり[22]、正社員の採用は基本的に新規学卒者に限られているうえ、数も絞り込んでいる。その一方で、製造業の中小企業は正社員の求人を出していても求職者の引き合いはほとんどなく、労働力の確保に苦慮している。製造業の、しかも中小企業を希望する若者そのものが少ないのであるが、カウンセリングなどを経て若者自身がやっと自分の方向性を見極め、面接を受けようというときに、企業の規模や知名度、仕事内容などを理由に、親が「もっといいところはないのか」と水を差すことがしばしばあるという[23]。

一方、就職先として好まれているのは、事務職や専門・技術職である。とくに女性の場合は事務職を希望する場合が多く、実際に就いた職も事務職が最多である。また、専門・技術職のうち、看護や介護・福祉系の職は需要が大きく比較的資格が取りやすいこともあり、女性にとっては主要な就労機会となっている。今日では、男性でも相当数が事務職や介護・福祉系の仕事を希望するが、男性がそうした就労機会を得ることは、以下のような理由から困難である。

事務職としての就職先は、地場の中小企業が中心である。衆知のとおり、現在では求人票や求人広告を出す際に男女を特定することは法的に禁じられている。しかし採用を行う企業の側は、多かれ少なかれ男女や年齢、学歴など、採用予定者の属性の青写真を抱いている。地場の中小企業は、求人票を出すほどではないが、条件に見合ういい人がいたら紹介してほしいという希望を持っていることが多い。その際に想定されている事務職像は、庶務的な仕事に従事し、結婚や出産で退職する女性である。第3章での分析で明らかにしたとおり、求職者である女性の側も、事務職をキャリア形成の場と捉える意識は弱く、結婚までの仕事と考える傾向にある。このように、雇用者と女性求職者のジェンダー意識には一致する部分があり、その裏返しとして、家計を支えることが想定される男性が事務職に就くことを難しくする一因となっている。

高齢化の進展と介護保険の導入に伴い、看護や介護・福祉分野の労働力需要は高まっている。こうした仕事では、被看護・介護者を物理的に支持する力が必要とされるため、男性の活躍が求められる部分もある。しかし看護や介護を

受ける側（多くの場合高齢者）は、女性による看護や介護を希望することが多い。とくに入浴や排泄の介助を必要とする女性高齢者は、女性の看護・介護者を強く希望する傾向にある。そのため、仮に関連する資格を持っていたとしても、男性は看護や介護・福祉分野の職に採用されにくい。事務職との対比で言えば、看護や介護・福祉系の職の場合は、サービスを受ける側のジェンダー意識が、男性をそれらの職から遠ざけている。

　低学歴で特別な資格や技術を持っていない男性でも比較的就きやすく、かつ求人が比較的多い職は、営業や運輸・配達などの職である。実際に男性では、就職決定者のうち営業・販売や運輸・通信の職に就いた人が一定の割合を占める（表4-7）。その具体的な仕事内容は、ルートセールスや自動販売機への商品の補充など、営業と運輸の中間的なものが多い。こうした仕事をするうえでは、自動車の運転免許を持っていることが必須である。営業職や運輸職に限らず、公共交通機関が発達していない大分県では、通勤や客先への移動に自動車が不可欠であるため、運転免許を持っていることが正規雇用の条件となることも少なくない。ところがあるサテライトでは、ジョブカフェの利用者、とくに男性の中に、運転免許を持っていない人が少なからずいるという。彼らの出身家族は経済的に恵まれないことが多く、免許取得費用を負担することが難しい。また運転免許を持っていたとしても、自分が通勤や仕事に使える自動車を用意することができない。自動車を利用できない若者が、地域労働市場において劣位に置かれる現象は、欧米においても報告がある（Quinn 1986；Kawabata 2003；Green et al. 2005ほか）。日本では、日常生活において自動車が必需品化している地域において、交通弱者が生鮮食料品を得られない「フードデザート」（岩間編著 2011）がクローズアップされているが、同様の構造の下で経済的に劣位にある若者が、地域労働市場における空間的ミスマッチに直面する「ジョブデザート」が現前している可能性がある。

5 サプライ・サイドの労働市場政策の限界

本節では、以上で分析した大分県の若年不安定就労者が直面している諸問題を前提としたとき、ジョブカフェ事業のような国家の空洞化を伴ったワークフェア的労働市場政策には問題点や限界があることについて論じたい。すでに述べたように、定量的にみれば、大分県の若年労働市場の状態は比較的良好であり、それは大分県が進めてきた企業誘致の結果としてもたらされた製造業が就労機会を生み出してきたことに起因する。多分に漏れず、大分県でも若者の雇用情勢は悪化傾向にあるが、求人の量的不足よりも、求人と求職の質的ミスマッチがむしろ顕在化していることが示唆される。

まず挙げられるのは、専門・技術職や事務職の求職者数が多く、製造業の生産工程職を希望する人が少ないというミスマッチである。この点については、若者のエンプロイアビリティの個人的要因のうち、仕事に対する意識・態度・行動特性などに問題があると考えることもできよう。しかし、大分県は製造業の大規模事業所を中心に、派遣・請負労働力の導入が進んでいる地域であるうえ、景気の上向きを背景に残業や休日出勤の常態化などによって労働負荷が高まっていた。それでもなお、今、ここにある仕事に就くべきだとするワーク・ファースト的な考え方を無前提に正当化することはできない。

大分県が実施した調査の再集計からは、男性のほうが不安定就労状態にあることに対する不安感が強い一方で、女性のほうがそこから抜け出すための行動に踏み出す傾向があった。このことは、地域労働市場の態様と関連している可能性がある。非大都市圏では、若年女性における医療・福祉産業従業者の割合が大きい。女性はこの分野で資格を取得すれば、職業キャリアの形成や待遇の改善が期待できる。また、地元の中小企業であれば事務職の雇用機会もそれなりに存在するため、資格はなくても就職活動が実を結ぶ可能性は高い。

男性でも医療・福祉の専門・技術職や事務職を希望する人は少なくないが、これらの職に就くことは困難である。医療・福祉産業では、サービスを受ける

高齢者の側が女性による看護・介護を希望するため、資格を持っていたとしても採用されにくい。地元中小企業では、事務職従事者として結婚退職を前提として若年女性を採用することを好む。営業や運輸・配達などの職は、低学歴で特別の資格やスキルを持たない男性の就労機会となりうるが、自動車の運転免許を取得する経済力がないばかりに、その機会が閉ざされてしまう場合もある。就職活動をしても、さらには資格を取ってもそれが実を結ばない可能性が高いとなれば、不安はあるが就職活動には消極的という状況に陥ることも理解できる。

　大分県の労働市場では、製造業を地域経済の柱としてそれを支える労働力の供給を促進したい自治体、厳しい市場競争の中で派遣・請負労働力の積極的活用によってコスト削減を図る製造業企業、工場の仕事はできれば避けたいと考える若者（とくに男性）と、それぞれの思惑に齟齬がある。さらに、親の経済力と子どもの仕事に対する意向、ジェンダー意識に基づく性別職務分離、それを反映した資格取得や就職活動への展望の男女差などが複雑に絡み合っている。こうした状況では、職業訓練やカウンセリングによって求職者の職業意識とスキルを高めるサプライ・サイドの就労支援や、労働力需要の構造を所与としたマッチング支援を行っても、効果は限定的である。エンプロイアビリティの多元性と状況依存性を認識し、漸進的にでも労働力需要の構造を変えていく枠組みを伴った積極的労働市場政策が必要である。

　「若者自立・挑戦プラン」は、若者による起業が新たな労働力需要を生み出すことを期待し、その支援をするとしていた。しかし企業の廃業率が開業率を上回る状態に変化の兆しは見られず[24]、新規創業が雇用創出の期待に応えているといえる状況にはない。かといって公共事業や企業誘致によるケインズ主義的な雇用創出に全面的に頼ることは、財政状況からして許されない。筆者は、望ましい労働市場政策の具体案を持ち合わせてはいないが、ターゲットとなる産業（群）を念頭に置いて、起業支援と企業誘致、ならびに労働者のスキル開発を組み合わせた施策を展開せざるを得ないと考える。

　まず、地域特性を十分に踏まえてターゲットとなる産業（群）を設定し、そ

の関連分野での創業を支援する。産業（群）を有機的に組織化する上で必要な機能を担うべき企業や人材が不足する場合には、自治体が外部からの誘致や招致に務める。労働力については、企業のニーズを汲んで必要なスキルを特定し、教育機関や職業訓練機関と企業とが連携を形成して効果的に養成していく。その際、企業と関連機関が協力して労働者に長期的なキャリア・パスの青写真を提供できる形に構造化する。

　このような労働市場政策の主体は自治体などに分権化されているべきであろうし、労働市場の媒介項としてジョブカフェのような機関が重要な役割を果たすと期待される。政府施策としてのジョブカフェ事業は終わったが、ジョブカフェは都道府県の自主的な運営の下で存続している。政府施策という制約が外れた今こそ、都道府県にとっては真に地域の実情を踏まえたジョブカフェ事業を展開する好機なのである。

注
1）　本章における若年不安定就労者とは、15〜34歳で在学しておらず、正規雇用に就いていない人であり、女性については配偶者のいない人とする。
2）　たとえば厚生労働省は、「ふるさと雇用再生特別交付金及び緊急雇用創出事業」について、「これらの交付金により各都道府県に基金を造成し、各地方公共団体において地域の実情や創意工夫に基づき雇用創出のための事業を実施しています」と説明し、「地域雇用創造推進事業（パッケージ事業）」の目的に関わって「地域には地勢や雇用・産業構造の違いなどさまざまな違いが存在します。各地域において効果的に雇用創出を図るためには、これらの違いを踏まえた個別の方策を検討することが重要です」と述べている（http://www.mhlw.go.jp/seisaku/2009/08/06.html：2012年11月16日閲覧）。
3）　その結果として、「地域雇用政策」に対する実務的な関心が高まり、個別の地域労働市場の態様とそこでの政策展開に関するケーススタディも登場してきた（伊藤ほか 2008；佐口編著 2010；東京市政調査会研究室 2010）。しかし、その多くは事例報告の域を出ない。
4）　関連する資料は以下のウェブサイトにおいて公開されている（http://www.meti.go.jp/topic/data/e41112aj.html：2012年11月19日閲覧）。今後リンク先が変わることも予想されるため、本章では複数の資料にリンクするおおもとのURLのみを表

示するものとし、個別の資料については資料名のみを示すものとする。
5）　若者自立・挑戦戦略会議「若者自立・挑戦プラン」2003年6月10日付。
6）　経済産業省ジョブカフェ評価委員会第3回資料1「ジョブカフェ中間評価について　Data編」2004年11月11日付。
7）　その基準とは、①若年雇用情勢が厳しいこと、②若年者雇用問題が地域の産業活力に影響を与えていること、③雇用対策と産業振興策、さらには教育が十分に連携していること、④特色ある事業であること、⑤予算の執行が可能なことである。経済産業省ジョブカフェ評価委員会「第1回　議事要旨」2004年4月9日付。
8）　ジョブカフェに関する各種資料は、経済産業省のウェブサイトで公開されている（http://www.meti.go.jp/policy/jobcafe/）が、2012年11月現在、ジョブカフェ評価委員会の議事要旨のうち、リンク切れとなっているものがある。これについては国立国会図書館のウェブサイト（http://warp.ndl.go.jp/info:ndljp/pid/286890/www.meti.go.jp/policy/economic_industrial/committee/index.html）で補うことができる。
9）　2007年度の時点で無料職業紹介を実施していた自治体は8都道府県7市町であるが、これらの都道府県のすべてがジョブカフェに付帯して無料職業紹介事業を実施していたわけではない（総務省行政評価局 2012：201-202）。
10）　経済産業省ジョブカフェ評価委員会第9回資料1「ジョブカフェ事業の平成17年度事業評価・平成18年度事業目標（全地域取りまとめ）」2006年8月付（書面開催の会議につき日の記載なし）。
11）　中澤（2007：219）では、都道府県別に値が得られる2002年のフリーター数を分母、2005年の各ジョブカフェモデル地域における就職決定者数を分子とする値を計算し、その地域間比較を試みている。年次が違うために目安としての意味しか持たないが、大都市圏およびその周辺にある府県や、地方中核都市をもつ県ではこの値が低い傾向にあった。こうした自治体では、支援の対象となる若年不安定就労者の絶対数が多いため、ジョブカフェによるマッチングの貢献度は相対的に低くなるであろう。これに対して非大都市圏では、フリーター数に対して10％を超える就職決定者数を示した県もある。このことから、若者の就労支援に対するジョブカフェの貢献度は非大都市圏のほうが大きいと予想される。
12）　経済産業省「ジョブカフェ事業5年間のあゆみ」2009年1月付。
13）　フリーター率の分子は、年齢が15〜34歳で在学しておらず、女性については配偶者のいない人に限定し、①有業者については勤め先における呼称がパートまたはアルバイトである雇用者、②現在無業である人については家事も通学もしておらず、「パート・アルバイト・契約社員」の仕事を希望する人である。また、分母は、

年齢が15〜34歳で、在学しておらず、女性については配偶者のいない人に限定し、役員を除く雇用者であるか、または無業で何か収入のある仕事をしたいと思っている人である。定義については労働政策研究・研修機構（2005）を参照。
14) 全国の男性のフリーター率は1992年に4.4％であったものが、1997年には6.4％、2002年には9.3％と大きく上昇した。女性も同様で1992年が10.2％、1997年が16.3％、2002年が21.9％と急上昇している。
15) 本章では、調査報告書（大分県労政能力開発課雇用対策室 2005）の元となったデータを個票ベースで借り受けて再集計したため、独自の考察が可能となっている。なお、回答者のなかには、学生アルバイトとして仕事をしている人や、既婚女性も含まれているが、本章の考察の対象外であるので、これらは分析対象から除く。例外的に含まれていた35歳以上のケースも除いた。
16) 調査依頼の方法上、母数がわからないため、回収率を算出することはできないが、サンプルに偏りがあることは確実であり、この点を念頭に置く必要がある。
17) 具体的には、「1人前の社会人とみなされない」（男性26.8％、女性12.4％）、「家族や周囲に対して肩身が狭いと感じる」（29.9％、10.2％）、「夢がかなうかどうかわからない」（男性14.2％、女性6.2％）、「定職に就けるかどうか心配」（男性48.8％、女性29.9％）など、経済的な理由よりは世間体の悪さや精神的に満たされないという点で、不安定就労状態に不安や不満を感じている男性が多い。
18) 「企業が求人を増やすように働きかけてほしい」（男性53.5％、女性40.2％）、「面接の受け方等の就職セミナーを開いてほしい」（男性13.5％、女性7.0％）、「就職活動中の不安な気持ちや悩みなどを相談できる場をつくってほしい」（男性23.5％、女性15.2％）、「求人企業を集め、求職活動ができる場をつくってほしい」（男性33.5％、女性20.7％）、「学歴や経験の不足を補えるような職業訓練を行い、就職に有利になるような認証をしてほしい」（男性37.1％、女性23.8％）は、いずれも男性の回答率が女性の回答率を有意に上回っている。
19) 大分県統計年鑑による。
20) この時点では、製造業務への労働者派遣は法的に認められていなかったため、大半は請負に相当すると考えられる。
21) 若者自立・挑戦戦略会議は、「若者自立・挑戦プラン」の実効性・効率性を高めるため、2004年12月に「若者の自立・挑戦のためのアクションプラン」を取りまとめ、2006年1月にこれを改訂した。改訂の際、第一に掲げられたのは、フリーター25万人常用雇用化プラン等の推進であり、その筆頭に位置づけられたのが「若年者のためのワンストップサービスセンター（ジョブカフェ）において、フリーター向けのセミナーを充実するなど、若者の状況に応じたきめ細かな就職支援を

実施する」という行動計画である。それまでもジョブカフェの現場では若者を正規雇用に就けることを目標に事業展開をしてきたが、政策文書においてもジョブカフェが不安定就労の若者を正規雇用化するツールとして明確に位置づけられたことになる。
22) 2005年3月14日大分県議会議事録によれば、大分県商工労働部長は次のように発言している。「グローバルな競争の中で多くの企業が非正規雇用を進めており、直近の労働力調査によれば、非正規雇用の比率はすでに3割を超えております。県内におきましても、大分キヤノンは8割程度、ダイハツ車体は3割程度が非正規雇用と言われております」。
23) もっともこれは、生産工程の就労機会に限った話ではない。
24) 『2011年版　中小企業白書』による。

第5章　子育て期の女性に対するNPO法人による在宅就業の推進

1　ワーク・ライフ・バランス実現策としての在宅就業推進

　情報通信技術を活用した時間や場所にとらわれない働き方は、一般に「テレワーク」と呼ばれる。内閣府によれば、テレワークという働き方は「仕事と生活の調和（ワーク・ライフ・バランス）を可能とし、多様な就労機会や起業・再チャレンジ機会を創出するものである」[1]という。定義の曖昧さゆえ、テレワークはさまざまな働き方を内包した概念である。内閣府は、テレワークを雇用型と自営型に大別し、雇用型をさらに在宅型、施設利用型、モバイル型に細分している。また、佐藤（2006：15）は、職場（自宅、共有オフィス、移動オフィス（モバイルワーク））と雇用形態（雇用、非雇用）を組み合わせてテレワークを類型化している。

　テレワークを推進する政策は、リゾート・オフィスの実証実験やサテライト・オフィスの導入推進など、1980年代からすでにみられたが、1990年代後半以降にはインターネットの普及を背景として省庁を挙げた取り組みが行われるようになる。さらに2007年には「テレワーク人口倍増アクションプラン」が策定され、2005年に10.4％であった就業者に占めるテレワーカーの割合を、2010年までに文字どおり倍増させるとの目標が設定され、達成のための工程表も提示された。さらに2010年に策定された「新たな情報通信技術戦略」においては、同年に約320万人と見積もられた在宅型テレワーカー数を、2015年には700万人にするとの目標が新たに設定された。つまり、雇用形態を問わず、自宅を職場とするテレワーカーである在宅就業者の増加が、テレワーク振興策の核心と位

置づけられたのである。

　「テレワーク人口倍増アクションプラン」では、テレワーク普及のメリットを8点[2]にわたって羅列している（p.2）。しかしそれに先立つ部分では、少子高齢化の中にあって、「テレワークのような働き方の推進は、個々人の置かれた状況に応じた多様で柔軟な働き方を可能とし、①「育児や介護」と「仕事」の二者選択の状況等の緩和を通じ、育児期の親、介護者、障害者、高年齢者等をはじめ、個々人の働く意欲に応え、また、子どもを持ちたいという希望等に応えつつ、その能力を遺憾なく発揮し活躍できる社会の実現に資するとともに、②次代を担う子どもたちを家族のより深いふれあいの中で育む環境の実現に寄与する」との認識が示されている（p.1）。これに続いて、「③今後における人口構造の急激な変化の影響を克服し、企業活力や社会経済活力の維持・向上を図るとともに、グローバル化の中で国際競争力を確保していく上で重要である。さらには、④場所にとらわれない就労や起業を通じた地域活性化や、⑤交通代替によるCO_2削減等環境負荷の軽減にも資するものである」とも記されている。プラン全体を見わたすと、①、②が③〜⑤よりもテレワーク普及のより大きなメリットと考えられていることが読み取れる。「育児や介護」と「仕事」の二者選択の状況に置かれているのがもっぱら女性である現状に鑑みれば、現在行われているテレワーク振興策の背景には、在宅就業をはじめとするテレワークを女性のワーク・ライフ・バランス[3]の実現に資する働き方と認識し、その推進を通じて少子高齢化に少しでも歯止めをかけたいという希望があることは確かであろう。

　本章では、国政レベルでのテレワーク推進の文脈を踏まえたうえで、大分県で実施された子育て期の女性に対する在宅就業支援事業の展開過程と、支援事業の下で在宅就業に従事した女性に対するアンケート調査を分析し、地域に根差したNPO法人の主体性を生かした在宅就業支援の可能性と限界について検討することを目指す。合わせて既存研究の検討と在宅就業者へのアンケート調査の分析を通じ、在宅就業という働き方が持つ構造的な問題点について掘り下げることも目的としている。

後述するとおり、この事業は、大分県が計画・立案し、国の事業認定を受けたものであるが、その実施はNPO法人P社に委託されている。P社は、在宅就業希望者に必要な職業訓練を施したうえで、顧客から受注した仕事を在宅就業者に割り振ることに加え、さまざまな側面から在宅就業者をサポートしている。本書の第1章で示した枠組みでいえば、NPO法人P社は労働市場の媒介項である。しかもP社は、在宅就業者の利害を代弁する形で能動的に需要側に働きかけを行っており、Benner et al.（2007）に従うならば、その機能はmarket-meetingにとどまらず、market-moldingからmarket-makingの領域にまで達している。

　本章は、在宅就業という特殊な働き方を支援する事業のみを取り上げているため、そこから引き出せる知見は労働市場政策一般にそのまま適用できるものではない。しかし筆者は、本章を通じて、P社のように労働市場の調整主体の影響下にありながらも特定の地域に根差し、労働力の供給側のみならず需要側にも積極的に働きかける労働市場の媒介項が、労働市場政策の担い手として、一定の役割を果たしえることを示せると考える。一方で支援事業の実施過程の分析や在宅就業に従事した女性たちに対するアンケート調査からは、いくつかの課題も浮き彫りにされるであろう。

　既存の調査報告書が示す在宅就業者の属性には、80～90％が女性であり、結婚や出産で退職した30歳代の女性がかなりの部分を占めるという共通した特徴があるという（佐藤 2008：124）。本章が扱う在宅就業支援事業の対象者の属性もこれと一致する。在宅就業が子育て期の女性に特徴的な就労形態であるからこそ、ワーク・ライフ・バランスの実現に向けた政策的てこ入れの対象になる。本章の5節では、在宅就業に従事した女性に対するアンケート調査に基づき、ワーク・ライフ・バランスの実現という観点から、在宅就業の実情を分析する。

　ところで、「労働の地理学」の発展に資することを目的とする本書にあっては、政策的意義とは独立に、在宅就業を対象とした研究を通して、「労働の地理学」の発展に対していかなる固有の貢献ができるのかという点を突きつめておく必

要があるだろう。実は、「労働の地理学」の立役者であるヘロッドとペックは、いずれも在宅就業に関する実証研究を手掛けている（Peck 1990；Herod 1991c）。そのこと自体興味深いが、彼らが積み重ねてきた研究の中での位置づけは不十分であるため、その後の理論的発展にはあまり貢献していないように思われる。そこで筆者は、続く2節1項において女性労働に関する既存研究を検討し、これまでの「労働の地理学」に欠落しがちであった労働者に対する認識を明らかにする。端的にいえば、女性労働者は仕事と家庭の両立という問題に男性以上に直面することが多いため、女性労働者を対象とする研究は、労働者が生産の領域と再生産の領域のシームレスな連続体を生きているという事実の再認識を迫る。このことによって、「労働の地理学」の関心が生産の領域に偏向していたという問題点を照らし出すのである。

　在宅就業においては、生産の空間と再生産の空間、すなわち職場と住居が一体化しており、仕事と家庭の領域の境界は揺らぐことになる。在宅就業に関する既存研究からは、労働者がこの揺らぎを前にしてどう対処したかという論点を抽出できる（2節2項）。結論を先取りすれば、この論点は、労働者が生活の時空間や住居というミクロなスケールにおいて、いかなる経済景観を主体的に築き上げてきたのかを問うことにほかならず、生産の領域と再生産の領域を包括した新たな「労働の地理学」を展開する手掛かりを提供してくれる。本章に引きつけて付言すれば、既存研究から得られた分析視角は、本章における実証研究に表れる在宅就業が構造的に有する問題点を、より明確に浮かび上がらせるであろう。

2　「労働の地理学」と女性労働・在宅就業

(1) 生産の領域と再生産の領域

　ヘロッド流の解釈による「労働の地理学」は、従来の経済地理学が資本家の視座から経済景観の形成を説明していたことを批判し、労働者がもつ空間の生

産者としての行為主体性を最大限評価することを特色としている（Herod 1997a）。しかし、それを突き詰めると、空間の生産者としての特権的地位を資本家から労働者へとすげ替えただけの独善的な研究に陥ってしまう。事実、狭義の「労働の地理学」の対象は、組織化された労働者の行為主体性を近視眼的に注視してきたきらいがあり、近年ではこの点を突いて「労働の地理学」の成果を批判的に検討し、新たな可能性を切り開こうとする研究が生まれつつある（Lier 2007；Coe and Lier 2010）。一例を挙げれば、James and Vira（2012）は「労働の地理学」を標榜する既存研究の問題点として、①労働組合の下に組織化された政治戦略以外の形で労働者が発揮する行為主体性が見落とされていること、②研究対象が先進国の労働の世界に偏っており発展途上国が見過ごされていること、③内部労働市場・外部労働市場における労働者の主体的なキャリア構築という通時的な視点が欠落していたことなどを指摘したうえで、インドのコールセンターにおけるオペレーターのキャリア戦略を明らかにしている[4]。

筆者も狭義の「労働の地理学」が、人々の仕事にまつわるさまざまな経験やそれに関連する諸問題に十分な目配りをせず、組織化された労働運動という研究領域に閉じこもりがちであったと感じている。それゆえ、第1、2章を通じて新たな概念を摂取し、「労働の地理学」の間口を広げようとしてきたのである。さらにつけ加えるならば、筆者は、「労働の地理学」が労働者の生活時間のうち、仕事すなわち生産に関する部分だけを切り出して焦点化してきたことに対して違和感を持っており、本章では女性労働および在宅就業を補助線としてこの点を切り開いていきたいと考えている。

「労働の地理学」が地理学である以上、労働市場は本質的に空間的広がりとともに地理的多様性を持つ存在として捉えられるべきである。Peck（1996）は、自身の地域労働市場に関する認識を総括した表（111-112 p., Table 4.1）において、労働力需要と労働力供給の構造・動態が、地理的多様性を持って非決定論（non-necessary）的に相互作用し、さらにそれらが地理的多様性を持つ社会的調整と結び合う場として労働市場を捉えていることが示している。注目す

べきは、この表において労働力需要の後にカッコ書きで労働過程（and labor process）、労働力供給の後に社会的再生産の領域（and the sphere of social reproduction）と書き添えられていることである。このことは、広義の「労働の地理学」の立場から労働市場を認識し分析するに当たっては、需要と供給という労働市場内での労働力の分配にとどまらず、労働過程や再生産の領域をも射程に収めたうえで、労働市場が地理的多様性を持つプロセスを明らかにすべきことを示唆している。

　筆者が先に述べたような違和感を持ったのは、労働者の生活時間は生産の領域すなわち仕事と再生産の領域すなわち家庭がシームレスに連続したものであるにもかかわらず、従来の「労働の地理学」が広い意味で生産の領域に関わる部分だけを切り出しているように思われたからである。

　「労働の地理学」において、生産の領域のみに焦点を当てることが正当化されたのは、近代化に伴う賃労働化によって職住分離が進み、その状態が長らく維持されてきたことに起因すると思われる。職住分離とは、単に生産の空間である職場と再生産の空間である住居が、物理的に分離するのみならず、一人の人間に与えられた時間資源や主体の意識のレベルをも含めて、生産の領域＝仕事と再生産の領域＝家庭との境界が確立することを意味する。ミクロレベルでの職住分離は、交通網の整備と相まってマクロレベルでの都心と郊外の分離を生じさせ、点的な都市は面的広がりを有する都市圏へと拡大した。近代家族規範の浸透と、生産の領域と再生産の領域の分断とは同時並行的に進み、生産の領域に属する都心と男性性、再生産の領域に属する郊外と女性性とが結びつけられ、都市空間のジェンダー化が進んでいった（Domosh and Seager 2001）。その中で、「労働の地理学」は生産の領域と再生産の領域からなるコインの片面のみを見てきたため、ジェンダー的な視点が欠落しがちであったと指摘できる。

　一方でフェミニスト地理学者たちは、生産の領域と再生産の領域を統合する視点を共有していた。その中にあって、Hanson and Pratt（1995）はとくに優れた研究である。ハンソンとプラットは、従来の地理学的研究において、家庭

は住居、仕事は職場、両者の関係は通勤圏や通勤距離という物理的・幾何学的実体に還元されてきたと批判する。そして、マサチューセッツ州ウースターの地域労働市場の態様と、そこにおける「世帯の計画」（Household arrangements）との相互作用を、緻密な実証分析に基づいて描き出している。ここでいう「世帯の計画」とは、特定の価値観や目的（たとえば家族中心主義に基づく子育て）を維持して再生産を行うことと、世帯構成員の家庭外での就労のあり方（職種、雇用形態、労働時間、通勤時間など）との調整を図るための計画のことである。「世帯の計画」は世帯固有のものであるが、一般に女性はより多くの家族的責任を割り当てられるため、自宅周辺において短時間のパートタイム労働に就くことが多くなる。これに雇用者のジェンダー意識などが相まって、地域労働市場はジェンダーを主要な切断面として分断されていくのである。

　Hanson and Pratt（1995）は世帯の居住地を基本的に所与としていたが、居住地選択自体、「世帯の計画」と密接に関わっている。先行研究によれば、夫婦がともにキャリア志向のライフスタイルを追求するデュアル・キャリア世帯は、大都市の都心に居住する傾向がある（Green 1995, 1997）。デュアル・キャリア世帯の男女は平等主義的なジェンダー意識を持つ傾向にあるが、それでも家事・育児の負担は女性に偏っている場合が多い。それゆえデュアル・キャリア世帯の女性にとっては、時空間的制約の中でいかに仕事と家庭の両立を図るのかという現実的課題に直面する。その解決策として、通勤時間が短縮でき、生活面での利便性が高い都心への居住が戦略的に選ばれるのである（Bondi 1991；松信 1996）。

　こうしてデュアル・キャリア世帯は典型的なジェントリファイアーとなり、住宅需要を通じて生産の空間であった都心を再生産の空間が混在する場所へと変化させた（Rose and Villenuve 1998；Butler and Hamnett 1994）。デュアル・キャリア世帯は都市住民のマジョリティではない。また、デュアル・キャリア世帯を対象とする研究は、今のところ「労働の地理学」の研究の系譜と接合されていない。しかしデュアル・キャリア世帯が、時空間的制約の下で仕事と家庭との折り合いをつけようとして行った主体的行為は、確かに都市空間を

変える営力となった。デュアル・キャリア世帯の戦略的な居住地選択については、以前に先行研究を整理して紹介したことがある（中澤1999）のでこれ以上縷説しないが、確かに「労働の地理学」が射程内に収めるべき事象であることを付言しておきたい。

家庭を女性労働の基盤として一体的に捉えるという着想から、狭義の「労働の地理学」により近い問題意識を掘り下げた研究も現れている。ジャマイカ政府は、他のカリブ海諸国と同様に、データ入力のアウトソーシングを請ける企業を海外から積極的に誘致しており、女性を中心に1万人以上の雇用が創出された。しかし同国のデータ入力は、納期や質の面で信頼できないとの悪評が流布している。一般にはオペレーターのスキルにその元凶があるとされるが、Mullings（1999）によれば、オペレーターたちの隠伏的な抵抗（covert resistance）に起因するところが大きい。

彼女たちにはより多く稼ごうというという意識が薄いため、欠勤率が高く、進んで残業しようとはしない。またオペレーターは管理職が自分たちを人間扱いしていないと感じており、事実、管理職はオペレーターを見下している。こうした階級的な断絶意識から、オペレーターは納期に間に合わせるよう管理職に協力しようとはしない。仕事に嫌気がさしてくると意図的に入力を遅くしたりもする。オペレーターたちは、こうした行為が一種の抵抗であることを意識して行っている。その実践は個別的なものであるが、産業が求める労働規範に抵抗する態度は、女性たちの間に共有されている。

データエントリー業務は元来きわめて低賃金であり、こうした態度で仕事に臨んでいれば、彼女たちの収入がなおさら少なくなることは想像に難くない。それでも隠伏的な抵抗を日常的に実践し得るのは、家庭がそれを支えているからであるという。ジャマイカでは、親族、コミュニティ、友人、海外にいる親族などのネットワークがあり、それを通じて情緒的な面でも、経済的な面でもサポートが期待できる。夫の所得や他の世帯構成員の所得、あるいは海外からの送金などが家計の中核を構成しており、自らの所得が付加的であると認識しているオペレーターには、多少の報復は覚悟のうえで隠伏的な抵抗を実践する

余地がある。

　彼女たちの実践は結果として個人的にも、そしてジャマイカのデータエントリー産業全体にとっても、低賃金化を呼び込んでしまっている。しかし、きわめて弱い立場にある低賃金女性労働者であっても、よって立つ家庭という基盤があれば、日々の労働の実践を通じて産業の求める労働規範に抵抗しうるというMullings（1999）の知見は示唆に富む。労働者の行為主体性が、グローバル経済におけるジャマイカのデータエントリー産業の地位という経済景観をつくり出しているということもできる。

（2）仕事と家庭の境界の揺らぎ

　前節で取り上げたデュアル・キャリア世帯に関する研究は、世帯による生産の領域と再生産の領域の調整が、居住地選択を介して都市空間に投影される様を分析してきた。近年では、個人の生活の時空間に目を向け、そこにおける仕事と家庭の境界の揺らぎという質的な側面を捉えようとする研究が登場してきている。一連の研究では、再生産の領域である家庭に仕事が持ち込まれることが増えたこと、すなわち広義の在宅就業の増加への強い関心が見て取れる。その背景には、産業・職業構造の変化によって労働過程が変化したことや、情報通信技術の発展によって仕事をする時間的・場所的制約が弱くなったことがある。

　Massey（1995）はジェンダーと結びついた二元論的思考を脱構築する試みの一環として、研究開発技術者の仕事と家庭の境界という論点を提示している。研究開発技術者の大半は男性であり、長時間労働を常態的に行っている。企業間の競争や労働市場における競争の激しさが長時間労働を余儀なくしていることは否めないが、端的に新たな知識や技術を生み出す仕事が好きであるため、自ら進んで働いているという側面もある。マッシィは、研究開発技術者は、欧米的思考体系の下で男性性と結びつけられる知性と論理の世界に魅せられて仕事に没入するあまり、女性性と結びつけられる再生産活動を残余と考える傾向にあると述べる。

新たな知識や技術が創出される場所は職場に限定されないため、研究開発技術者にあっては、仕事の領域と家庭の領域の境界は不明瞭化している。それは単に仕事をする時空間の境界が曖昧になるのにとどまらず、家族だんらんに身を置きながらも頭の中では仕事のことを考えているといった肉体と精神の分離をも伴う。研究開発技術者のなかには、仕事の領域が家庭の領域に踏み込んでくることへの対抗措置として、意識的に仕事を家に持ち帰らないようにしたり、退社時間を決めたりしている人もいる。

　マッシィも論文中に再三断っているように、没頭できる仕事を持っていることはむしろ好ましいことであるが、皮肉にもそのことが家庭の領域の残余化を引き起こしてしまう。マッシィは仕事の領域と家庭の領域の境界の揺らぎが二元論的な認識に対する挑戦となる可能性も示唆している。しかし、仕事の領域が不可侵のまま、家庭の領域が一方的に侵犯されて境界の揺らぎが起こっていることを問題視する。こうした事態に対して、労働者が仕事の側の領域侵犯から家庭を守ろうとして境界を再設定すれば、結局二元論的構図は維持される。

　Hardill et al.（1997）は、デュアル・キャリア世帯に対するインタビュー調査に基づいて、仕事と家庭の境界の揺らぎの諸側面をパイロット的に分析している。Hardill et al.（1997）もマッシィと同様に、境界の揺らぎが仕事から家庭への一方的な領域侵犯によっていると指摘している。しかし多くのデュアル・キャリア世帯は現状の仕事に満足しており、仕事と家庭に折り合いをつける時空間的戦略として、家に仕事を持ち帰るテレワーク的な働き方を肯定的に評価している。それでも一定程度は仕事と家庭を空間的に分離しておきたいという欲求は見て取れたという。

　Johnson et al.（2007）は、障害者が就労に復帰する手助けをするリハビリテーション・コンサルタントとして定常的に在宅就業している18人の女性が、仕事と家庭の境界の揺らぎに対してどのように対処しているのかを分析している。彼女たちはある企業の従業員であり、経営側の意向によって在宅就業に切り替えられたのであるが、電話でのカウンセリングの際に周りを気にする必要がないなど、むしろ在宅就業のほうが仕事がしやすいと感じている。

この論文からは、在宅就業者たちが、住居というきわめてミクロな空間において、仕事と家庭を時空間的・心理的に分離しようとしていることが随所からうかがえる。仕事に必要な機材が目につく、仕事用の電話やファックスの音がする、家具のレイアウトが仕事に都合がよいように変更されるなど、住居内において仕事はさまざまな形で家庭へと滲み出していく。これに対する対抗策として一般的なのは、仕事場を特定の部屋に限定し、漏出を最小限に抑えることである。仕事場は、もっとも私的な空間である主寝室からなるべく遠いところに設定される傾向があるというのも興味深い。

　Johnson et al.（2007）を特色づけているのは、家庭の側からの仕事への滲出についても言及していることである。自宅で仕事をしている以上、在宅就業者は来客や家族の呼びかけによって仕事を中断される可能性にさらされている。視覚や嗅覚、聴覚などから感じられる生活感・生活臭・生活音も、心理的な面における家庭の仕事への滲出である。これに対する典型的な対応策は、仕事をする場所と時間を決めたうえで家族にも理解を求め、家庭と仕事の線引きを行うことであった。また、在宅就業者自身も職場にいるつもりで服装を整え、労働時間内には目についても家事は行わないようにするなど、心理的な面での対応を工夫していた。

　Johnson et al.（2007）が明らかにしたように、在宅就業者が自宅において家庭による仕事への侵入に直面することはあるが、職場という生産の空間に家庭が踏み込んでくることはまずない。仕事と家庭の境界の揺らぎは、仕事の領域が不可侵のまま、家庭の領域が一方的に侵犯されて起こっているというMassey（1995）の主張はやはり妥当である。仕事による家庭への領域侵犯とはいっても、それは必ずしも負の側面が勝っていることを意味しない。概して当事者たちは、結果として成立している在宅就業という働き方に対して、時空間的にフレキシブルであるというメリットを見出している。一方で住居というミクロな空間とそこで営まれる個人の生活時間に関しては、仕事と家庭の境界を再構築しようと努力するのである。こうして、都市内部で成立していた都心・職場・仕事と郊外・住居・家庭という二元論的構図は、時空間的スケールを異にして再生産

される。

　以上の研究は、在宅就業における仕事と家庭の境界の揺らぎという重要な論点を提示しているが、情報通信技術の位置づけは、境界の揺らぎをいっそう進める技術的な背景以上のものとしては扱われていない。これに対してAdams（1999）は、実証部分がわずか一人の、それも組立作業に従事する在宅就業者を対象とした研究であるとはいえ、労働者の行為主体性をより正当に評価すべきことを述べたうえで、情報通信技術を利用したコミュニケーションの可能性に軸足を据えて仕事と家庭の境界の揺らぎに関係する議論を展開している点で参照に値する。

　Adams（1999）は、Herod（1994）による、従来の都市地理学的研究が都市構造を注視してきた半面、空間構造をつくり上げ、つくり変えていく主体である労働者が視界から抜け落ちてしまいがちであった[5]との指摘を冒頭で引用している。そのうえで在宅就業者がどのようにして自分を社会空間・社会構造の中に能動的に位置づけているのかを、一人の女性在宅就業者がさまざまなメディアを通じて行うコミュニケーションに注目しながら叙述している。アダムスは、情報化社会における在宅就業の特徴を論じるに当たり、炉辺（hearth）とコスモス（cosmos）を両極として主観的な場所の性質を論じたTuan（1996）を参照し、インターネットをはじめとする情報通信技術が普及した現在では、炉辺とコスモスが混在する状況が生まれていると指摘する。すなわち情報化社会における住居は、外部から隔絶された監獄のような入れ物ではなく、多様なコミュニケーション・メディアを通じてローカルからグローバルに至る空間スケールで、外部との接続可能性が担保された結節点としての機能を持つようになっているというのである。今日の在宅就業者は炉辺の象徴する住居に職場を引き寄せたばかりか、住居からサイバースペースというコスモスにアクセスすることもできる。つまりアダムスは、仕事と家庭という領域の境界を揺るがすものとしてではなく、炉辺とコスモスからなる空間のスペクトラムが圧縮されたものとして、今日の在宅就業を捉えているといえる。

　過去の在宅就業に関する研究（Allen and Wolkowitz 1987など）は、在宅就

業が労働過程における労働者の自律性や仕事と家庭との調整を図るうえでの柔軟性を高めるという言説は神話にすぎず、労働者はさまざまな手段によって使用者の強い統制下に置かれていることを明らかにしてきた（北島 1997）。Adams（1999）が自律的な時空間編成を可能にする働き方として、今日的な在宅就業に大きな可能性を見出しているのは、情報通信技術の発展によって他者とのネットワークが担保されたことによる。しかし情報通信技術の発達によって、在宅就業者に対する統制可能性はむしろ高まったともいえる。たとえばデータ入力やテープ起こしのように、コンピュータを用いた在宅就業の場合、在宅就業者のログイン履歴から労働時間を把握することができるし、成果物によって労働生産性や作業の正確さも容易に査定できる。インターネットの登場により、誰もが炉辺からコスモスへアクセスすることが可能になったのと同時に、安らぎや団らんの象徴物である炉辺が電子的な一望監視装置（パノプティコン）からの視線にさらされるようになった（ライアン 2002）ことも認識する必要がある。

3　大分県の「在宅就業支援モデル事業」策定と「地域の実情」

(1)「地域の実情」の「正しい」読み取り

　大分県は2006年度から内閣府の「女性の『再チャレンジ支援地域モデル事業』」のモデル地域の指定を受け、「大分県女性の再チャレンジ支援事業」を実施してきた。この事業は、結婚や出産等でいったん仕事を離れた女性の再就職や起業を支援する「再就職・起業支援モデル事業」と、在宅就業を希望する子育て期の女性を支援する「在宅就業支援モデル事業」を2つの大きな柱としている。このうち後者の委託を受け、職業訓練や在宅就業の仕事の仲介を実施している組織が、大分県日出町のNPO法人P社である。本書の枠組みに沿って各アクターを把握しなおすと、在宅就業向けの仕事の発注元が労働力の需要主体、在宅就業者が労働力の供給主体、国および大分県が労働市場の調整主体、

表5-1　都道府県別合計出生率（2005年）

順位	都道府県	合計出生率	順位	都道府県	合計出生率	順位	都道府県	合計出生率
1	沖縄県	1.72	20	山口県	1.38	40	千葉県	1.22
2	福井県	1.50	22	富山県	1.37	42	大阪府	1.21
2	島根県	1.50	22	岐阜県	1.37	43	神奈川県	1.19
4	福島県	1.49	22	岡山県	1.37	43	奈良県	1.19
4	鹿児島県	1.49	25	三重県	1.36	45	京都府	1.18
6	佐賀県	1.48	26	石川県	1.35	46	北海道	1.15
6	宮崎県	1.48	26	愛媛県	1.35	47	東京都	1.00
8	鳥取県	1.47	28	秋田県	1.34			
9	長野県	1.46	28	新潟県	1.34			
9	熊本県	1.46	28	愛知県	1.34			
11	山形県	1.45	28	広島県	1.34			
11	長崎県	1.45	32	茨城県	1.32			
13	香川県	1.43	32	和歌山県	1.32			
14	岩手県	1.41	32	高知県	1.32			
15	栃木県	1.40	35	青森県	1.29			
15	大分県	1.40	36	徳島県	1.26			
17	群馬県	1.39	36	福岡県	1.26			
17	静岡県	1.39	38	兵庫県	1.25			
17	滋賀県	1.39	39	宮城県	1.24			
20	山梨県	1.38	40	埼玉県	1.22		全国	1.26

資料：国立社会保障・人口問題研究所「人口統計資料集（2007年版）」により作成。

NPO法人P社が労働市場の媒介項ということになる。

「在宅就業支援モデル事業」が実施された現実的な契機は、大分県が国の事業指定を受けたことである。それは、大分県が上位の調整主体である国の「女性の『再チャレンジ支援モデル事業』」と整合するように「大分県女性の再チャレンジ支援事業」を意義づけたことと、そこに「在宅就業支援モデル事業」を組み込むことに正統性を持たせることができたことを意味する。その成功の鍵は、大分県が統計数値から「地域の実情」を「正しく」読み取ったことにある。

表5-1は2005年の合計出生率を都道府県別に示している。合計出生率は大都市圏で低く非大都市圏で高い傾向にあるが、徳島県や青森県などのように非大都市圏でも全国値に近い水準の県もあり、非大都市圏の中でもかなりの地域

第5章 子育て期の女性に対するNPO法人による在宅就業の推進 141

表5-2 30～44歳の女性労働力率（2005年）

順位	都道府県	女性労働力率（30～44歳）	順位	都道府県	女性労働力率（30～44歳）	順位	都道府県	女性労働力率（30～44歳）
1	山形県	79.6	21	香川県	68.8	41	埼玉県	60.8
2	富山県	77.5	22	山梨県	68.6	42	兵庫県	60.0
3	島根県	77.0	22	静岡県	68.6	43	千葉県	59.9
4	新潟県	76.9	24	群馬県	68.1	44	大阪府	58.9
5	福井県	76.6	24	鹿児島県	68.1	45	東京都	58.3
6	鳥取県	76.2	26	三重県	67.7	46	神奈川県	58.2
7	石川県	75.3	26	岡山県	67.7	47	奈良県	57.5
8	秋田県	75.2	26	山口県	67.7			
9	高知県	74.6	29	栃木県	66.4			
10	岩手県	74.4	29	広島県	66.4			
11	佐賀県	73.5	31	宮城県	65.8			
11	熊本県	73.5	32	愛媛県	65.6			
13	宮崎県	73.2	33	福岡県	64.9			
14	青森県	72.1	34	和歌山県	64.6			
15	福島県	71.4	34	沖縄県	64.6			
16	長野県	70.8	36	茨城県	64.2			
17	長崎県	70.1	37	滋賀県	63.9			
18	徳島県	69.3	38	愛知県	63.7			
19	岐阜県	69.2	39	北海道	63.3			
20	大分県	68.9	40	京都府	62.9		全国	64.2

資料：国立社会保障・人口問題研究所「人口統計資料集（2007年版）」により作成。

差がある。九州各県は福岡県を除いて国内では合計出生率が高い部類に入る。大分県は九州の中では福岡県に次いで合計出生率が低いが、全国値と比較すれば高い水準にある。

続いて子育て期の女性が含まれる30～44歳の労働力率を都道府県別に見る（表5-2）。やはり合計出生率と同様に、大都市圏で低く非大都市圏で高い傾向にある。上位には北陸や東北の県が多く登場し、それに比べれば九州各県の労働力率は低い。大分県のこの年齢層の女性労働力率は、福岡県、鹿児島県に次いで九州では3番目に低い値となっているが、それでも全国値よりは高い。

このように、大分県の合計出生率や子育て期の女性労働力率は、全国値と比べると高い水準にある。しかし自治体としての大分県は、九州の中で大分県の合計出生率と子育て期の女性労働力率が低位にあることを問題視する。大分県

の作成した報告書（大分県2007：4）では、2002年の就業構造基本調査に基づき、30歳代前半の女性の有業率が九州の中では福岡県に次いで低く、年齢階級別女性労働力率が描くM字型カーブの谷が深いと指摘している。また、大分県の合計出生率が九州では福岡県に次いで低いことが示され、その要因として有配偶出生率が低いことを挙げている。これを踏まえ、「内閣府の調査によれば、女性の有業率と出生率には正の相関があるとの結果が出されており、女性の再就業を促進することは出生率の動向にも好影響を与える可能性があります」（大分県2007：6）との見解が示されている。

　客観的な指標である出生率や労働力率の水準を解釈する場合、九州内での相対的な位置を問題にするのと、全国値との比較を重視するのと、どちらが適切であるのかは、ここでは問わない。指摘したいのは、女性による仕事と家庭の両立を「支援」するという国の政策的文脈の下で事業認定を勝ち取るためには、ある基準を満たすことができていない「地域の実情」があるので何らかの施策が必要、というのが「正しい」解釈であり、現に大分県はそういう解釈をしたということである。同時に、具体的な施策の内容として、ワーク・ライフ・バランス実現の有力切札と目され、省庁を挙げて推進されている在宅就業を選ぶこともまた、「正しい」選択であった。

（2）対象地域の概要

　NPO法人P社が拠点を置く日出町は、別府湾に面し、国東半島の付け根に位置する人口2万7,640人（2005年国勢調査による）の町である。日出町の2000年から2005年の人口増加率は5.7％と高い値を示している。これは、日出町が隣接する別府市のベッドタウンであるのと同時に、国東半島に集積する半導体関連事業所の従業者の主要な居住地にもなっていることによる。日出町およびその周辺には、日本テキサスインスツルメンツ、杵築東芝エレクトロニクス（杵築市）、キヤノンマテリアル（杵築市）など、半導体や電機関連の事業所が多く立地している。正確な数字はわからないが、P社の理事などの話によれば、日出町にはこうした事業所への転勤や就職によって町外から流入し、地縁や血

第 5 章 子育て期の女性に対する NPO 法人による在宅就業の推進　143

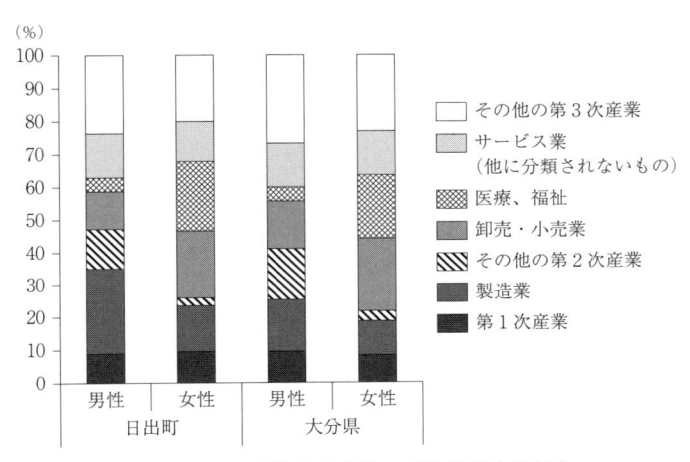

(%)
図5-1　日出町と大分県の産業別就業者割合

資料：2005年国勢調査により作成。

縁を持たない住民が少なからずいるという。

　半導体や電機関連産業の立地を反映して、産業大分類別の就業者数がもっとも多いのは製造業であり、就業者総数の20.7％を占めている（図5-1）。男性に限れば、ほぼ4人に1人（25.6％）が製造業に従事している。女性でも大分県全体（10.2％）と比べて製造業従事者の比率が高い（14.2％）が、大半は第三次産業に従事しており、男性ほど県全体の産業構成との差異はない。2005年の国勢調査による日出町の年齢階級別女性労働力率を連ねた曲線は、大分県全体とほぼ同様の軌跡を描き、M字型カーブの谷に当たる30歳代前半の労働力率は、大分県（64.5％）よりわずかに高い66.6％である。

4　NPO 法人による在宅就業支援事業

(1) P 社による在宅就業支援事業の概要

　NPO 法人 P 社は、2005年8月に情報通信技術を活用した総合的地域づくり

を目的として設立され、同年10月にNPO法人として認可された。P社は、高齢者や障害者、子育て中の女性などを対象とするパソコン講座などを開き、地域住民が情報通信技術を活用してネットワークを形成するための手助けを活動目標としている[6]。そして大分県が2006年度から「大分県女性の再チャレンジ支援事業」を始めるに当たり、「在宅就業支援モデル事業」を受託することになった。

P社は在宅就業を希望する女性に対して必要なスキルを身につけるためのIT講座を開講するとともに、在宅就業の仕事を受注して講座修了者に仕事の斡旋を行う。P社は職業訓練によって労働力需給のスキル・ミスマッチを解消するとともに、情報通信技術という距離克服技術を武器として広く仕事を受注し、在宅就業者に届けることで、労働力需給の空間的ミスマッチを架橋する媒介項でもある。

「在宅就業支援モデル事業」の対象となるのは、結婚や出産、育児等で離職した女性のうち、原則として未就学の子ども（1歳以上）を持ち、在宅就業を希望する人であり、初歩的なパソコン操作が可能でかつ在宅就業ができるネットワーク環境やソフトウェアが整っていることを条件とする。在宅就業を希望する女性は、P社が提供する週1回2.5時間のIT講座を、2カ月間にわたって延べ20時間受講する。IT講座の開講時には、一時託児サービスが無料で提供されている。

パソコンに関する初歩的なスキルを前提としていることもあり、IT講習は具体的に受注する仕事の内容を念頭に置き、特定のソフトウェアを使って作業上必要なスキルを身につけるカリキュラムになっている。初年度である2006年度は画像処理ソフトによる画像整形を、2007年度はCADとウェブデザインの2コースを実施した。IT講座の講師は、ほぼすべての受講者の自宅を訪問し、作業環境を整えるためのサポートを行っている。これには、受講者のパソコンのスペックやソフトウェアのインストール状況などを確認し、実際に仕事を割り振る際にどのような仕事が可能な環境であるかを把握しておく意味がある。また、受講者との信頼関係の構築にも役立っている。

第5章　子育て期の女性に対するNPO法人による在宅就業の推進　145

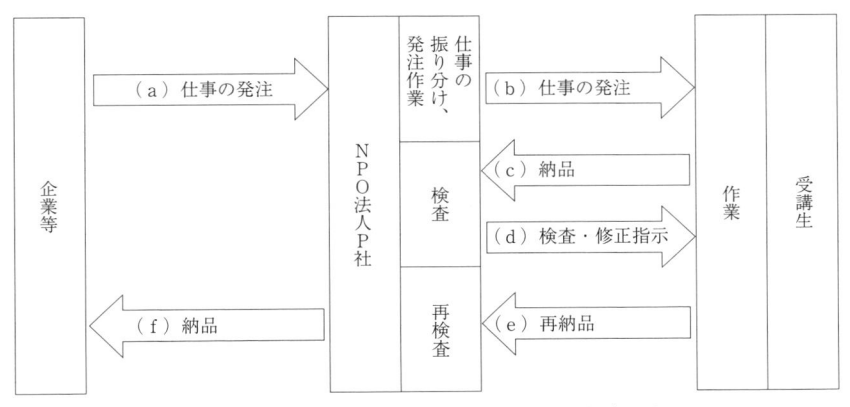

図5-2　在宅就業支援モデル事業における仕事の流れ

資料：大分県（2007：30）により作成。

　IT講座の修了者は、在宅就業希望者のメーリングリストに会員として登録され、在宅就業の仕事の斡旋を受けることになるが、会員個人が発注元と直接契約するわけではない（図5-2）。まずP社が窓口となって、依頼主から仕事を一括受注する。そして受注した仕事の情報をメーリングリストに流し、在宅就業の希望者を募る。P社は、希望者にはなるべく公平に就業機会が行きわたるようにしつつも、各会員のスキルや持っているパソコンのスペックおよびソフトウェアなどを勘案しながら、仕事を細分化し会員に振り分ける。仕事の配分を受けた会員は、指定された仕事を納期までに仕上げてP社に納品する。P社は仕事のでき具合を検査し、基準に満たないものについては会員に修正指示を出す。検査基準を満たすまでこうしたプロセスを繰り返し、最終的にP社が発注元に成果物を納品する。

　こうした在宅就業支援システムを採ることのメリットとして、子どもの急病などの突発事態が起こったときにNPO法人が他の在宅就業者に仕事を振り分けるといった柔軟な対応ができること、NPO法人ができあがった仕事を検査するためクオリティ・コントロールが可能となっていることなどがあげられる。また、技術的にわからない点などが出てきた場合には、電子メールやスカイプ

といった情報通信技術を利用して、随時講師の指導を受けられる体制が構築されている。

同様に、会員同士のコミュニケーションも図れるようになっている。在宅就業支援事業に参加している女性たちには、住宅取得や夫の転勤などに伴って日出町に転入してきた町外出身者も少なくない。IT講座がきっかけとなって、子育て期の女性たちのネットワークが生まれ、仕事に関する情報を交換できるだけでなく、情報通信技術を活用して子育てに関する情報や悩みも共有できる状況が生まれている。

(2) 支援事業の経過

2006年度は、漫画のデジタル化に伴う画像処理の仕事を受注することを前提に、画像処理ソフトの講座を日出町で実施した。30人の受講者の居住地は、日出町が22人、別府市が5人、杵築市が2人、大分市が1人であった。受講者のうち23人は30歳代で、24人は6歳以下の子どもを抱えていた。そのため、講座実施時の一時託児サービスの受け入れ数は38人に達した。

この年のIT講座が念頭に置いていた作業は、電子配信のためにスキャニングした漫画の画像の汚れを除去し、マンガのコマがページに対して垂直になるように角度を補正する作業であった。この仕事は大阪市の企業から受注したものであり、子育て期の女性たちが情報通信技術を活用することによって空間的制約を克服し、就労機会を拡大することが期待された。ところがこの企業の仕事はきわめて単価が安いうえに、仕事の品質に対する要求が厳しかった。そのため、この仕事を請け負った女性たちは、労働時間に見合わない収入しか得ることができず[7]、NPO法人としても納品前の検査に多大な労力が求められた。

P社は、就業機会が乏しい非大都市圏において、情報通信技術を活用して空間的制約を克服することにより、子育て期の女性に在宅就業の機会を提供するという理念を持っている。言い換えれば、労働市場における労働力需給の空間的ミスマッチを架橋する媒介項であるという自己認識が強かった。一方、営利企業として仕事を発注する側は、事業所や生産手段を自ら整備することなく、

空間的制約にとらわれずに低賃金労働力を活用できる手段として在宅就業を位置づけている。Ｐ社の在宅就業支援は、初年度から低賃金労働力として利用されてしまう危機に直面したのである。

　仕事の単価だけでなく、仕事の受注量も全体として不足しており、在宅就業者が働きたいときに働けない状況が発生しがちであった。IT講座受講者のなかには、在宅就業の仕事の単価が思ったよりも低いことや、安定して仕事を得られるとは限らないことを実感し、しばらくして普通の仕事に就いた女性もいる。こうした女性たちは、IT講座で習得したスキルを生かせる仕事には就いていないという。

　2006年度の課題を踏まえ、Ｐ社は事業の改善に取り組んだ。まず、より単価の高い仕事を受注できるスキルとして、ウェブサイトの制作とCADの操作に目をつけ、2007年度はこの２コースのIT講座を開講した。また、単価が低い民間企業からの受注を減らし、相対的に条件の良い自治体や公的機関などからの仕事を積極的に開拓するように努めた。「在宅就業支援モデル事業」が国の支援を受けて大分県が推進する「女性の再チャレンジ支援事業」の一環であることは、それを受託しているＰ社が自治体や公的機関、他のNPO法人からの仕事を請けるうえでの大義名分となる。Ｐ社の理事たちは、その点を明確に意識していた。

　NPO法人の理事たちのつてなどを主とするインフォーマルなネットワークを生かした結果、2007年度は自治体や公的機関からの受注を比較的順調に伸ばすことができた。CADによる仕事は、大分県内の自治体の発注が中心で、主として道路台帳や下水道台帳をトレースする作業である[8]。CADによる仕事は単価が高く、３日間で約４万5,000円の収入を手にした女性もいる。ウェブサイトの制作の講座では、地域づくりというＰ社設立の原点に立ち返り、地元を中心に地場産品を扱う企業や商店、農業生産者などのウェブサイト制作を講座の修了制作とした。ウェブサイト制作の仕事についても、NPO法人や社会福祉協議会、官公庁からの受注が多い。この仕事も単価が高く、2006年７月から2007年10月までの受注額の約60％を占めている。Ｐ社の理事たちは、地域

企業や地元自治体などの仕事をすることを通じて、在宅就業者の地域活性化への参加意識が高まることを期待していた。

　在宅就業支援事業を軌道に乗せるためには、単価の高い仕事を常に一定量確保する必要があるが、同時に受注した仕事に対応できるスキルを持った人材を確保することも必要となる。Ｐ社は、その一手段として日出町以外への地域展開を模索し、2007年度には、日出町に加えて大分市でもIT講座を開講した。ウェブサイト制作コースとCADコース（定員は各10人）をそれぞれの会場で１回ずつ開講し、２会場で合計40人が新たに会員に加わった。ただし、常に好条件の仕事が希望者に行きわたるわけではない。そこで、仕事量を安定させ、在宅就業者が毎月一定の収入を得られるようにするために、会議録のテープ起こしやアンケート調査票の入力など、必ずしもIT講座での学習内容と直結しないものであっても、在宅就業が可能である仕事は受注するように努めた[9]。

　前年度の実績や地元新聞などを通じた広報活動の結果、2007年度の講座には40人の募集に対して73人の応募があった。そのため、応募時点で有するパソコンに関するスキルと、所有しているパソコンのスペックやソフトウェアを吟味して、IT講座の受講者を40人に絞り込まざるを得なかった。女性たちの強い関心を反映して、受講者の居住地は広域化しており、日出町で行われた講座の受講者20人のうち、12人は町外居住者であった。また、親の介護のために会社を辞めなければならなくなったので、子育て中ではないがIT講座を受講することはできないかという問い合わせも２件ほどあった。こうした経験は、Ｐ社の理事たちに在宅就業に対する女性たちのニーズの大きさを実感させるとともに、より多くの女性に対して在宅就業支援を行う枠組みの必要性を痛感させるものであった

5　アンケート調査に見る在宅就業の実情

　実際に在宅就業をしている女性たちは、在宅就業のどのような点に魅力を感じ、逆にどのような点に不満や問題点を見出しているのだろうか。Ｐ社は、

2006年度のIT講座修了生に対してアンケート調査を行っている[10]。本節ではこのアンケート調査を参照しながら、在宅就業者の視座から、NPO法人による支援の受け止められ方と、在宅就業という働き方のメリット・デメリットを明らかにすることを試みる。

すでに述べたとおり、女性たちの多くは30歳代で、末子年齢が3歳以下である人が18人を占める（表5-3）。子ども数が3人以上の女性は少ない。親世代と同居している女性は2人に過ぎない。2005年の国勢調査によれば、親族世帯人員である日出町の0～4歳人口のうち、その他の親族世帯に属する割合は27.1%であるから、在宅就業支援事業の対象者は明らかに核家族世帯に偏っている。同居親族のサポートが得られない核家族世帯において子育てしている女性の中に、在宅就業という形態で働きたいというニーズが根強く存在することを示唆する結果である。

表5-3　在宅就業を経験した女性の属性

年齢	20歳代	4人
	30歳代	23
	40歳代	2
子どもの数	1人	8
	2人	14
	3人	3
	4人以上	2
	子どもなし	2
末子の年齢	～3歳	18
	4～6歳	6
	7歳以上	3
	子どもなし	2
親世代との同居	している	2
	していない	26
	不明	1
合　計		29人

資料：アンケート調査により作成。

アンケート調査からは、女性たちが支援事業および在宅就業という働き方に対して肯定的であることが読み取れる。彼女たちが在宅就業のメリットとして挙げている点は、一般的な理解とほぼ同じであり、「在宅で各家庭の生活リズムにあった時間で仕事ができる」、「家にいて仕事ができるので、良い。時間や場所に拘束されないのが良い」、「自分の空いた時間に作業できる点。自分のペースで仕事ができる点」など、自宅という空間において自律的な時間管理の下で働けることが歓迎されている。「子どもが病気のとき、幼稚園行事等、会社の場合は休みを取らないといけないが、在宅の場合は、自由がきくから大変良いです」、「外で働いていると子どもの具合が悪いときなどは休みをとらなければいけないが、在宅就業だとその点、融通が利く」というように、在宅就業

では出勤日、勤務時間、職場といった大きな枠組みでの時間的・空間的制約から自由な働き方ができることは確かであり、そのことは子育て期の女性にとって大きなメリットとなる。それでは、女性たちが家事や育児の合間に在宅就業を柔軟に織り交ぜることができているのかといえば、決してそうではない。

　アンケート調査に回答した29人のうち、21人は深夜の時間帯を在宅就業に充てている。しかも、このうち17人は深夜のみが在宅就業の時間帯であると回答した。在宅就業をしてみた感想として、29人中14人は「思ったより大変」と答えている。女性たちの多くは、当初日中の空いた時間に在宅就業の仕事をはめ込んでいくイメージを持っていたのではなかろうか。Ｐ社が提供する仕事は、在宅就業に適した作業内容のものではあるが、家事や育児の合間の細切れの時間にこなすことは物理的にも心理的にも困難である。結局女性たちは、普段どおりに家事や育児をこなし、子どもを寝かしつけた後の深夜に、在宅就業のためのまとまった時間を設けることになる[11]。

　深夜の作業時間は、睡眠時間を削る形でねん出される。そのため、「深夜に仕事をして寝不足になる日もあるため、健康管理には十分に気をつけなければならないが、家事、育児、仕事の中で母親優先の状態にはなかなかできない」、「基本的に睡眠時間が7、8時間ないと万全でない気質上、すべての家事が終わってからでは深夜からの作業になるため、翌日が優れない」といった状況に悩む女性たちもいる。先行研究が示唆するように、在宅就業者は仕事の時間と家庭の時間を混在させるよりは、睡眠不足になっても両者の間に境界を設け、深夜に仕事をすることを選んでいると思われる。在宅就業は勤務時間や職場が外在的に設定されていないだけに、日中は家事と育児に注力し、深夜に在宅就業の仕事に取り掛かることが可能となる。在宅就業は、時間的・空間的制約から自由であるがゆえに、過重労働につながる可能性をはらんでいるのである。

　ある女性は、「時間確保のために子どもを早く寝かせようとするとイライラすることもある」と吐露している。彼女は今後の展望として、「なるべくたくさんの仕事をこなしていきたい。しかし、家事と子育てと仕事の両立は思っていた以上に難しいものだ。どちらも手抜きせずに頑張っていきたい」と記して

いる。仕事と家庭の間に時間的な境界を設定し、深夜が自分にとっての仕事の時間であると認識すると、子どもがなかなか寝ないことは、家庭による仕事への侵入であると感じるようになるのであろう。

　在宅就業者から不満点として多くあげられたのは、「時給に換算したときの単価が低い」、「仕事量に見合った単価が得られないことがある」など、作業量の割に収入が少ないことである。すでに述べたとおり、2006年度の在宅就業支援事業が念頭に置いていた画像処理の仕事は、きわめて単価の低い仕事であった。ある女性が「外で働くのに比べれば時給に換算すると、ちょっと時給が安すぎるかな……？　と思うときもあるが、自分はステップアップをかねての勉強だと思っているので、仕方ないかな……とも思う。パソコンのスキルがある方にとっては不満に思うところがあるのではないだろうか？」と述べているように、時給に換算すると「ステップアップをかねての勉強だ」という意味づけを行わなければ納得できないような単価であった。

　アンケート調査では、これまでに在宅就業で得た収入について尋ねている。これによるとIT講座が終了してから2～4カ月が経過した時点での収入が5,000円以下の女性が29人中16人に上った。逆に5,000円以上の収入があったと答えた女性は3人にすぎず、まだ仕事をもらっていないと明記した人が5人、講座終了後企業に就職した人が1人で、それ以外は無回答であった。在宅就業をすることに決めたきっかけ（複数回答）として、「知識や技術を生かしたい」（9人）、「社会に出るためのステップにしたい」（8人）を選んだ女性も少なからずいたが、もっとも多くの女性が選択したのは「収入を得るため」（21人）であった。ところがアンケート調査をした時点では、在宅就業では月に5,000円の収入を得ることすら難しい状況だったのであり、これでは不満の声が上がるのも理解できる。

　収入の少なさとも連動するが、コンスタントに仕事が得られないために、収入の見通しが立たないことも指摘されていた。「安定した仕事の受注や収入が得られない。安定した収入が見込めないため、家計管理が難しい。そのため、外に出て働いたほうがよいのではと考えてしまいます」、「仕事発注の頻度が保

障されないので、年間を通しての収入目安がたたない」などの記述は、その好例である。在宅就業をする女性は、仕事をする場所や時間の柔軟性が確保されたうえで、適量の仕事がコンスタントにあり、それに応じて毎月ある程度の収入が安定的に得られることを理想としているのであるが、それが実現される状況にはなかった。

　もっとも、単価の高い仕事の受注とコンスタントな仕事量の確保が課題であることは、Ｐ社も重々認識していることであった。それゆえ、2007年度からはIT講座の内容を変更し、単価の高い自治体や公的機関の仕事を受注するよう努め、受注内容の拡大による安定的な仕事量の確保を模索してきたのである。Ｐ社の理事に対するインタビュー調査によれば、依然として多い月と少ない月の仕事量の変動はあるものの、現在はCADの導入などによって仕事の単価は上昇し、多い月では平均して2万〜3万円程度の収入が確保できるようになっているという。

　女性たちの大半（25人）は、NPO法人やほかの会員の女性とのコミュニケーションはとれていると感じている。「今回の事業は子育てママ対象なので、知人が増え子育ての悩みも話し合え、育児ストレスも解消できる」という感想からも読み取れるように、Ｐ社を介した子育て期の女性のネットワークづくりはある程度達成されている。ただし、在宅就業にまつわる孤独感や、ほかの在宅就業者とのコミュニケーションの不足を訴える声も見られる。「他の複数の在宅ワーカーと出会う機会が少ないので、状況やアドバイスなど、やり取りができない。一人きりでこもってしまう」、「孤独になりがち。メールでの連絡だと、相手がどのように考えているかわからないので不安」といったコメントから見て取れることは、情報通信技術を通したコミュニケーションだけではなく、実際に顔を合わせての交流が求められていることである。こうした女性の要望に対して、交流の場や子ども連れで参加できる共同作業の機会を整備することが、Ｐ社にとっての課題であるとされている（大分県 2007：35）。Ｐ社の在宅就業支援事業は日出町を地域的基盤としているため、在宅就業をする女性たちが現実の空間において交流するにあたっての敷居は低い。そうした点にこそ、在宅

就業という時間的・空間的制約にとらわれない働き方を、地域に根差した NPO 法人を核にして推進していくメリットがあるのではないだろうか。

6　おわりに

(1) 在宅就業支援事業の可能性と課題

本章が対象としたのは、P 社が在宅就業支援事業を開始し、模索を続けてきた 2 年間である。特定の NPO 法人による在宅就業支援事業の展開を限られた期間追いかけたにすぎないが、P 社のように地域に根差した労働市場の媒介項を通じた労働市場政策には、いくつかのメリットがあることがうかがえる。

当時、P 社のように、仕事の発注者と在宅就業者を機械的にマッチングすることにとどまらず、子育て期の女性に対して包括的な在宅就業支援をする NPO 法人は、日本での類例があまりなく、こうした支援の枠組みを構築したこと自体に意義が認められる。事業の過程において、P 社は在宅就業者がより条件の良い仕事を得られるようにと考え、IT 講座の内容や仕事の受注先を柔軟に変化させてきた。また P 社の理事たちは、在宅就業支援が公的な施策であることの強みを生かし、単価の高い自治体や公的機関からの仕事を優先的に受注するよう努力してきた。在宅就業者が個別化され、個人として仕事の発注元と請負契約を結んでいる場合には、単価が低いと感じても取りうる対策はほとんどない。NPO 法人という組織が媒介項となって対応を考え、しかもその組織の特性を生かした受注戦略をとることによって、在宅就業者たちが労働条件の悪化にさらされるリスクが低減されている。

在宅就業という働き方が、もっぱら時空間的制約を克服する手段と位置づけられる中で、地域住民が中心となって NPO 法人 P 社が結成され、地域に根差した支援が展開されてきたことにも注目すべきである。P 社の在宅就業支援事業の特徴でもある職業訓練や保育サービスは、ある程度地域を限定しないと効率的に供給することができない。また、地域を基盤にした事業展開をしていれ

ば、参加者のネットワークがメディアを通じたコミュニケーションにとどまらず、現実の空間における交流に結びつく可能性が高まる。さらにP社の在宅就業支援事業では、仕事の受注先やその内容も地域に根差すものへと変わっていった。それにより、在宅就業者が仕事を通じて地域貢献をしているという意識を持つことができ、地域への帰属意識が高まることが期待される。

　Harrison and Weiss（1998）は、コミュニティに根差した組織（CBOs：Community-Based Organizations）が核となってネットワークを形成し、労働力開発（Workforce Development）を行うことの重要性を多くのケーススタディに基づいて主張している。ハリソンとヴァイスのいう労働力開発とは、単なる職業訓練にとどまらず、職業世界への方向づけや、求職者の募集、職業紹介、仕事に関する助言や就職後のカウンセリング、問題発生時の介入など多様な要素から成り立っている。NPO法人P社は、大分県から事業委託を受け、在宅就業の仕事を開拓する際などに他の組織とのネットワークを構築していった。また、本論では十分にふれることができなかったが、他のNPO法人や団体との連携も形成している。したがって、P社はCBOの典型であり、労働力開発に資するネットワークを構築しつつあると評価できるであろう。

　ただし、P社による在宅就業支援には課題も山積している。その最たるものは、財政基盤の弱さと人材難である。P社は、在宅就業支援事業に継続的に取り組む意思を持っているが、事業に必要な費用負担は大きく、NPO法人の会費収入だけでは活動資金を賄いきれない。大分県のモデル事業としての財政的支援[12]が終了した後も事業を継続するためには、安定的な財政基盤を築き上げることが焦眉の課題である。また、IT講座の実施や作業上の質問への対応、在宅就業の女性から納品されてきた仕事の検査などに対応できる人材の育成も課題となっている。

　P社は、在宅就業希望者により条件の良い仕事をより安定的に供給できるよう努めてきたが、依然として十分に達成されているとはいえない。自治体や公的機関などの仕事は、単価は高いとはいえ常に十分な仕事量が確保できるとは限らない。かといって民間の仕事を手広く受注する道を選ぶと、初年度の轍を

踏んでしまう可能性が高くなる。両立支援策としての在宅就業の推進に自治体が真剣に取り組むつもりなのであれば、在宅就業支援を行っている団体に自治体内部で発生する仕事を優先的に発注するといった姿勢が必要であると考える。現に高知県庁は、知事部局の業務を県内の在宅就業者に発注することで、行政のスリム化と就業機会の拡大を図っている（中西・穂高 2009）。

　また、在宅就業支援の対象者の間口を広げる必要性もある。現状では、子育て期の女性のうち、初歩的なパソコン操作が可能で、かつ自宅にパソコンがあり、在宅就業に必要な環境が整っている人のみが支援の対象になっている。しかも IT 講座には募集枠を大きく上回る応募者があったため、すでにパソコンのスキルが高い人が講座受講者に選択される結果となった。こうした現状では、在宅就業支援が情報通信技術にアクセスしそれを使いこなせる人とそうでない人の間の格差（デジタル・デバイド）を維持・拡大してしまうことにつながりかねない。P 社がその責を果たす必要があるわけではないが、情報通信技術を利用できる環境やそれを使いこなすスキルに恵まれない人たちにも、支援の機会を保証する必要があるし、子育て期の女性だけではなく、介護負担のある女性や障害者の在宅就業ニーズにも応えられる制度設計が求められる。

(2) 在宅就業という働き方について

　在宅就業支援事業に参加した女性たちは、在宅就業を時空間的に柔軟な働き方であると認識し、おおむね肯定的な評価を下していた。また、仕事を通じて達成感や自己有用感を得ていた。

　在宅就業は、物理的に閉ざされた住居が職場となるため、ともすれば孤立しがちな就業形態となることが危惧されるが、在宅就業者同士のコミュニケーションを採れる仕組みが構築されていたため、仕事の経験にとどまらず、子育ての経験をも共有できるコミュニティが育ってきていた。Adams（1999）が指摘するように、確かに今日の住居はメディアを通じて外側に開かれており、在宅就業者は必ずしも孤立した労働者ではない。今のところ、在宅就業者同士のコミュニケーションは情報通信技術を使ったものに偏りがちであるが、それが

実際に顔を合わせての交流へとつながっていけば、それが新たな地域コミュニティの形成やまちづくりを進めていくうえでの基盤にもなりうるであろう。

在宅就業者の自らの仕事に対する主観的評価がおおむね高いことは否定しない。しかし筆者は、在宅就業という働き方が構造的な問題点を抱えていると考えている。まず、在宅就業を推進・支援する試みの多くは、女性が家事・育児の負担を負っているという現状を無批判に受け入れ、女性が所与の制約の中で働くためにはどうしたらいいかという発想に基づいている。Hanson and Pratt (1995) の口吻を借りれば、世帯内の性別役割分業を維持することを前提にした「世帯の計画」として、在宅就業という選択肢が提案されているのである。

家計を支えうる水準の収入を安定して得られる在宅就業者はほんの一握りである（佐藤 2008）。主たる稼ぎ手があってはじめて在宅就業という働き方が可能になる状況では、仮に在宅就業を行う女性によって性別役割分業の再編成がなされるとしても、それは部分的なものにとどまるであろう。それ以上に懸念されるのは、家事・育児負担を女性が一手に担う状況を変えずに世帯が在宅就業を取り入れた結果、深夜労働が常態化するなど女性が過重労働の状態に陥る危険性があることである。在宅就業の特徴である時間的・空間的制約の少なさは、もっぱら肯定的な側面が語られてきたが、女性を家庭に縛りつけたまま、仕事と家事・育児の二重の負担を背負わせることを可能にしてしまうという負の側面も有している。

在宅就業を希望する子育て期の女性は、なぜ自分は在宅就業という働き方を選ぼうとするのかについて、改めて考えてみる必要があるだろう。もしその理由が家事・育児の負担であるとしたら、発揮すべき行為主体性は、配偶者との対話を通じて世帯内の性別役割分業を再編成していくことなのかもしれない。

注
1) テレワーク推進に関する関係省庁連絡会議「テレワーク人口倍増アクションプラン」2007年5月29日付、p. 1 （http://www.kantei.go.jp/jp/singi/it2/dai41/41siryou5. pdf：2012年12月28日閲覧）。
2) ①少子化・高齢化問題への対応、②家族のふれあい、ワーク・ライフ・バラン

スの充実、③地域活性化の推進、④環境負荷軽減、⑤有能・多様な人材の確保、生産性の向上、⑥営業効率の向上・顧客満足度の向上、⑦コスト削減、⑧災害等に対する危機管理である。
3）　そもそも、しばしばテレワークの意義と関連づけて使われるワーク・ライフ・バランスという言葉自体に、女性が仕事と家庭を両立する条件整備という含意がある。長くなるので引用は避けるが、内閣府によるワーク・ライフ・バランスの定義を参照されたい（http://www8.cao.go.jp/wlb/towa/definition.html：2012年12月27日閲覧）。
4）　興味深い内容であるので、少し長くなるがJames and Vira（2012）の研究を紹介しておきたい。コールセンター企業では、内部労働市場における賃金上昇機会が乏しいため、労働者は賃金上昇をもくろんで転職を繰り返す。流動的な労働市場にあってオペレーターとして優れたスキルを持つ労働者は雇用者に対して強い交渉力を持ち、労働者の転職はいわば足による投票の意味合いを持つ。実際に短期間のうちに転職を繰り返し、そのたびに賃金上昇を経験していた対象者が多いが、賃金だけが転職の要因ではない。インドでは、先進国との時差を生かしたオフショアのコールセンター業務を強みにしているため、昼夜両方のシフトがある。賃金は夜のシフトのほうが高いが、ワーク・ライフ・バランスを考えて夜のシフトから昼のシフトへの転職がみられる。また、オフショアのコールセンターに勤務するインド人は、偽名を使っている。本名を名乗るとインドでのオペレーションであることがわかってしまうからである。しかしアクセントなどからそれが判明してしまう場合はあり、顧客から人種主義的な罵声を浴びせられたことをきっかけに国内向けのコールセンターに転じる例もあるという。ノルマの厳しいアウトバウンドからインバウンドへの転職も行われている。James and Vira（2012）は、自らのキャリアを主体的に形成しようとする労働者の試みが、インドにおけるコールセンターのオペレーターの労働市場を特徴づける要因になっていることを示しており、「労働の地理学」に新たな可能性を拓いた研究である。
5）　情報通信技術を活用した在宅就業に関する既存研究の多くは、都市地理学的な視点から行われてきた。（Shen 1999；Gillespie and Richardson 2000；Mokhtarian et al. 2004など）。こうした研究では、労働者にとって在宅就業という働き方が持つ意味は一般論のレベルでしか記述されておらず、在宅就業者の増加が通勤や居住地選択にどのような影響を与え、それに伴って都市構造がどのように変化するかを予測あるいは予想することに力点が置かれている。つまり、Herod（1994）の批判がそのまま該当するため、本文ではあえて内容を紹介しなかった。
6）　マイクロソフト社の社会貢献事業「UPプログラム」の支援を受けた実績もある。

7) 人によっては、1カ月働いて800円にしかならないこともあったという。
8) 2006年7月から2007年10月までのCAD関連の受注額は53万円であるが、新たに40万円程度の仕事が受注できているという。
9) これらもほとんどは大分県内の自治体や公的機関の発注する仕事である。こうした仕事は初年度も受注していたが、新たに40名の講座修了者が加わったことを踏まえて意識的に拡大させた。
10) 2006年度のIT講座は、7～8月に10名、9～10月に2クラス計20名に対して実施された。総勢30名の講座修了者に対してアンケート調査が行われたのは、2006年12月である。
11) 在宅就業をしている女性の間で深夜労働が常態化していることは、高橋・河合（2002）でも指摘されている。
12) 2007年度は大分県から229万2,000円の財政的支援を受けている。

第6章　間接雇用の展開と金融危機に伴う雇用調整の顛末

1　金融危機の勃発と雇用調整

　2008年9月にアメリカ合衆国で発生した金融危機は、グローバルな負の連鎖の引き金となり、短期間のうちに世界的な不況へと発展した[1]。戦後最長とされる2000年代前半からの日本の景気拡大局面は、好調な輸出に支えられたものであった。したがって金融危機が発生し、アメリカ合衆国をはじめとする外需が急激に減退すると、大手製造業企業が相次いで事業所の再編や雇用調整の計画を発表する事態となった。このことは、全国的な雇用不安を呼び起こし、とりわけ電機電子産業や自動車産業といった輸出主導型製造業を基盤とする地域においては、住民の雇用や生活に多大な影響を及ぼすことで、社会不安すら醸成された。

　2008年の秋以降に行われた雇用調整は、「派遣切り」が流行語となったことに象徴されるように、その多くが労働者派遣や業務請負といった間接雇用労働者の「雇い止め」という形で実施された。1990年代後半以降、日本の製造業は間接雇用労働力への依存度を急速に高めてきており、さらに2004年に製造業務への労働者派遣が解禁されたことにより、間接雇用労働者の増加に拍車がかかった。そして、金融危機に伴って消費が低迷し、労働力需要が減少するや、職場である企業と直接的な雇用契約を取り結んでいない間接雇用労働者が、真っ先に雇用調整の対象とされたのである。

　このことは、日本の労働市場が機能不全に陥ったことを示すものではない。むしろ、派遣・請負業者という労働市場の媒介項が法的な裏づけを得て存立し、

間接雇用が制度として労働市場に組み込まれていたことにより、金融危機に伴う需要の急減に対して、労働力の需給調整のメカニズムが想定どおりに作動したことを示すものと理解すべきである。

　本章では、大分県を対象地域とし、間接雇用労働者の増加と金融危機に伴う雇用調整の顛末について、とくに自治体の緊急雇用対策とそれに対する労働者の応答に力点を置きながら検討する。大分県は、1960年代の新産業都市指定（大分地区）や1980年代のテクノポリス指定（県北国東地区）を機に積極的に企業誘致を進め、結果として地域開発の成功例とされてきた。ところが、今回の金融危機に際しては、輸出主導型製造業の事業所で「派遣切り」に相当する雇用調整が相次ぎ、誘致企業に依存した地域に内在する脆弱さが注目を集める事態となったのである。

　大分県杵築市や国東市には、県内有数の大規模な輸出主導型製造業の事業所が立地し、金融危機が勃発する以前には、多数の間接雇用労働者が働いていた。のちに示すように、こうした地域で働く間接雇用労働者の多くは、大分県外からの転入者であった。本章の4節では、この点に焦点を当て、間接雇用労働者の増加が地域に何をもたらしたのかを分析する。

　間接雇用が拡大する契機となったのは、2004年3月に行われた製造業務への労働者派遣の解禁である。それゆえ、大量の間接雇用労働者がほぼ時を同じくして失業するという現象は、今回の金融危機に伴う雇用調整が初めてであった。こうした未曾有の事態に直面して、緊急雇用対策に自発的に乗り出す動きが自治体の間に広がった。間接雇用労働者が自治体の領域を超えて流動する状況において、領域限定的な自治体の施策はいかなる意味を持ちうるのだろうか。そうした問題意識に基づき、5節では、自治体の緊急雇用対策が具体的にどのようなものであり、職を失った労働者の側がそれらの対策にどう応答したのかを詳述する。一連の分析を通じて、現在の日本における間接雇用が構造的にはらんでいる問題点を析出することが、本章の最終的な目的である[2]。

　金融危機に端を発した不況が長期化するにつれて、雇用対策の主体は自治体から国へと移行した。その内容も、もっぱら間接雇用労働者に焦点を当てた応

急的なものから、補助金による雇用創出といった、労働市況の悪化に対する一般的な施策へと移っていった。本章では、雇用調整の影響とそれへの対策が間接雇用労働者に集中していた2008年12月〜2009年3月頃の事象を中心に分析することで、間接雇用の抱える問題をより鮮やかに浮き彫りにしたい。

　本章は、きわめて限られた期間の特定の地域における実態分析に立脚している。それを孤立した事例報告に終わらせないためには、間接雇用に対する分析視角をあらかじめ周到に設定し、実態分析から得られる知見をより広い社会経済的文脈に位置づけるための努力が必要となる。そこで2節では、間接雇用に対する本章の分析視角を明らかにした後、間接雇用に関する経済地理学的実証研究を日本において展開するにあたり、筆者が重要であると考える着眼点を、既存研究に基づいて提示する。

2　間接雇用への分析視角

(1) 制度としての間接雇用、媒介項としての派遣・請負業者

　議論の前提として、間接雇用の代表的な形態である労働者派遣と業務請負の相違点について、簡単にまとめておこう。労働者派遣事業とは、派遣業者が労働者派遣契約を締結した顧客の求めに応じて自社の従業員を派遣するものであり、派遣業者の従業員（すなわち派遣労働者）は、派遣先（すなわち派遣業者にとっての顧客）の指揮命令の下で労働に従事する。これに対して業務請負事業では、請負業者は請け負った業務を完成させる民事契約を顧客との間に取り結ぶ。この場合、請負業者は請け負った業務の成果に対する報酬を受け取るため、請負労働者の指揮命令は請負業者が行うことになる[3]。

　このように、派遣労働と業務請負は制度上明確に区別されている。しかし日本においては、いずれも戦前の労働力供給事業をルーツに持っており（高梨1980；伍賀 2000）、派遣労働との区分が不明確ないわゆる「偽装請負」もあることから、伍賀（2009）では事実上両者が一括して論じられている。また、今

回の金融危機に伴う雇用調整の局面では、派遣労働者と請負労働者の区別は本質的な意味を持たない。派遣・請負労働者を導入している企業は、派遣・請負業者との民事契約を中途解除しさえすれば、容易に雇用調整を実施することができる。間接雇用労働者は、実質的な解雇を受けたとしても、直接的な雇用関係の不在という壁に阻まれ、職場となっている企業に直接異議申し立てをすることは困難である。今回の不況では、期間工の中にも雇用契約の満了とともに職を失う者が少なくなかった。しかし、期間工は直接的な有期雇用契約の下で働いており、企業がこれを契約期間中に解雇することは、むしろ期間の定めのない正社員を解雇する場合以上に制限を受ける[4]。以上を踏まえ、本章では間接雇用を直接雇用の対概念と位置づけ、労働市場の媒介項によって雇用関係が実質的に迂回されている雇用形態を、一括して間接雇用と呼ぶ。

　企業が労働力のフレキシビリティを高めてきた背景としては、派遣・請負業者を媒介項とする間接雇用が労働市場に浸透したことが決定的に重要である。数量的フレキシビリティの向上へと駆り立てる圧力に直面しているのは、民間企業だけではない。今日では、政府や自治体の運営にも民間企業の経営手法を導入しようとする動き（NPM：New Public Management）が広まり、業務のアウトソーシングや正規職員の派遣労働者への代替が進んでいる（Reimer 1998, 1999；Savage 2004；Cohen 2006；新井・飯嶋 2000）。こうして先進国の多くでは、労働市場における間接雇用労働力の割合が高まっている（Theodore and Peck 2002；Ward 2003）[5]。

　とはいえ、多くの先進国では労働者全体に占める間接雇用労働者の割合はさほど高くない。間接雇用労働力の存在感が増すのは、労働力需要が急激に変動したとき、とりわけ不況に伴って労働力需要が激減したときである。アメリカ合衆国では、かつて間接雇用は、産休の代替要員や季節性の強い短期労働など、偶発的な労働力需要を補完するものであった。ところが2001年の不況期には、労働者全体の2.5％に過ぎなかった派遣労働者が、失われた雇用全体の26％を占めた（Peck and Theodore 2007）。同様の事態は、今回の金融危機下における日本でも発生した。厚生労働省の調査によれば、2008年10月から2009年6月

までの間に失職するか、失職することが予定されるとみられた労働者は19万2,061人であり、その73.4％が派遣・請負労働者であった[6]。労働力調査によれば、同期間の完全失業者の増加数は約93万人であるから、派遣・請負労働者を対象とする雇用調整の大きさがうかがえる。

日本を含む先進資本主義国の多くにおいて、派遣・請負業者を媒介項とする間接雇用は、すでに景気変動の「緩衝材」として労働市場に構造的に組み込まれている。労働者派遣業や業務請負業は、フレキシブルな労働力調達を求める顧客のニーズに応える事業所サービス業として成長してきた。友澤・石丸（2004）および石丸・友澤（2006）は、そのような側面から立地分析を行っている。しかし単なる成長産業として派遣・請負業を捉える視点は、もはや間接雇用に対する分析視角として不十分である（Peck and Theodore 2007）。個別の派遣・請負業者が顧客企業との間で取り結ぶ関係に注目して間接雇用の展開を捉えるのではなく、派遣・請負業者を労働力の需給ミスマッチを克服する媒介項であると捉え、間接雇用は労働市場に埋め込まれた制度であるという認識に立脚して、分析を進める必要性がある[7]。

(2) 間接雇用に関する経済地理学的研究の検討

①英語圏における研究

Peck and Theodore（2001）は、Time誌に掲載された派遣業者代表へのインタビューを引用しており、そこには "We are the ATMs of the job market." という印象的な換喩が含まれている。ATMは、預け入れをした場所や時間とは無関係に、必要な時間と場所において、現金を引き出すことができるシステムである。雇用者にとって、労働力をジャスト・イン・タイムで届けてくれる派遣・請負業者は、まさにATMのような存在といえよう。

労働市場は本来、自由市場からもっとも隔たった市場である。しかし、派遣・請負業者という媒介項の台頭と、間接雇用という雇用形態の制度化を是認する社会的調整がなされていることにより、かえって自由市場に近い状況がもたらされている。このように考えると、労働市場の社会的調整という概念を提

唱したペックが、2000年以降、労働者派遣業に関する一連の実証研究を展開してきたことは、論理的な整合性を持っているように感じられる。

ペックと同じくマンチェスター学派に属するワードやコウらも、労働者派遣業に関する実証研究を精力的に行ってきた。Ward（2005）は、派遣業者を地域労働市場の社会的調整の主体と捉え、マンチェスターにおける間接雇用の展開を都市成長戦略と関連づけて整理している。マンチェスターにおいても公共セクターにおけるアウトソーシングが進み、派遣業者がその受け皿となることが多かった。またマンチェスターにおいて派遣業者が成長した背景には、マンチェスターが都市間競争に打ち勝つためには、労働市場のフレキシブル化を積極的に進めるべきであるという、企業家主義的な都市成長戦略があるという。

コウらのグループは、国家の労働市場の調整様式と関連づけて、オーストラリア、チェコ、ポーランド、スウェーデン、そして日本において労働者派遣業の展開と存立形態に関する研究を積み重ねてきた（Coe et al. 2008, 2009a, b, 2011）。さらには、派遣業者が多国籍企業としてグローバルに展開する過程を分析する研究（Coe et al. 2012）へと歩を進めている。国際比較研究の一切片をなす個別の研究は、それほど踏み込んだ内容にはなっていないが、エスピン＝アンデルセンの福祉国家の類型に即して各国の労働市場の調整様式を位置づけ、今日の労働市場のリストラクチャリングの中で間接雇用がどのような役割を演じてきたのかを大局的に分析している点で、総体としては意義ある研究となっている。

派遣・請負業者がもたらす間接雇用を労働市場の社会的調整と関連づけた研究に加え、派遣・請負業者が果たす労働市場の媒介項としての側面に焦点を当てた研究もある。Peck and Theodore（2001）は、労働者派遣業の成長を都市の労働市場のリストラクチャリングとの関連において考察している。アメリカ合衆国の大都市では、工場や倉庫などの労働集約的な事業所の郊外移転が進んだが、これらの事業所に労働力を供給してきた労働者の多くは、依然としてインナーシティに居住しているため、労働力需給の空間的ミスマッチが顕在化した（第2章参照）。このミスマッチの媒介項として成長してきたのが、労働者

派遣業である。インナーシティの住民の生活圏がきわめて狭いことに適応するため、労働者派遣業はインナーシティの近隣に集中して立地し、必要なときに必要な量の労働力を調達し、顧客の事業所に派遣する[8]。こうした経験的研究を踏まえ、Peck and Theodore（2001）は、都市圏内部での労働力需給の空間的ミスマッチを架橋し、時間的ミスマッチを緩和する存在として、労働者派遣業を位置づけている。

　Benner et al.（2007）は、「新産業空間」であるシリコンバレーとフォーディズム期に絶頂を迎えたミルウォーキーで大規模なサーヴェイを実施し、労働者が活用した媒介項によって、得られた職の賃金や労働条件にどのような差異がみられるかを分析している。その結果、派遣業者を通じて見つけた仕事の賃金や労働条件は、ほかの媒介項を介して見つけた職や媒介項を介さないで就いた職に比べて見劣りすることが明らかになった。Benner et al.（2007）は、派遣業者は営利企業であるために公共財の供給や労働者への援助を期待することはできないとし、政策的な対応が必要であると主張している。

　こうした主張の背景には、20世紀のアメリカ合衆国の労働市場を特徴づけていたのは、個人化された仕事と社会化された雇用関係の組み合わせであったが、現在ではそれが社会化された仕事と個人化された雇用関係の組み合わせに変わってきているとの認識（Benner 2002）がある。フォーディズムの下では、個人の職域が明確化され（Storper and Scott（1990）のいう仕事のセキュリティ）、雇用関係は労働組合を通じて集団化されていたため、労使関係における労働者側の交渉力が強く、長期安定雇用が実現した（雇用のセキュリティ）。しかし次第に労働組合の組織力が低下すると、労働者は派遣・請負業者をはじめとする労働市場の媒介項を介して個別に雇用者と雇用関係を結ぶようになり、派遣・請負労働者や別の企業の従業員など、雇用者を異にする労働者が入り混じって仕事をするようになったというのである。雇用関係が個別化すると、必然的に労働者が団結する契機は弱くなり、労使関係における労働者の交渉力は弱体化する。とくにさまざまな職場でスポット的に働く派遣労働者は、賃金や雇用条件が劣っていても、団結して声を上げることが難しくなる。

②日本における研究

　英語圏の先行研究では、間接雇用の浸透と労働市場の媒介項である派遣・請負業者の台頭とが不可分の関係にあり、間接雇用は労働市場を自由市場に近づけようとする志向性を持った社会的調整の下で広まった制度と位置づける傾向にある。そこには間接雇用労働者や派遣・請負業者の増加を、新奇な社会・経済現象として取り上げるのにとどまらず、現代資本主義の労働市場の構造変容として理解しようとする姿勢があり、筆者にとって大いに参考になる。残念ながら、日本の先行研究は、そのほとんどが現象を素描した「労働力の地理」の域を出るものではなく、理論的深化を志向する姿勢が明瞭には見て取れないのである[9]。

　一方で、英語圏の研究では、派遣・請負業者が持つ労働市場の媒介項としての機能のうち、景気変動に対応する労働力需給の時間的ミスマッチを克服する機能については十分に指摘されているものの、空間的ミスマッチを架橋する機能についての関心は必ずしも篤くない。Peck and Theodore（2001）は、インナーシティと郊外という都市圏スケールにおける空間的ミスマッチについては言及しているが、日本の実態を分析するうえでは、これでは不十分である。なぜなら日本においては、製造業従業者を中心に、より広域的な間接雇用労働力の移動が活発にみられるからである。

　加茂（2006）は、東広島市における製造業の業務請負業者の中に、中国地方以外からの広域的な労働力の調達に力を入れている業者が見られることを報告している。その背景には、職場となる事業所の通勤圏内では十分に労働力需要を満たすことができない実状がある。加茂（2006）は、請負業者による労働力調達が活発に行われている地域として、雇用機会が乏しい国土周縁部と、フリーターなどの不安定就労層の絶対数が多い大都市圏を挙げている。

　このうち、加茂（2010）は、前者に当たる鹿児島市において、派遣・請負業者の求人の実態と、製造業の間接雇用の職を求める労働者の属性を明らかにしている。鹿児島市周辺には間接雇用労働力の大口需要者たる製造業事業所が少ないため、調査対象となった派遣・請負業者の事業所は労働力調達機能に特化

しており、労働者はここを窓口として各地に派遣されることになる。鹿児島市においては、求職者が派遣・請負業者を通じて求職活動をする最大の理由は賃金の高さであり、賃金の地域間格差が間接雇用労働力の移動の背景にあることがうかがえる。

　沖縄県は、県外への間接雇用労働力の送り出し地域として固有の位置を占めている。沖縄県では、期間工として製造業務に従事することを、「キセツに行く」と呼んでおり、従来から若年者を中心に、臨時的な非正規雇用労働者として県外に移動する経験が共有されてきた（宮内 2008, 2009）。期間工としての県外移動に加え、近年沖縄県には県外から多数の派遣・請負業者が進出し、金融危機が発生するまでは職業安定所とも連携して活発な採用活動を行い、多くの間接雇用労働者を県外に送り出していたのである（宮内 2008；吉田 2008）。

　金融危機に伴う不況の影響を受けて、日本では多数の間接雇用労働者が職を失ったが、移動先の地域でそうした事態に直面した間接雇用労働者も少なくなかった。後述するように、失職した間接雇用労働者の住居の確保は、一時的な雇用の創出と並んで自治体の緊急雇用対策の目玉であった。それは、多くの間接雇用労働者が派遣・請負業者の用意する寮やアパートに入居しており、その多くが地域外からの転入者であると予想されたため、職を失うことが住居を失うことに直結すると考えられたからである（岩田 2009）。国に先んじて自治体が独自の緊急雇用対策を打ち出したことは、雇用不安への対処がローカルな空間スケールから着手されたことを意味する。一方で間接雇用労働者の流動は、明らかにローカルを超えた空間スケールで起こっている。本章では、そうした空間スケールの乖離を重視しつつ、大分県内の自治体による緊急雇用対策の展開とその帰結を分析する。

3 間接雇用労働力の増加とその地域的影響

(1) 労働者派遣事業の制度的変遷

　労働者派遣事業が法に基づく許可・届出事業であるため、派遣労働者については、統計を用いてある程度その展開を把握することができる。労働者派遣法が施行されたのは、1986年のことである。戦後の日本では労働者供給事業が禁じられてきたが、実態としては業務請負などの形を取って広く存在していた。1980年頃になると労働者供給事業の法制化の動きが具体化し、経済同友会労使関係プロジェクトの議論から生まれた「中間労働市場論」（伊丹・松永1985）を理論的根拠とする形で、1986年に労働者派遣法が施行されるに至る（伍賀2000）。「中間労働市場」とは、資源配分に関わる「市場」と「組織」という2つのメカニズムの中間に位置するものであり、雇用者と労働者の間に媒介項を置くことで、前者の雇用保障のリスクと後者の失業のリスクの両方が緩和されるとの主張がなされた。

　労働者派遣法の施行からしばらくは、労働者保護の観点から労働者派遣が認められたのは専門性が高いとされた16業種のみであったため、派遣労働者の増加は現在から振り返ってみれば緩やかなものであった（図6-1）。しかしその後の法改正によって、労働者派遣事業の対象業種と受け入れ期間に関する制限は、たびたび緩和された。とりわけ1999年12月の改正によって対象業務が原則自由化されたことは、派遣労働者が労働市場に広く浸透する契機となった。

　一連の規制緩和の狼煙とされているのが、日本経済団体連合会による『新時代の日本的経営』（新・日本的経営システム等研究プロジェクト編著1995）である。この報告書では、高コストとなりがちな旧来の「日本的経営」を見直し、従業員を3グループに区分し、それぞれの特徴を踏まえて弾力的な労働力の活用を図る「雇用ポートフォリオ」という考え方が提示されている。「雇用ポートフォリオ」のなかには、内部労働市場にとどまって職業能力を高めていくこ

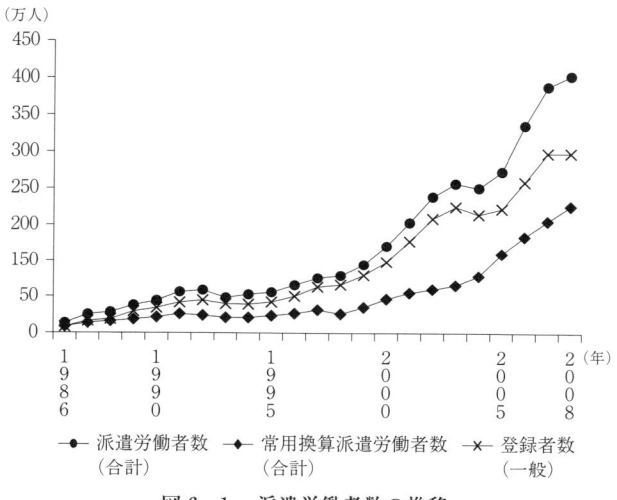

第6章　間接雇用の展開と金融危機に伴う雇用調整の顛末　169

図6-1　派遣労働者数の推移

凡例：
- ●　派遣労働者数（合計）
- ◆　常用換算派遣労働者数（合計）
- ×　登録者数（一般）

資料：高橋（2006）、労働者派遣事業報告書集計結果により作成。

とが期待される従業員も存在する。しかし、それ以外は外部労働市場から調達するものと位置づけられ、雇用者が人的資本形成のための投資を積極的に行うことは想定されていない。

「雇用ポートフォリオ」の狙いは、「過剰な人員を抱えず人材を有効に活用するためにも、一括採用をも含めて『必要な都度、必要な人材を、必要な人数だけ採用する』との考え方に立って人の採用・活用を考えていく」（新・日本的経営システム等研究プロジェクト編著1995：69）という部分に明示されている。すなわち労働力のジャスト・イン・タイム化を図ることが目標となるのであるが、日本の労働法の下では従業員を直接雇用している限りにおいて、労働力のジャスト・イン・タイム化は困難である。そこで雇用者は、雇用関係を迂回することで、実質的に「必要な都度、必要な人材を、必要な人数だけ採用」し、不要となればこれを削減できる労働力派遣という制度について、その適用範囲を拡大していくことを差し当たりの目標としたのである。

1999年12月の労働者派遣法改正によっても、製造業務への労働者派遣は依然

表6-1 製造業務への労働者派遣の状況

		2006年度		2007年度		2008年度	
一般労働者派遣事業	派遣実績のある事業所数	3,347	23.6%	5,235	32.5%	5,973	30.4%
	派遣労働者数 常用雇用	131,721人	21.9	231,172人	32.1	278,761人	33.1
	常用雇用以外	77,084	8.8	178,183	20.8	204,432	23.5
	合計	208,805人	14.1%	409,355人	25.9%	483,193人	28.2%
特定労働者派遣事業	派遣実績のある事業所数	1,854	12.8%	3,273	16.8%	4,538	16.8%
	派遣労働者数	30,438人	15.8%	57,138人	21.6%	74,896人	24.2%
合計	派遣実績のある事業所数	5,201	18.1%	8,508	23.9%	10,511	22.5%
	派遣労働者数 常用雇用	162,159人	20.4	288,310人	29.3	353,657人	30.7
	常用雇用以外	77,084	8.8	178,183	20.8	204,432	23.5
	合計	239,243人	14.3%	466,493人	25.3%	558,089人	27.6%

注：1）各年度6月1日現在。
　　2）各年度の右欄は、派遣実績のある全事業所数に対する製造業務への派遣実績のある事業所数の割合および全派遣労働者数に対する製造業務への派遣労働者数の割合を示す。
資料：労働者派遣事業報告書集計結果により作成。

として認められなかった。しかし2004年3月に、同一職場での受け入れ期間の上限を1年として製造業務への派遣が解禁された。これを機に一時停滞していた派遣労働者数は再び急増に転じたのである。さらに2007年3月には、製造業務における受け入れ期間の上限は3年間に延長された。

(2) 製造業における間接雇用の実態

製造業務への労働者派遣の状況が比較可能な形で把握できるのは、2006年度以降である（表6-1）。2006年度から2007年度にかけて、製造業務への派遣労働者数はほぼ倍増した[10]。この間、全派遣労働者数の増加は17万443人であるので、製造業務以外への派遣労働者数は、むしろ減少していたのである。製造業務は労働者派遣事業において重要な位置を占めるようになり、2007年度には、全派遣労働者の25.3％が製造業務に派遣され、労働者派遣事業を行う事業所の32.5％が製造業務への労働者派遣を行うようになった。2008年度も製造業務への派遣労働者数は増加し、全派遣労働者に占める割合は27.6％となった。

労働者派遣事業報告書では、産業別や地域別の派遣労働者数は明らかにされておらず、当然ながら請負労働者に関する情報は得られない。これに対して事

業所・企業統計には、「他からの派遣・下請従業者数」（以下、派遣・請負従業者）という集計項目があり、派遣労働者と請負労働者の合算に該当する労働者数を産業別、地域別に把握できる。事業所・企業統計によると、2006年の全産業の民営事業所における派遣・請負従業者は、全産業の事業従事者[11]の5.1%を占める（表6-2）。全産業で見ると、事業従事者に占める派遣・請負従業者の割合に顕著な男女差は認められない。製造業事業所では、全派遣・請負従業者の36.6%が働いており、当該産業の全事業従事者に占める割合は9.6%に上る。この割合が製造業を上回るのは情報通信業のみであり、製造業が間接雇用労働力をとくに積極的に導入している産業であることが裏づけられる。製造業事業所で働く派遣・請負従業者の67.0%は男性であるが、女性の絶対数も多く、女性の全派遣・請負従業者の28.3%は、製造業事業所で働いていることになる。

2006年の事業所・企業統計では、産業別かつ市町村別の間接雇用労働者数が得られないので、2004年の事業所・企業統計を用い、製造業における間接雇用の地域的展開を観察する。2004年の事業所・企業統計は、同年6月1日時点での状態を調査しており、製造業務への派遣が解禁されてまもなくの調査となる。それでも製造業における派遣・請負従業者は81万4,335人に上り、製造業の事業従事者の7.7%に達していた。この時点で、製造業ではすでに業務請負などの形で間接雇用が浸透していたことがわかる。

製造業の全事業従事者（図6-2）と派遣・請負従事者の分布（図6-3）はほぼ対応しており、いずれも太平洋ベルトへの集中に加えて、東北および九州の交通網に沿った分布の広がりがみられる。しかし、製造業における間接雇用の浸透が、地域的な不均等性を内包していることも確かである。製造業の事業従事者に占める派遣・請負従事者数の割合が高く、その実数が1,000人を超えている市区町村を抽出すると、興味深い傾向が見えてくる。

表6-3には、大都市圏内の地域が見られる一方で、非大都市圏に位置し、かつ県庁所在市からも離れた地域が散見される。これらの多くは、少数の大規模な製造業事業所の存在が、地域の社会・経済に大きな影響を与えている地域である。たとえば、派遣・請負従事者数の割合がもっとも高い大分県安岐町

表6-2 民営事業所における他からの派遣・下請従業者数と事業従事者に占める割合

	総数		男性		女性	
	他からの派遣・下請従業者数	事業従事者*に占める割合	他からの派遣・下請従業者数	事業従事者に占める割合	他からの派遣・下請従業者数	事業従事者に占める割合
農林漁業	4,639人	1.9%	2,852人	1.8%	1,787人	2.1%
鉱業	1,442	4.2	1,243	4.4	199	3.6
建設業	181,061	4.2	158,875	4.5	22,186	3.0
製造業	1,027,583	9.6	688,112	9.5	339,471	10.0
電気・ガス・熱供給・水道業	12,735	6.9	7,278	4.6	5,457	20.3
情報通信業	200,687	12.2	127,982	11.2	72,705	15.3
運輸業	197,707	6.6	136,887	5.6	60,820	11.4
卸売・小売業	473,746	3.7	180,043	2.8	293,703	4.7
金融・保険業	126,954	8.3	30,911	4.4	96,043	11.8
不動産業	28,740	2.8	17,346	2.9	11,394	2.9
飲食店、宿泊業	60,503	1.2	21,933	1.1	38,570	1.3
医療、福祉	132,989	2.7	32,060	2.5	100,929	2.8
教育、学習支援業	45,104	2.8	19,534	2.4	25,570	3.2
複合サービス事業	7,918	1.1	3,994	0.9	3,924	1.6
サービス業**	308,134	4.0	180,400	4.7	127,734	4.0
全産業	2,809,942人	5.1%	1,609,450人	5.2%	1,200,492人	5.1%

* 事業従事者数＝当該事業所の従業者数－他への派遣・下請従業者数＋他からの派遣・下請従業者数。
** 他に分類されないもの。
資料：2006年事業所・企業統計により作成。

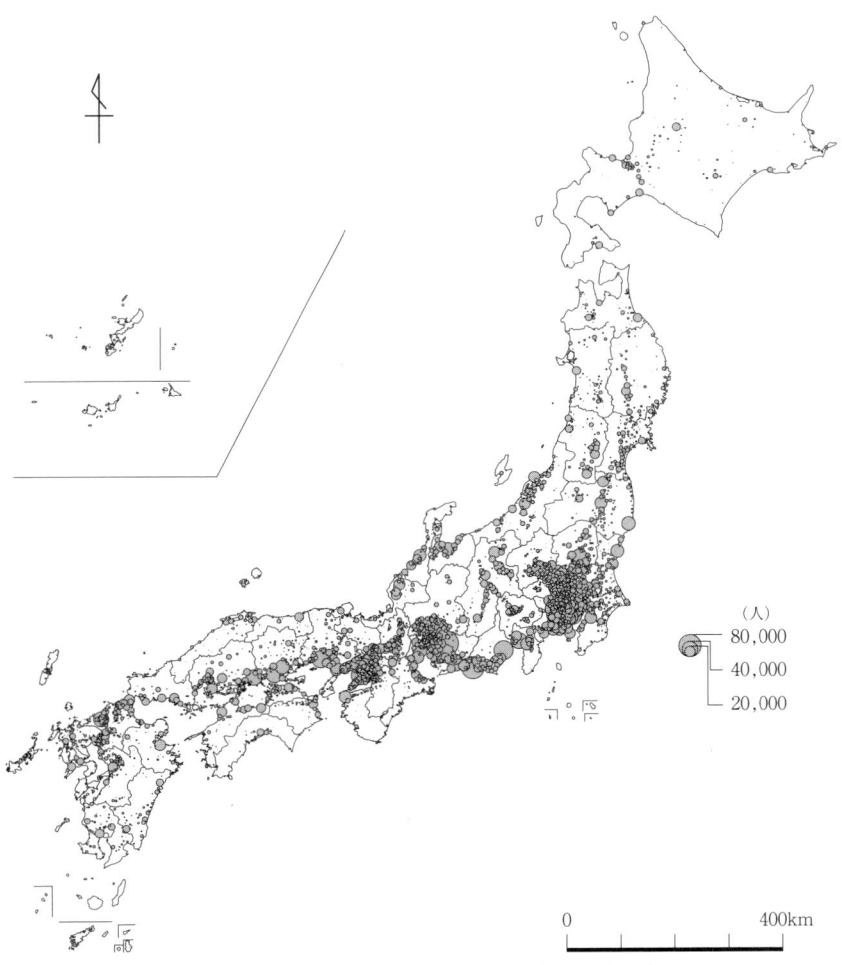

図6-2　製造業事業従事者の分布（市区町村別）

資料：2004年事業所・企業統計調査により作成。

（現国東市安岐町）には、大分キヤノンとソニーセミコンダクタ九州大分テクノロジーセンターが立地している。大分県内では、杵築市も上位に登場しており、ここには大分キヤノンマテリアルと東芝LSIパッケージソリューション大分事業所が立地している。間接雇用の増大はこうした地域に何をもたらした

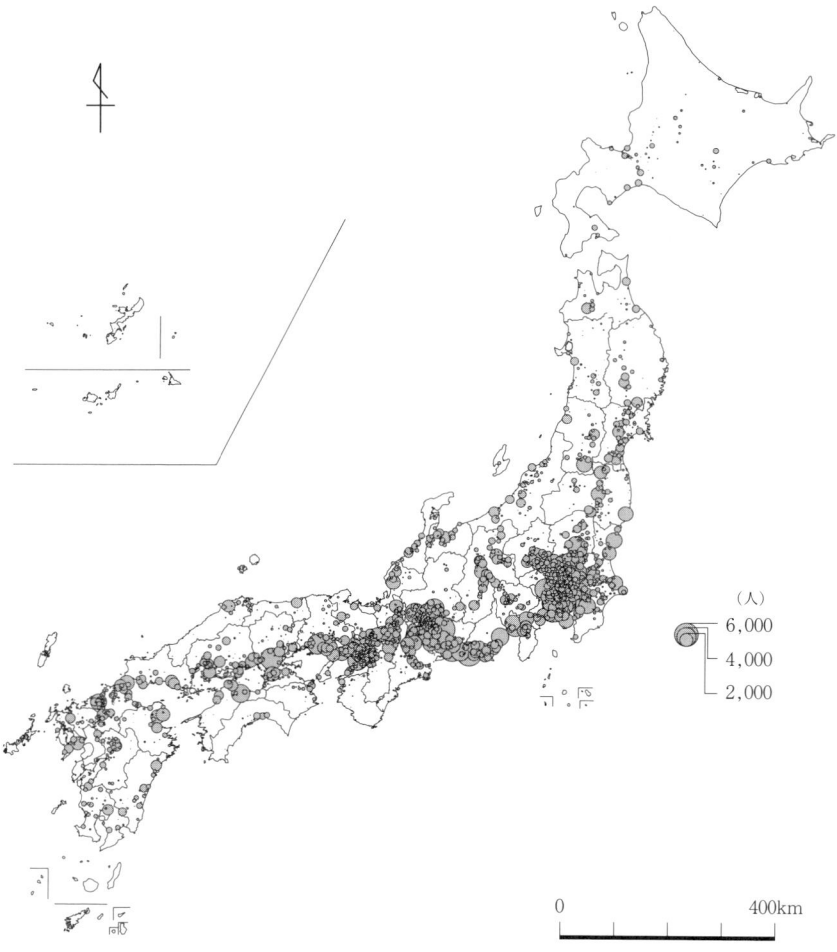

図6-3 製造業派遣・請負従業者の分布（市区町村別）
資料：2004年事業所・企業統計調査により作成。

のだろうか。全国的にみても製造業における間接雇用労働者の割合が高い国東市と杵築市を事例として検証する。

第6章　間接雇用の展開と金融危機に伴う雇用調整の顛末　175

表6-3　製造業における間接雇用労働者比率が20%以上の市区町村

順位	市区町村名	製造業事業所数	他からの派遣・下請従業者（人）総数(a)	男性	女性	事業従事者（人）総数(b)	男性	女性	a/b (%)
1	大分県安岐町	34	2,171	1,336	835	3,852	2,447	1,405	56.4
2	滋賀県能登川町	118	2,112	1,950	162	3,935	3,301	634	53.7
3	岩手県千厩町	52	1,508	1,010	498	3,166	1,814	1,352	47.6
4	滋賀県高月町	56	2,163	1,867	296	4,868	4,009	859	44.4
5	熊本県菊陽町	54	1,421	1,029	392	3,301	2,208	1,093	43.0
6	岐阜県美濃加茂市	302	4,187	2,573	1,614	10,295	6,404	3,891	40.7
7	大分県杵築市	66	2,305	1,682	623	6,005	4,456	1,549	38.4
8	愛媛県西条市	188	3,749	2,939	810	10,513	7,887	2,626	35.7
9	宮城県大和町	78	1,593	929	664	4,829	3,309	1,520	33.0
10	滋賀県水口町	193	2,958	1,835	1,123	9,181	6,412	2,769	32.2
11	愛知県幸田町	203	4,284	2,437	1,847	14,863	9,670	5,193	28.8
12	島根県斐川町	140	1,867	1,224	643	6,497	4,237	2,260	28.7
13	茨城県神栖町	121	2,441	2,000	441	8,793	7,610	1,183	27.8
14	愛知県武豊町	146	2,188	1,653	535	8,205	6,114	2,091	26.7
15	香川県丸亀市	233	2,458	2,222	236	9,290	7,116	2,174	26.5
16	東京都青梅市	664	5,137	4,735	402	21,095	16,493	4,602	24.4
17	愛知県飛島村	153	1,006	924	82	4,158	3,599	559	24.2
18	埼玉県和光市	229	1,025	619	406	4,302	2,990	1,312	23.8
19	静岡県清水町	207	1,225	627	598	5,295	3,466	1,829	23.1
19	三重県亀山市	180	2,187	1,380	807	9,477	7,005	2,472	23.1
21	茨城県石下町	243	1,465	950	515	6,622	4,051	2,571	22.1
22	神奈川県伊勢原市	299	1,895	1,272	623	8,602	6,252	2,350	22.0
23	長野県富士見町	129	1,097	900	197	4,998	3,926	1,072	21.9
24	静岡県御殿場市	303	2,422	1,616	806	11,153	7,385	3,768	21.7
25	長野県豊科町	123	1,408	814	594	6,509	4,394	2,115	21.6
26	愛知県東浦町	241	1,559	1,001	558	7,325	5,002	2,323	21.3
27	静岡県大東町	169	1,712	1,104	608	8,227	5,591	2,636	20.8
27	川崎市幸区	537	3,222	2,969	253	15,488	13,266	2,222	20.8
29	静岡県森町	165	1,004	617	387	4,873	3,313	1,560	20.6
29	兵庫県播磨町	112	1,325	1,077	248	6,447	5,647	800	20.6
31	山口県下松市	164	1,463	1,341	122	7,130	6,126	1,004	20.5
31	岐阜県大垣市	1,012	4,536	2,930	1,606	22,144	14,712	7,432	20.5
31	宮城県岩沼市	146	1,028	733	295	5,024	3,828	1,196	20.5
34	茨城県阿見町	112	1,523	994	529	7,501	4,982	2,519	20.3
35	長崎県諫早市	225	2,051	1,557	494	10,134	6,936	3,198	20.2
35	大阪府大東市	978	4,793	3,222	1,571	23,709	16,870	6,839	20.2

資料：2004年事業所・企業統計により作成。

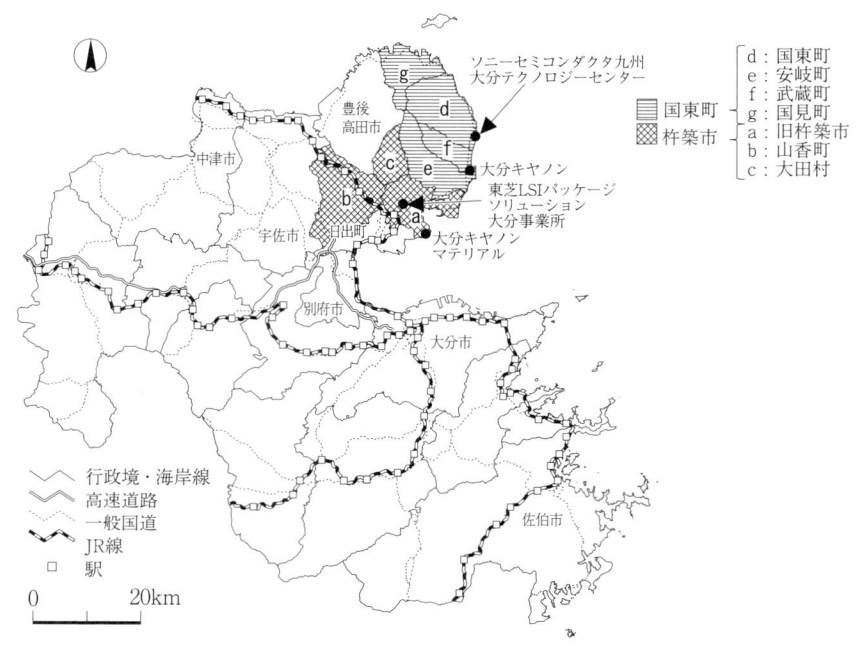

図6-4　杵築市・国東市と主な事業所の位置

4　間接雇用労働力の増加による国東市・杵築市の変容

　杵築市と国東市を含む大分県国東地域は、1984年に県北国東地域としてテクノポリスの指定を受け、これをきっかけに、半導体を含む電機電子産業の立地が進んだ（図6-4）。当初国東地域に立地したのは労働集約的な工程を担当する事業所であり、従業員の採用範囲は技術者を除けばほぼ通勤圏内に限定されていた（鹿嶋1998）。現国東市内のある事業所（B工場、1991年7月現在の従業員数589人）は、1982～1991年の10年間に現国東市内の高校から、延べ100人以上の新規高卒者を採用している（鹿嶋1998：38）。しかし、それは国東市の人口減少をくい止めるには至らなかった（図6-5）。杵築市にも、1983年に東

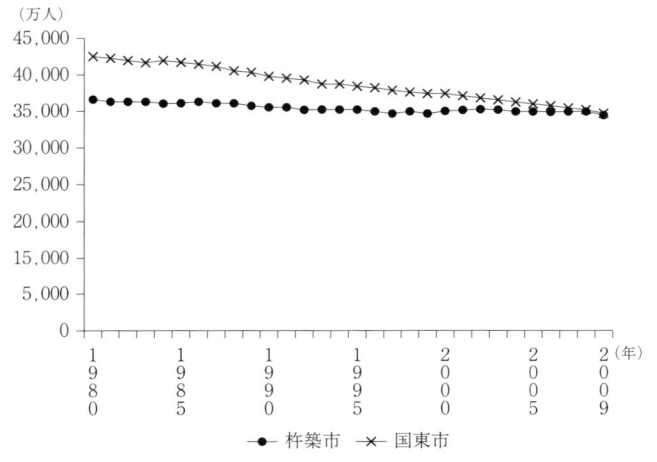

図6-5　杵築市・国東市の人口推移

資料：住民基本台帳人口要覧により作成。

芝LSIパッケージソリューションの前身である杵築東芝が立地した。杵築市の人口減少は国東市ほどではなかったが、誘致企業の進出が進んだ1980年代を通じて人口が減少したことは、国東市と同様であった。

　1990年代に入ると、大分キヤノンはキヤノングループにおけるカメラ生産体制の中核を担うようになり、2000年以降は、デジタルカメラの生産規模を急速に拡大させた[12]。ソニーセミコンダクタ九州大分テクノロジーセンターも、2000年以降に新棟の建設などの設備投資を行っている。また、杵築市では、1999年にプリンタのトナーなどを生産する大分キヤノンマテリアルが立地し、2000年に製品の出荷を始めて以降、生産を拡大させてきた。こうした設備投資に伴って、派遣・請負労働者の導入も進み、事業所の従業員規模は拡大した[13]。

　急増した労働力需要を市内からの供給のみで満たすことは難しく、不足する労働力は、必然的に市外や大分県外に求められた。図6-6をみると、2002年に大分県外から別府職業安定所管内への入職者が急増し、以後も高水準を保っていることがわかる。杵築市と国東市は、いずれも別府職業安定所の管内である。2002年から2007年にかけて、大分県外から別府職業安定所の管内に入職し

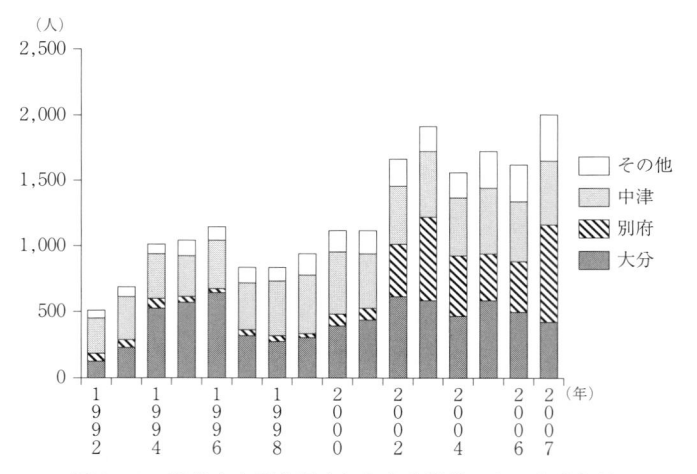

図6-6　職業安定所を経由した大分県外からの入職者数

注：その他は日田、臼杵、佐伯、宇佐、三重の職業安定所の合計。
資料：大分県商工労働観光部職業安定課『職業安定統計年報』により作成。

た人は、延べ3,000人に達しているが、職業安定所を経由しない入職者も含めれば、これよりはるかに多くの労働者が大分県外から当該地域に転入したと推察される。後述する住民票の問題があるため、転入した労働者数を正確に把握することはできないが、間接雇用の拡大に伴って、県外から杵築市・国東市に転入する労働者数が増加したことは確かであろう。

　転入した労働者の住居として、杵築市と国東市では2000年代に入って民間のアパート建設が進んできた。国東市では、旧武蔵町と旧安岐町を中心に、2000年以降の約10年間に延べ2,000戸以上の借家が新たに造られた（図6-7）。とくに建設戸数が多かった年が、製造業務への派遣が解禁された2004年と、上半期までは輸出が好調であった2008年であったことが示唆するように、こうしたアパートの建設は、間接雇用労働者の増大に対応したものである。杵築市でも、この10年間に延べ3,000戸を超える借家が建設され、やはり製造業務への派遣が解禁された2004年の建設戸数が目立っている（図6-8）[14]。こうしたアパートの多くは、地権者や地元の不動産業者によって建設された後、派遣・請負業

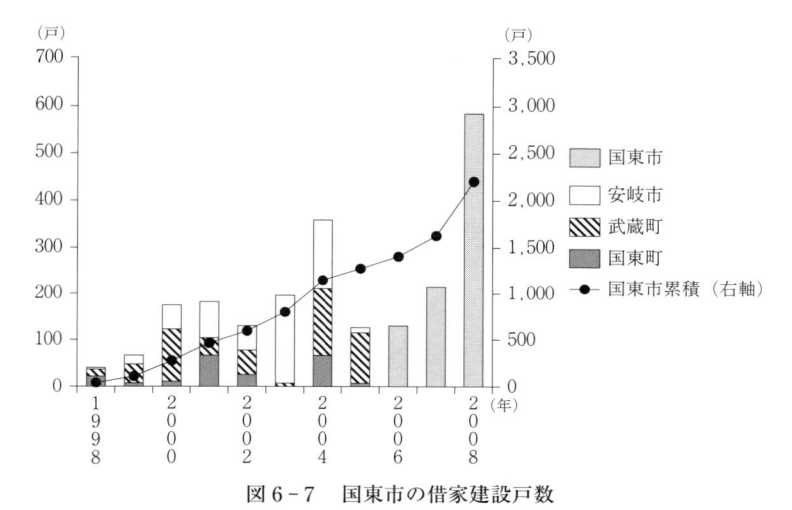

第 6 章　間接雇用の展開と金融危機に伴う雇用調整の顛末　179

図 6-7　国東市の借家建設戸数

注：1）民間資金によるもの。
　　2）国東市は、2006年3月31日に国東町・国見町・武蔵町・安岐町が合併して成立した。
　　3）合併前の国見町については、対象期間に該当する借家の建設が見られなかった。
資料：大分県建築着工統計調査により作成。

者に棟ごと借り上げられ、間接雇用労働者の寮として利用されてきた。

　国東市と杵築市では、現に多数のアパートが建設され、転入する労働者の受け皿となった。しかし、住民基本台帳人口の推移はそれを反映していない。製造業務への派遣が解禁された2004年以降にも、両市の人口動態に大きな変化は見られず、国東市の人口に至っては減少を続けている（図6-5）。これは、市外から杵築市、国東市に転入した労働者の中に、両市に住民票を移していない人が少なからずいたことを示している。転入者が住民票を移さなければ、彼／彼女らの住民税は杵築市や国東市には支払われない。自治体は、本来受け取るべき住民税を受け取れないまま、人口増加に伴う負担増に対応していたことになる。

　2008年9月に金融危機が発生して間もなく、製造業の全事業従事者に占める間接雇用労働者の割合が高い杵築市や国東市のような地域では、主要な事業所において雇用調整が行われ、間接雇用労働者をはじめとする多くの労働者が職

図6-8 杵築市の借家建設戸数

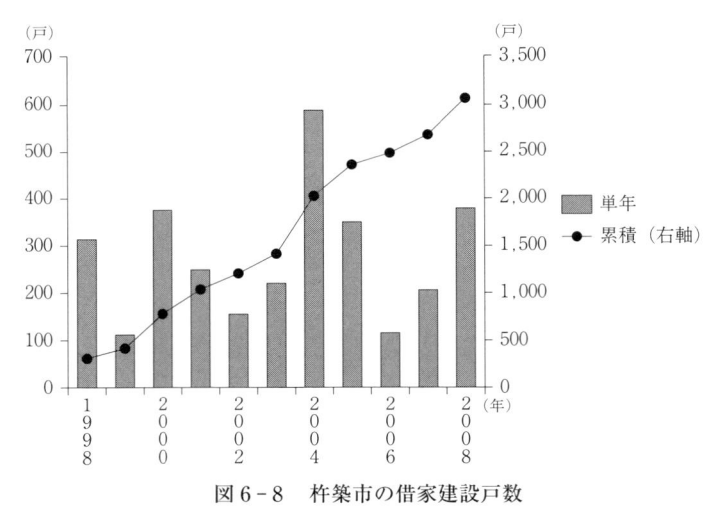

注：1）民間資金によるもの。
　　2）現杵築市は、2005年10月1日に旧杵築市・山香町・大田村が合併して成立した。
　　3）合併前については、2002年の4戸が旧山香町であるのを除き、すべて旧杵築市に建設された。
資料：大分県建築着工統計調査により作成。

を失った。それはまさに、企業が追究する労働力のフレキシビリティが、労働者にとってのリスクとして顕在化した瞬間であった。とりわけ、雇用機会を求めて他地域から転入し、派遣・請負業者の寮に入居して働いていた労働者の多くは、雇用と同時に住居をも失うことになった。こうした事態に対して、全国各地の自治体は、独自の緊急雇用対策をかなり早い段階で講じてきた。次章では、杵築市と国東市を含む大分県内の自治体が、どのような緊急雇用対策を用意し、それに対して労働者がどう反応したのかを検討する。

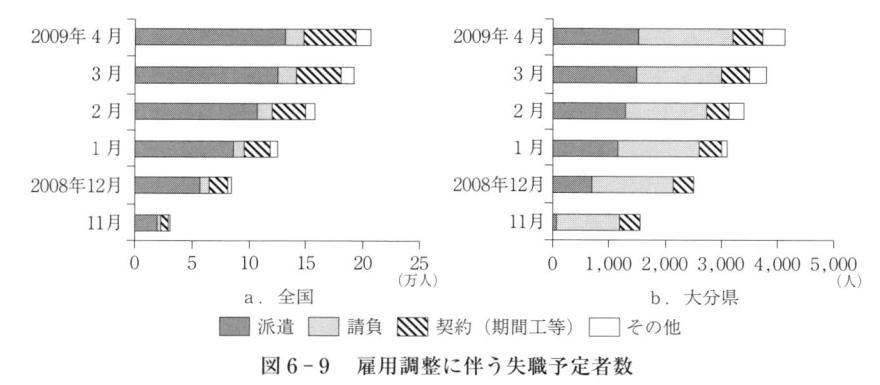

図6-9　雇用調整に伴う失職予定者数

注：1）図中の年月は、資料が公表された時期を示す。
　　2）「2008年11月～2009年2月」は、2008年10月～調査時点までの失職者数と、調査時点から2009年3月までの失職予定者数の合計、「2009年3月、4月」は、2008年10月～調査時点までの失職者数と、調査時点から2009年6月までの失職予定者数の合計を示しているため、厳密には数値の連続性はない。
資料：厚生労働省『非正規労働者の雇止め等の状況について』により作成。

5　雇用削減に対する自治体の対応とそれへの労働者の反応

(1) 自治体の緊急雇用対策

　金融危機の発生によって、企業が雇用調整を実施する可能性が高まると、厚生労働省は、全国の労働局を通じて非正規労働者の「雇い止め」に関する実態調査を開始した。その第一報は、2008年11月28日に「非正規労働者の雇止め等の状況について」(以下、「雇い止め等の状況」とする)として公表された。そこでは、2008年10月から2009年3月までの間に、約3万人の労働者が職を失うという具体的な数字が示された。この調査結果は毎月更新され、雇用調整の対象労働者は月を追うごとに増加していった(図6-9)[15]。雇用形態の内訳をみると、「派遣切り」という言葉が人口に膾炙したように、一貫して派遣労働者が過半を占めている。
　事態を重く見た厚生労働省は、雇用調整助成金および中小企業緊急雇用安定

助成金の拡充[16]、残業削減雇用維持奨励金[17]や離職者住宅支援給付金[18]の創設、就職安定資金融資事業[19]の開始、雇用促進住宅の有効活用の推進など、数々の対策を講じてきた。その方向性は、正社員の雇用を維持する一方で、離職を余儀なくされた労働者に、住居をはじめとする「セーフティネット」を提供することを基本としていた。間接雇用という法的枠組み自体に切り込んだ対策は、取られなかった。

厚生労働省が「雇い止め等の状況」を公表してから約1週間後、大分県内では、大分キヤノンが請負労働者を中心に1,100人強を、東芝LSIパッケージソリューション社大分工場が期間従業員380人を、それぞれ削減する計画との報道がなされた[20]。誘致企業が数多く立地している大分県内の自治体は、早晩雇用調整が行われるであろうことを覚悟していたものの、それがどの程度の規模になるのかは具体的に把握していなかったため、この報道は衝撃をもって受け止められた。

「雇い止め等の状況」には、雇用調整に関する都道府県別の対象労働者についても示されている（図6-9）。全国と同様に、大分県でも雇用調整の対象となる労働者数は増加を続けた。大分県では、例外的に請負労働者を対象にした雇用調整が派遣労働者のそれを上回っている。これは、大分キヤノンが2008年6月末までに、大分キヤノンマテリアルが10月末までに、製造部門の派遣労働者を全廃する計画であったことを反映している[21]。

厚生労働省の発表の直後から、全国各地の自治体は自主的に雇用調整対象者の救済策を打ち出し始めた。全日本自治団体労働組合（自治労）提供の資料[22]によれば、2009年2月12日の段階で、全国で300を超える自治体が何らかの取り組みを実施済みか、実施予定であった。大分県でも、県を代表する誘致企業の雇用調整が明るみにでて以降、こうした企業の立地が進んでいる自治体を中心に、独自に派遣・請負労働者の雇い止めに関する調査に乗り出して実態の把握に努めるとともに[23]、具体的な緊急雇用対策を打ち出す動きが広まった[24]。

杵築市では、2009年2～3月に市内26社を訪問して雇用調整に関する調査を

行い、合計355人の間接雇用労働者に加え、31人のパート社員と45人の正社員についても、解雇あるいは解雇予定とされていることを把握した。国東市は、主として大分キヤノンに対して派遣・請負労働者を供給している8事業所に聞き取り調査を行った。その結果、2008年11～12月に契約解除された労働者として申告された人数の合計は、323人であった。杵築市に隣接する日出町には、大分県内各地に事業所および寮を持つ地場の有力な派遣・請負業者があり、2008年秋以前には約2,000人の労働者を付近の大規模事業所に送り込んでいた。この派遣・請負業者は、金融危機以降の雇用調整に伴って、そのうちの1,600人ほどを解雇せざるを得ない状況になったという。ダイハツ九州が立地する中津市では、2008年12月末に市内の製造業12事業所について、2009年1月末には派遣・請負業者10事業所について、解雇・雇い止めとなった労働者数を調査したところ、前者が502人、後者が461人であった。

　大分県内の自治体が行った緊急雇用対策は、相談窓口の開設に加え、雇用の創出と住居確保の支援を主な内容としていた（表6-4）。雇用創出については、失職者を自治体の臨時職員として採用する手法が主として採られ、住宅支援は公営住宅の提供が中心であった[25]。多数の間接雇用労働者の失職が危惧された杵築市では、雇用調整の対象となった労働者を道路管理の補助員として若干名雇用することをいち早く決定した[26]。その後、杵築市は臨時職員の募集枠を28人にまで拡大し、市が所有する宿泊施設を開放したほか、民間から寄せられた義捐金を原資として、離職者に就職活動資金や杵築市商工会の商品券を配るといった支援策を展開した。

　国東市は、杵築市と同日に緊急相談窓口を設置し、次いで緊急雇用等対策本部を設置するとともに、市が保有する宿泊施設15戸と市営住宅11戸の提供を決めるなど、雇用調整に伴う失職者の増加への対応は迅速であった。しかし同時に、臨時職員の雇用は行わないことを決定した。合併後の国東市の財政は苦しく、職員の削減を続ける一方で、新規採用を停止している状況であった。さらに、雇用調整に遭遇した派遣・請負労働者が予期せぬ失職という困難な事態に直面していることは確かであるとしても、実質的に彼／彼女らに対象を限定し

表6-4 大分県内自治体の緊急雇用対策

	雇用創出	住宅支援	その他
大分県	新規雇用68人を創出（ほとんどは委託事業）	県営住宅51戸開放、県住宅供給公社が公社賃貸住宅を8戸開放、離職後も住宅提供の派遣・請負業者等に助成	職業訓練の提供
大分市	臨時雇用48人	市営住宅13戸開放、民間提供の研修施設（20人分）運用	農業関連のパート雇用
別府市	臨時雇用5人	市営住宅5戸開放	
中津市	臨時雇用6人	市営住宅17戸開放	
佐伯市		市営住宅5戸開放	
宇佐市		市営住宅13戸開放	
豊後高田市		市営住宅5戸開放	
杵築市	臨時雇用28人	市宿泊施設12部屋開放、民間提供のアパート14戸運用	農業関連のパート雇用、寄付金等を原資に再就職活動支援金・商品券配布
国東市		市宿泊施設15部屋開放、市営住宅11戸開放	
日出町	臨時雇用3人		

注：1）原則として公営住宅は有償で、入居可能期間はそれぞれ異なる。
　　2）雇用、住宅とも募集数であり、実際の雇用者数、入居者世帯とは異なる。
資料：聞き取り調査、大分合同新聞の報道により作成。

た臨時職員枠を設定することは、市民全体に対する公平性に欠けるという判断があったという。

　それでも国東市には、住宅支援をしたことなどに対して、誰もが景気後退の影響を受けている中で、なぜ派遣・請負労働者だけを手助けするのかという、市民からの苦情の電話が複数寄せられた。同様の苦情は、臨時職員の採用や住宅支援を行った他の自治体にも寄せられた。多くの間接雇用労働者が職を失う事態を目の当たりにして、原因となった企業を誘致し、受け入れてきた自治体は、可能な範囲でセーフティネットを用意しようと、臨時職員の募集や公営住宅の提供などに踏み切ったのであった。それを批判する声が上がったということは、市民の中に、間接雇用労働者を地域社会の一員と認めようとしない意識があることがうかがえる。間接雇用労働者の多くは、寮やアパートから派遣業

者や請負業者のバスや自家用車を利用して通勤し、買い物などを除けば、日常生活の上で旧来の住民と接触する機会はほとんどない。すでにみてきたように、そうした間接雇用労働者のかなりの部分は、仕事を求めて地域外から流入してきたのである。地域外からやってくる派遣・請負労働者は、誘致企業が立地する地域の旧住民にとっては、実質的にも心理的にも遠い存在であったといえるだろう。

(2) 緊急雇用対策への労働者の反応

雇用調整の対象者となった労働者の側は、自治体の緊急雇用対策にどう反応したのだろうか。杵築市は、いち早く臨時職員の募集を決めて全国的にも注目されたが、実際に募集してみたところ応募はふるわず、2009年3月までに28人の募集枠に対して、応募者全員に当たる7人を採用したにとどまった。緊急避難的に提供した宿泊施設12部屋に入居したのは、2世帯に過ぎず、民間から無償で提供されたアパート14戸への入居実績も、6戸にとどまっている。

国東市の緊急相談窓口には、開設以来2009年4月までに、延べ72件の相談が寄せられた。2008年12月の窓口開設当初はまとまった数の相談があったが、大分キヤノンだけでも1,000人規模の雇用削減が見込まれた割には相談件数が少なく、2009年3月以降はほとんど相談がない状態である。開放した市営住宅11戸は、2009年4月時点で満室であった。しかし、最後の入居者が入居したのは2009年2月末であり、応募は緩慢であった。

地場の派遣・請負業者が大量の雇用調整を実施した日出町でも、町内での発掘作業に従事する軽作業員3名を募集したが、応募は得られなかった。また、日出町の緊急雇用対策窓口への相談件数は、2008年12月の開設から調査時点（2009年6月）までで10件にとどまっている。

中津市の場合、2009年6月の調査時点で、雇用調整対象者向けに提供された17戸の市営住宅はすべて埋まっていた。延べ6人を募集した臨時職員は、当初の応募期間には2人しか応募がなかったが、追加募集をした際に2人の応募があり、4人全員を採用した。

大分市は、選挙管理委員会と合わせて48人の臨時職員を募集し、55人の応募を得て44人の採用予定者を選抜した。しかし、雇用期間が短いことや、雇用開始時期が折り合わないなどの理由から辞退者が出て、実際に採用に至ったのは39人であった。住宅支援については、市営住宅13戸を提供したのに対して、入居者を迎えたのが5戸、民間から提供されたアパート20人分に対しては、入居者が18人という結果であった。

　結局、自治体の相談窓口や臨時職員の募集、住宅提供などに、雇用調整対象者が殺到するという事態は起こらなかった。大規模な雇用調整が行われた割には、自治体の緊急雇用対策に対する労働者の反応は鈍かったといえるであろう。それにはいくつかの理由が考えられる。

　市営住宅への応募が少なかった要因の1つとして、一部が国や大分県の施策と重複していたことが挙げられる。厚生労働省は、雇い止めとなった労働者を引き続いて寮などに住まわせた場合に助成を受けることができる、離職者支援住宅給付金を創設した。これは、2008年12月に概要が発表され、12月9日に遡って適用されることになっていたが、政局の混乱などを受けて、その施行は2009年2月にずれ込んだ。国の施策の遅れを見越した大分県は、ほぼ同様の施策を前倒しして実行した[27]。2009年2月には、国の制度がこれを引き継いだため、その下で失職後も引き続いて寮などに住むことができた労働者が相当数いたと考えられる。

　自治体の募集した臨時職員の多くは、求職者の求める条件と折り合わなかったようである。まず挙げられるのは、雇用期間が短く、賃金が低かったことである。杵築市を例に取ると、臨時職員の雇用期間は、最長でも1カ月であり、賃金は道路脇の除草や側溝の清掃、道路の簡易な補修などをする仕事で、日給5,400〜6,100円であった。現住地に定着する意思が強い労働者ほど、雇用期間が長く雇用条件の良い職を求めるであろうが、ひとたび就職してしまうと、就職活動に割くことができる時間はほとんどなくなる。自治体の臨時職員が短期で仕事内容の割に賃金が低いとなれば、雇用保険が受給できる間はそれを受給して、就職活動を行うなどの善後策を検討するほうが合理的であろう。「雇い

止め等の状況（2009年11月報告）」によると、同年10月報告時点で雇用調整を実施済みまたは実施予定とされた24万4,308人のうち、別途把握を行った11万8,085人について雇用保険の受給状況を集計したところ、雇用保険受給資格決定者が71.8％、受給資格ありと推定されるのが90.5％であった。雇用調整対象者となった間接雇用労働者の多くにも、雇用保険受給資格はあり、実際その多くが雇用保険を受給していたのである。

以上の要因に加え、緊急雇用対策への労働者の反応が鈍かったことに関しては、間接雇用労働者の中に地域外の出身者が多かったことが強く影響していると考えられる。大分県内で働く県外出身の間接雇用労働者は、必ずしも生活の拠点をそこに置くために大分県に来たわけではない。むしろ派遣業者や請負業者の顧客である製造業事業所が大分県内にあったために、偶然そこで働くことになり、その結果として大分県に住むことになったのだと想定される[28]。もし定住の意思があるならば、より多くの間接雇用労働者が住民票を移しているはずであり、杵築市や国東市は住民基本台帳ベースで顕著な人口増加を記録していたはずである。雇用削減に直面した県外出身者には、大分県内の仕事や住居にこだわる理由はない。県外出身者の多くは、自分の出身地に帰るなどして別の地域に移動するか、そうすることを予定していたため、短期的な仕事や住居しか保証されない自治体の支援策には応募しなかったと考えられる[29]。

この点について、Cox（1998）を手掛かりに、議論を展開してみよう。彼は、空間のポリティクスの態様について論じるに当たっては、「根付きの空間（spaces of dependence）」と「関与の空間（spaces of engagement）」の区別が本質的に重要であるとする。「根付きの空間」とは、主体にとって基本的な利害関係の基盤であり、他の場所では得ることのできないローカルな社会関係[30]によって定義づけられる空間である。おそらくわれわれが日常生活を送り、「地元」などと呼んでいる空間は、「根付きの空間」に該当すると思われる。

「根付きの空間」は独立して存在するわけではなく、より大きな空間スケールで展開する社会関係に組み込まれている。本章に引きつければ、対象地域の経済・社会の命運を握る誘致工場は、あくまでも大企業の組織内における1事

業所に過ぎないのであり、その大企業もグローバル経済の波にさらされているといった状況を想定すればよかろう。この想定からも理解できるように、「根付きの空間」のよって立つローカルな社会関係は、上位の空間スケールで展開する社会関係に解消されてしまう危険性にさらされている。Cox（1998）は、主体がそうした脅威から「根付きの空間」が存続する条件を守ろうと団結する場合には、たとえば地方政府や全国的な（あるいは国際的な）報道機関といった、別の社会的勢力と関係する必要があると述べる。そうする中で、主体は「関与の空間」という別の形態の空間を構築するのであり、そこにおいて「根付きの空間」を守ろうとする運動が展開するのだという。

　いうまでもなく「関与の空間」は、主体にとってかけがえのないローカルな社会関係が存在する場所、すなわち「根付きの空間」という基礎があって初めて構築される。単に仕事があるからという理由で転入してきた間接雇用労働者のほとんどにとって、職場が位置している杵築市や国東市は「根付きの空間」とはいえない[31]。したがって、行政に救済を求めたり、労働争議を起こしたりするなど、何らかの自発的な働きかけによって、そこに「関与の空間」を築き上げるための動機づけは弱いのである。自治体の緊急雇用対策が雇用調整の対象となった労働者から思ったほどの反応を得られなかった背景は、このように理解できるのではなかろうか[32]。

　もとより筆者は、どの程度の間接雇用労働者が県外出身者であり、そのうちのどの程度が、雇用調整を受けた後に他地域への移動したのかを、定量的に把握しうるデータを得ることができていない。そうであったとしても、派遣・請負業者が、労働者を「根付きの空間」から切り離し、その労働力を需要する顧客のいる地域へと送り出す媒介項となっていることは、確かであろう。また日本では、製造業における間接雇用の制度化が、職場が位置している地域を基盤に労働者が異議申し立てをすること、すなわち「関与の空間」の構築を無効化しているという論点を提示することも可能であり、その意義も少なくないと考える。

(3) 自治体を頼った労働者たち

以上のように、自治体の緊急雇用対策に対する労働者の反応は、全体としては弱かったが、自治体の支援を仰がざるを得ない労働者も存在した。雇用調整の対象となった労働者が自治体の支援を受ける場合、まずは緊急相談窓口を尋ねるのが普通である。そこで、いくつかの自治体について緊急相談窓口の利用者の属性を見ることで、どのような労働者が自治体の支援の対象となったのかを把握する。

表6-5 緊急相談窓口利用者の年齢と性別

	杵築市	国東市		
		男性	女性	総計
20歳代	51	10	2	12
30歳代	80	16	8	24
40歳代	70	4	2	6
50歳代	18	3	1	4
不明	23	2	0	2
合計	242	35	13	48

注：1）杵築市については電話のみでの相談者59人を含む。
　　2）杵築市の性別内訳は、男性168、女性73、不明1。
資料：杵築市、国東市提供の資料により作成。

相談者の年齢は、30〜40歳代が中心である（表6-5）。2007年の就業構造基本調査によれば、労働者派遣事業所の派遣社員のうち、29歳以下の者が占める割合は、大分県では39.2％であった。これに対して、国東市の緊急相談窓口利用者では、20歳代の割合が25％、杵築市の同割合は21％である。自治体の緊急雇用対策を頼った労働者は、間接雇用労働者の中では相対的に年長者に偏っていたとみられる。とりわけ杵築市では、40歳以上が36％を占めており、その傾向が顕著である。

国東市の窓口利用者48人の出身地は、大分県外が33人（69％）、大分県内が11人（23％）、残りが不明であり、大分県外出身者のうち30人は九州の出身者であった。中津市の場合は窓口利用者49人のうち28人（57％）が大分県外出身者、16人（33％）が大分県内出身者であり、県外出身者のうち20人（71％）が九州の出身者であった[33]。藤川（2009）は、九州のある自動車メーカーに労働者を派遣している派遣業者2社が、派遣労働者の大半を九州内で採用していたことを報告している。豆本（2008）も、九州内の派遣・請負業者に対して行ったアンケート調査に基づき、製造業の大規模事業所が立地する大分県では、派遣・請負業者が九州のかなり広い範囲で労働者の募集を行っているとしている。

表6-6 国東市の緊急相談窓口利用者の属性

(単位：人)

契約解除		契約から契約解除までの期間		性別と同居人の有無			住居		健康保険*	
2008年11月	8	1～3カ月	4	男	同居人あり	10	寮	39	社保	25
2008年12月	20	3～6カ月	13		同居人なし	25	アパート	3	国保	6
2009年1月	12	6カ月～1年	8				自宅	3	無保険	5
2009年2月	3	1年以上	15	女	同居人あり	4				
2009年3月	2				同居人なし	9				
不明	3	不明	8	不明		0	不明	3	不明	12
総計	48	総計	48	総計		48	総計	48	総計	48

＊社保は、雇用主を通じて健康保険に加入している人を、国保は国民健康保険に加入している人を指す。
注：原資料には契約及び契約解除の時期が日まで記されていたので、契約から契約解除までの期間はそれに基づいて筆者が計算した。
資料：国東市提供の資料により作成。

　これらを総合すると、間接雇用労働者の労働市場の空間スケールは、県の範囲を超えた広がりを持っているが、全国的な広がりをもつとまではいえず、九州内におおむね収まっているようである。なお、窓口利用者のうち当該自治体に住民票を置いていなかったのは、杵築市では31％、中津市では29％であった。窓口利用者は、相対的に現住地への定着志向が高いと考えられるが、それでも約30％が住民票を移していなかったのである。

　国東市については、データが得られた窓口利用者の絶対数は少ないが、個人属性について比較的多くの情報が得られた（表6-6）。対象者が派遣・請負業者との雇用契約を解除された時期は、2008年11月から2009年1月に集中しており、とくに2008年12月だけで20人が契約解除を受けている。48人の対象者のうち、24人は2008年度に入ってから派遣・請負業者と雇用契約を取り結んでおり、景気が短期間の内に悪化し、これに「フレキシブルに」対応する形で企業が雇用調整に踏み切ったことを反映している[34]。しかし国東市の窓口利用者は、雇用調整の対象となった間接雇用労働者一般に比べれば、雇用されてから契約解除までの期間は長いといえる。厚生労働省の調査によれば、労働者派遣契約期間の開始日から契約解除日までの期間が6カ月を超える派遣労働者は39.5％であり、1年を超える例は13.4％にとどまった[35]。これに対して、国東市の窓口

利用者では、雇用されてから契約解除までの期間が6カ月を超えた人が23人（48%）、1年以上の人も15人（31%）に上った。雇用調整の対象となった間接雇用労働者のうち、勤続期間が比較的長く、現住地への定着志向が強い人が、選択的に相談窓口を訪れた可能性がある。

　窓口利用者の約半数は、男性の単身者（25人）であったが、女性の単身者（9人）や同居者がいる人（14人）も少なからず見られる。同居者のいる対象者のなかには、パートナーとともに派遣・請負業者に登録し、国東市に働きに来ている例も見られる[36]。同居家族が比較的多い場合を除くと、ほとんどの対象者は、派遣・請負業者が用意した寮に居住していた。自動車の所有については不明が多いが、所有しているケースよりも所有していないケースが多い。国東市には鉄道が通っていないため、公共交通手段はバスに限られる[37]。したがって、自動車を保有していない対象者の行動範囲はかなり制限されると思われる。また、製造業で働く間接雇用労働者のほとんどは、社会保険の加入資格があると思われるが、対象者には国民健康保険加入者や健康保険未加入者も散見され、派遣・請負業者が保険料の負担を避けるために社会保険に加入させていない例が存在する可能性も否定できない。

　国東市の緊急相談窓口の相談内容としてもっとも多かったのは、住宅の確保（39件）についてであり、これに再就職についての相談（22件）が続く。いずれの自治体でも、自分が雇用調整の対象となることを見越して、予防的に相談に訪れる人がいる一方で、生活資金が尽き、なすすべがなくなってから来る場合もあり、そうした人の救済に苦慮していた[38]。また、家族関係の問題などがあるために実家に帰ることはできないと述べる人や、借金などの問題から逃れるために、身元や経歴をあまり問われない間接雇用労働者として働いていると語る人もいたという。Cox（1998）の言葉を借りれば、こうした労働者は、現住地以外の地域にも、「根付きの空間」を持っていないことになる。

　このように、自治体の緊急相談窓口利用者は、間接雇用労働者の中では相対的に高年齢で、県外出身者が多く、なかには生活上の問題を抱えている人もいた。こうした人々の姿については、第7章においてより克明に浮かび上がらせ

たい。新たな仕事を見つけるのが難しく、家族の支援を頼ることも難しい労働者、言い換えればリスクの高い労働者や「根付きの空間」を持たない労働者を救済してきたことは、自治体の緊急雇用対策の成果として評価すべきである。しかし、雇用調整の対象となった労働者全体から見れば、限られた部分を救ったにすぎず、そこには限界があったと言わざるを得ない。

6　雇用不安とその顛末をめぐる空間スケールの重層性

　本節では、これまでの内容を要約して縷説することは避け、間接雇用の拡大、雇用不安の発生、自治体による緊急雇用対策の展開とその帰結といった一連のプロセスと、それに深く関わる間接雇用労働力の地域間移動について、空間スケールの重層性あるいはその乖離という観点から整理しなおすことに主眼を置き、本章の結びに変えたい。

　未曾有の雇用不安は、間接雇用の適用範囲の拡大などによって、市場メカニズムに近い形で社会的調整がなされる労働市場を実現し、輸出主導型製造業に代表される日本企業の競争力を高めようとする国の成長戦略に胚胎されていたといえる。間接雇用が一般化した労働市場においては、労働力需要の減少に即応して、失職者が大量に発生するのは必然である。経済のグローバル化を実感させるかのように、アメリカ合衆国発の金融危機が引き金となって、国民経済が宿していた雇用不安のリスクは一瞬にして現実のものとなったのである。

　金融危機は国民経済全体に影響を与えたが、その影響は特定の輸出志向型製造業における間接雇用労働力の削減という形で典型的に現れたため、大規模事業所が立地する地域において先鋭化するという地理的多様性を伴っていた。そして現実のものとなった雇用不安に対しては、国による対策も講じられたが、とくに初動期において、自治体が独自の対応策を展開したことが特徴的であった。大分県内の自治体は、失職した間接雇用労働者が雇用と住居を確保できるよう、臨時職員の募集や市営住宅などを進めたが、当事者の反応は、予想以上に弱かった。

筆者は、間接雇用労働者の多くが大分県外からの流入者であったことに、その理由を求めた。彼／彼女らの大半は、派遣業者や請負業者に媒介されてたまたま大分県に来たのであり、「根付きの空間」を大分県に移すつもりで来た人は、わずかであったと考えられる。それゆえ、自治体に救済を求めるという受動的な水準においてすら、職場が位置する地域で「関与の空間」を構築しようとする動きは弱く、多くの労働者は他地域へと移動していったと考えられる。

　もちろん、自治体の緊急雇用対策を頼らざるを得ない労働者もいた。そうした人には、今住んでいる地域に定着する意志が相対的に強い人や、生活上の問題を抱えている人などが多く、自治体がこうした労働者に自発的に救済の手を差し伸べてきたことは、積極的に評価すべきである。しかし総じていえば、自治体の緊急雇用対策は、より広い空間スケールで移動する間接雇用労働者に対するセーフティネットとしては、限界があったと言わざるを得ない。

　自治体の行う緊急雇用対策の対象となる労働者は、その自治体に居住していたか、もしくはそこで働いていた人に限定される。言い換えれば、自治体によるローカルな労働市場の調整は、自治体の領域を超えることはない。しかし、企業が労働力のフレキシビリティを達成するために派遣・請負業者を介して間接雇用労働力を調達する空間スケールは、自治体の領域よりもはるかに広い。ここには空間スケールの乖離がある。このことを踏まえると、より広い空間スケールでのセーフティネットの充実に向けた議論が必要となってくる。

　おのずと期待されるのは、国の役割であろう。今回の雇用調整局面では、国の成長戦略の問題点がローカルなスケールで噴出してきたのである。すでに述べたとおり、雇用調整が行われたのを受けて、国は2008年度中にいくつもの対策を講じてきた。2009年度に入ると、国は「ふるさと雇用再生特別交付金」と「緊急雇用創出事業」という、大規模な雇用創出事業に着手した。もはや内容を詳しく紹介するいとまはないが、いずれも実施主体は自治体であり、関連する行政文書に「地域の実情」、「地域のニーズ」、「地域の特性」などの文言がたびたび登場するあたりに、既視感と同時に一抹の不安を覚える。というのも、実施主体が自治体となれば、そこを「根付きの空間」とする住民を対象とした

内容になるのは当然であり、そうなれば、「根付きの空間」を持たずに不安定な状態で遊離している労働者たちはどこにセーフティネットを求めればよいのか、という問題が浮上するからである。

今回の雇用不安に際して、自治体が危機意識を持って自主的な対応を採ったことは好材料である。自治体の自主性を尊重した労働市場政策を補完するためには、不安定な労働者が流動している空間スケールに対応した新しいセーフティネットを構想することが必要であろう。たとえば、間接雇用労働者が主に九州といった地域ブロックの内部で移動しているとするならば、その範囲内で県や市町村といった自治体の垣根を超えた連携の枠組みが考えられる。

しかし、その枠組みが有効に機能するためには、どの程度の労働力がどの程度の空間スケールで流動しているのかを、制度設計に耐えうる精度で把握することが不可欠である。現時点では、住民票の異動を行わない労働者の移動を捉えるすべはなく、そのことが本章における論証力に影響を与えていることは、筆者も自覚している。多くの間接雇用労働者の転入を受け入れている自治体が正当な税収を上げられるようにするためにも、実態に即した転出入届の提出をうながすべきではあるが、移転先を知られたくないなどの事情を抱えた労働者もいるため、徹底は難しいであろう。少なくとも、労働者派遣法に基づいて行われている労働者派遣事業については、業者が毎年提出する事業報告を通じて、労働者の地域間移動の状況をより詳しく把握する方法を検討することが急務であろう。

注

1) 冗長になるのを避けるため、2008年9月の金融危機に端を発する不況および雇用不安のことを、本章では、「今回の不況」、「今回の雇用不安」などと表現することがある。

2) 本章は、大分県内の自治体や労働組合に対する聞き取り調査と、そこから提供を受けた資料、ならびに新聞記事などに基づいている。聞き取り調査の対象は大分労働局、大分県商工労働部雇用・人材育成課、大分県商工労働部企業立地推進課、大分市・国東市・杵築市・中津市・日出町の各緊急雇用対策本部、連合大分、大分ふれあいユニオンである。聞き取り調査は2009年4月〜6月に実施し、各調査

の所要時間は１〜２時間であった。
3） 業務請負は、労働者を指揮命令する使用者と労働者が雇用関係を取り結んでいるのが建前であるので、厳密には間接雇用ではない。
4） 厚生労働省は、ウェブサイトにおいて「現下の雇用労働情勢を踏まえた取組みについて」と題する資料を2008日12月9日付で公開している。そのうちの事業所向けパンフレットにおいて、有期労働契約については、やむを得ない事由がある場合でなければ、契約期間が満了するまでの間において解雇することはできないとした労働契約法第17条に基づき、「(有期労働契約の場合)期間の定めのない労働契約の場合よりも、解雇の有効性は厳しく判断されます」との認識を示している（http://www.mhlw.go.jp/houdou/2008/12/h1209-1.html：2009年12月24日閲覧）。
5） Theodore and Peck（2002）とWard（2003）は、それぞれアメリカ合衆国とイギリスにおける派遣・請負業の成長プロセスと現状を包括的に検討したものである。これらの研究は、各国の調整様式に対応して成立している労働市場体制の中に、派遣・請負業がどのように組み込まれ、成長してきたのかという視点を有している。
6） http://www.mhlw.go.jp/houdou/2009/03/dl/h0331-2a.pdf（2009年12月24日閲覧）。
7） Benner（2003）は、労働市場の媒介項が労働市場において担う3つの機能として、①取引費用の節約、②社会的あるいは業務上のネットワーク形成への寄与、③不確実な市場における雇用者・労働者双方のリスク軽減、を挙げている。次節から看取できるように、筆者は「労働市場の媒介項」としての派遣・請負業者が果たすリスク軽減機能は、雇用者と労働者の間できわめて非対称に作用すると考えている。
8） Peck and Theodore（2001）が主な調査対象としているのは、日本でいえば「日雇い派遣」に相当するような登録型の小規模な労働者派遣業者である。
9） 吉田（2008）は、沖縄県から県外への間接雇用労働者の移動について、派遣・請負業者、職業安定所、求人情報誌などの媒介項の果たす役割を明らかにしている。そこでは、Doeringer and Piore（1985）の二重労働市場論をベースに、製造業における間接雇用労働力の位置づけが議論されているが、二重労働市場論は労働市場に関するセグメンテーション理論の第一世代であり、現代の理論的水準からすれば労働市場を単純化しすぎている。
10） 以下ともに、一般労働者派遣事業と特定労働者派遣事業を合計した値である。
11） 従業者数から他への派遣・下請従業者数を除き、他からの派遣・下請従事者数を加えたものであり、当該事業所で働いている労働者に相当する。
12） http://www.oita-canon.co.jp/corporation/history.html（2009年11月26日閲覧）。
13） 大分県提供の資料によれば、金融危機が起こる前の時点（2008年6月）では、

杵築市および国東市の主な誘致企業事業所で働く労働者数（直接雇用と派遣の合計）は、大分キヤノンが2,760人、ソニーセミコンダクタ九州大分テクノロジーセンターが570人、大分キヤノンマテリアルが1,840人、東芝LSIパッケージソリューションが656人であった。

14) 実際には居住している自治体と職場のある自治体が異なる労働者も多い。2005年国勢調査によれば、常住地が杵築市である就業者のうち、従業地が国東市（合併後の領域）である者の割合は9.2%、常住地・従業地が逆の場合は4.9%である。現在、国東市との市境に近い杵築市内には、派遣・請負業者の寮として使われているアパートがまとまってみられるが、これらは国東市の大分キヤノンで働く間接雇用労働者向けのものである。自治体への聞き取り調査によれば、大分キヤノンで働いていた間接雇用労働者が、雇用されている派遣・請負業者を変えないまま、大分キヤノンマテリアルで働く例もあるという。

15) 2010年6月時点では、「雇い止め等の状況」は毎月公表され、結果は厚生労働省のウェブサイトから閲覧できる。ただし、2008年11月28日の第一報は見ることができないようである。毎月の報告書の冒頭に書かれているように「この報告は、労働局やハローワークの通常業務において入手し得た情報に基づき、可能な範囲で事業所に対して任意の聞き取り調査を行っているため、すべての離職事例やその詳細を把握できたものではない」。したがって実際には、より多くの労働者が離職を余儀なくされている可能性がある。

16) http://www.mhlw.go.jp/houdou/2008/12/h1219-5.html（2009年11月27日閲覧）。

17) 厚生労働省は、この制度を「日本型ワークシェアリング」促進のための取組みと銘打っている（http://www.mhlw.go.jp/houdou/2009/03/h0330-4.html：2009年11月27日閲覧）。

18) 派遣・請負事業者等が、解雇や雇用期間満了となった労働者を引き続いて寮などに住まわせた場合、ほぼ家賃に相当する額の助成を受けることができる制度（http://www.mhlw.go.jp/houdou/2008/12/dl/h1219-5c.pdf：2009年11月27日閲覧）。

19) 事業主都合で住宅喪失状態になった離職者に対して、住宅入居の初期費用などの必要な資金を貸し付ける制度（http://www.mhlw.go.jp/houdou/2008/12/h1212-4.html：2009年11月27日閲覧）。

20) 『大分合同新聞』（2008年12月4日夕刊）。また翌日の同紙朝刊には、2009年3月末までの雇用削減は、大分キヤノンが1,097人、大分キヤノンマテリアルが80人と報じられている。

21) 『大分合同新聞』（2008年9月10日朝刊）。キヤノンでは、2004年以降グループ企業各社で偽装請負の問題が表面化したため、2006年8月に「外部要員管理適正化

委員会」を設置するなど、請負業者との契約を見直して派遣労働者に切り替えることを進めた。一方で、2006年に働き始めた派遣労働者は、2009年に派遣先の受け入れ期限の上限である3年を迎えることになり、企業は製造業務の労働力を確保するうえでさまざまな困難に直面することが予想されていた。大分キヤノンおよび大分キヤノンマテリアルがとった派遣労働者全廃への動きは、こうしたいわゆる「2009年問題」への対応を前倒しし、請負労働者を中心とした生産システムへと再編成するためのものであったと思われる。

22) 自治労各県本部からの情報提供、自治体広報、新聞報道などを自治労本部が集約した、「雇用対策にかかる労働組合及び自治体の取り組み」という資料をご提供いただいた。

23)「雇い止め等の状況」は、都道府県の労働局が行った企業などへの聞き取り調査を取りまとめて公表したものである。そのため、各都道府県の労働局には管内の個別企業の雇用削減に関する情報が集約されているはずであるが、大分労働局の場合、自治体からの問い合わせに対して個別の情報を公開することはなかったようである。

24) このほか、タクシー事業者や工務店など、恒常的に人手不足に苦しむ企業が、雇用調整対象者の受け皿として名乗りを上げた。こうした民間企業の求人数は2008年12月22日の段階で600人以上に上った(『大分合同新聞』2008年12月22日夕刊)。しかし自治体や労働局へのインタビューによると、こうした求人には応募者が少なく、また応募があっても採用側のニーズと求職者の資質の間にミスマッチがある場合が多いという。

25) 大分市と中津市は、建替や改修が予定されていたため募集停止中であった市営住宅に、畳・ふすまの交換や必要な補修を施して供用した。

26) 『大分合同新聞』(2008年12月16日夕刊)。

27) 2008年12月16日の大分県議会で同事業費を計上した一般会計補正予算案が可決され、2008年12月1日～2009年1月31日までの解雇に適用することが決定した(『大分合同新聞』2009年12月16日夕刊)。なお、大分県の資料によると、この制度には13社が251人分を申請した。

28) Gordon (1995) は、分断された労働市場 (segmented labour market) を念頭に置き、それぞれの部分労働市場と労働力移動の特性に構造的な結びつきがあるとし、イギリスにおける労働力移動の実証分析に基づき、雇用者が決まっている移動 (contracted move) は安定した雇用と結びつく傾向にあるのに対し、行き当たりばったりの移動 (speculative move) は不安定雇用に結びつきやすいと述べている。派遣・請負業者を介した移動 (いわば mediated move) は、上記2つの移

動類型のどちらともいえない側面を持つ新たな移動類型として位置づけられよう。
29) 杵築市の調査によれば、2008年12月時点における市内のアパートの入居率は約80％であったが、2009年3月の調査では、約70％に低下していた。このことからも、間接雇用労働者が杵築市から段階的に転出していったことがうかがえる。
30) これは、パットナム（2004）が論じる「社会関係資本」に近いものといえるだろう。
31) 岩田（2009：173）は、住宅は「われわれの社会への帰属の基点を形成するものである」が、「『労働住宅』は地域内での社会関係を築く拠点にはなりにくく」、そうした住宅に暮らす間接雇用労働者は、地域社会の側から見ても「同じ空間内に存在しても、近隣としては認識しにくい面を持っている」と述べている。岩田は、いわば「根付きの基点」たるべき住宅が一時的な碇泊点を用意しているにすぎないことから、間接雇用労働者が「根付きの空間」を持たないことを論じているといえる。
32) 逆に自治体の緊急雇用対策に寄せられた市民からの批判的な意見は、好調な企業業績の恩恵を必ずしも十分な形で享受できないままに、自分の「根付きの空間」に「よそもの」を受け入れてきたことに対する不満が噴出したものと解釈できる。
33) 中津市が市内の派遣・請負業者を対象として行ったアンケート調査からは、雇用調整の対象とされた間接雇用労働者461人の出身地の内訳がわかる。それによると、中津市出身者が26.5％、中津市以外の大分県出身者が18.4％、大分県外出身者が55.1％であった。
34) 勤務形態は、派遣が35人、請負が12人、不明が1人であった。既述のとおり、大分キヤノンはすでに製造現場での派遣労働者を廃止し、直接雇用と請負労働者に置き換えていたはずであるが、窓口利用者には派遣労働者が多い。その理由は不明である。
35) http://www.mhlw.go.jp/houdou/2009/03/h0331-20.html（2009年11月29日閲覧）。
36) 筆者は2008年3月に沖縄労働局那覇職業安定所および名護職業安定所において、沖縄県から県外への派遣・請負労働者の移動に関する聞き取り調査を行った。カップルで派遣・請負業者を経由して県外に働きに行くことは、沖縄県では一般的に見られる形態であるという。なお調査では、必ずしもカップルでの移動ではないが、沖縄職業安定所および名護職業安定所を通じて大分県内のキヤノン関連の工場で派遣・請負労働に従事した事例が確認できた。
37) 国東市から大分駅へ向かうバスはおおむね1時間に1本である。
38) 中津市の相談窓口利用者の例では、「実家に帰る交通費がない」というので実家はどこかと聞いたところ、中津駅からJRで540円の福岡県行橋市であったという。

第7章　自治体の緊急相談窓口利用者にみる間接雇用労働者の不安定性

1　問題の所在

　現実の市場は経済学において通常想定される市場、すなわち空間的な広がりを持たず、需要と供給が「見えざる手」によって瞬時に結びつけられる場ではない。とりわけ労働力は、労働者から切り離してそれだけを流通させることができないため、需要側からすれば、必要な場所で、必要なときに、必要な量を調達することが他の商品一般と比べて困難である。そのため労働市場においては、時間的・空間的ミスマッチを乗り越えて需要と供給を結びつける、「見える手」としての媒介項が不可欠である（Benner 2003）。

　高度成長期・安定成長期の日本において、労働市場における需給の媒介項としてとくに重要であったのは、学校と職業安定所である。高度成長期には入職者に占める新規学卒者の割合は現在よりもずっと高かった[1]。学校が企業と新規学卒者の媒介項の役割を果たしたため、労働力が供給過剰である非大都市圏から労働力不足が深刻であった大都市圏へと比較的円滑に若年労働力が移動し、それが国民経済全体の成長を支えたのである。民間の有料職業紹介事業が禁じられていたため、縁故や人的ネットワークといった非制度的な媒介項を除けば、高度成長期の職業安定所は転職者の労働力需給の媒介項として独占的な地位にあった。そして大企業ほど長期安定雇用を堅持しようとしたため、労働力需給の時間的ミスマッチは、もっぱら残業時間の調節によって果たされた。労働市場における媒介項として学校と職安が重要な役割を果たす状況は、安定成長期にも維持された。

低成長期とりわけ1990年代後半になると、「官から民へ」という流れの中で、労働法の規制緩和が相次いだ[2]。原則禁止されていた有料職業紹介事業は、1997年の職業安定法施行規則改正によって取扱職種がネガティブリスト化され、1999年には原則自由化された。それと同時に、労働者派遣の対象業務もネガティブリスト化された。そして2004年には、ついに製造業務への労働者派遣が自由化され、2006年には派遣期間の上限が3年に延長された。こうした過程で、派遣労働者は著しい増加をみた。

　労働者派遣事業の規制緩和は、とりわけ労働力の需要側にとって理想的な媒介項を労働市場に用意した。大手派遣業者は全国的な事業所網を生かして、必要な質と量の労働力をそれが存在する地域から調達してくれる。このことは、派遣業者が労働力需給の空間的ミスマッチを克服する機能を持つことを意味するが、その機能は有料職業紹介業者も有している。しかし両者が決定的に異なるのは、有料職業紹介業者が労働者と雇用者とのマッチングを行うだけであるのに対して、派遣業者は労働者との間に雇用契約を結び、派遣先と労働者との間に間接雇用状態をつくり出すことである。

　企業にとって、直接雇用している従業員を解雇することはかなりの法的困難を伴う。一方派遣労働者については、派遣業者との労働者派遣契約を解除しさえすれば、容易に雇用調整を実施できる。派遣業者は労働力需給の空間的ミスマッチの媒介項であるのみならず、自らが雇用関係の緩衝材となって間接雇用という状態をつくり出すことにより、景気変動に伴う労働力需給の時間的ミスマッチの媒介項としても機能する。この特徴は、製造業において派遣労働者が増加する少し前から増加しつつあった業務請負でもほぼ同様である[3]。

　労働者派遣にせよ、業務請負にせよ、間接雇用は労働力の需給に時間的・空間的ミスマッチが生じるリスク、つまり労働力需給の変動リスクを労働者がより多く負担する制度である。第6章を通じて概観したように、2008年に起こったアメリカ合衆国発の金融危機の際には、輸出主導型製造業を中心にこのリスクが顕在化し、多くの間接雇用労働者が派遣・請負業者を介して転入した地域で職を失った。他地域から転入した間接雇用労働者の多くは、派遣・請負業者

が手配した寮などの労働住宅に居住していたため、職を失うことは同時に住居を失うことをも意味した。

職を失い、寮を追われても、頼るべき人やある程度の貯金があれば、それを資源として新たな住居を確保し、求職活動を行うことができるであろう。しかし間接雇用労働者のなかには、労働市場に内在するリスクが顕在化したとき、それを受けとめるだけの社会的・経済的資源を持っていなかった人たちが少なくなかった。自治体が開設した緊急相談窓口の来訪者は、その多くがそうした人たちであり、間接雇用労働者の中では相対的に高齢で県外出身者が多い傾向にあった。第6章では、大分県内のいくつかの自治体について、緊急相談窓口来訪者の属性上の特徴を示したが、来訪時に彼らが直面していた困難や、自治体の支援を頼らざるを得なかった事情については、資料上の制約から検討することができなかった。

その後の調査の過程で、筆者は九州の自治体であるY市から、当該自治体が金融危機に伴って設置した緊急相談窓口を訪れた人々（以下、相談者）の相談記録を閲覧することを許された。本章では、このデータを活用し、当時相談者が置かれていた状況の把握に努めるとともに、彼／彼女らがそうした状況に至ったプロセスや背景要因に可能な限り迫りたい。それを通じて得られた知見を足掛かりとして、間接雇用の持つ労働力需給の時間的・空間的ミスマッチを克服するという機能が、労働者の主体性にいかなる影響を与えるのかについて考察する。本章の対象は特定の自治体の相談窓口を訪れた人に限定されるが、概念的な検討を通じて間接雇用が一般的にはらむ問題性に関する議論に貢献することを目指すものである。

2　対象地域と資料について

(1) Y市の製造業の概要

本章の対象地域であるY市の名称や位置については秘匿とするが、対象地

図7-1　Y市の製造業の推移

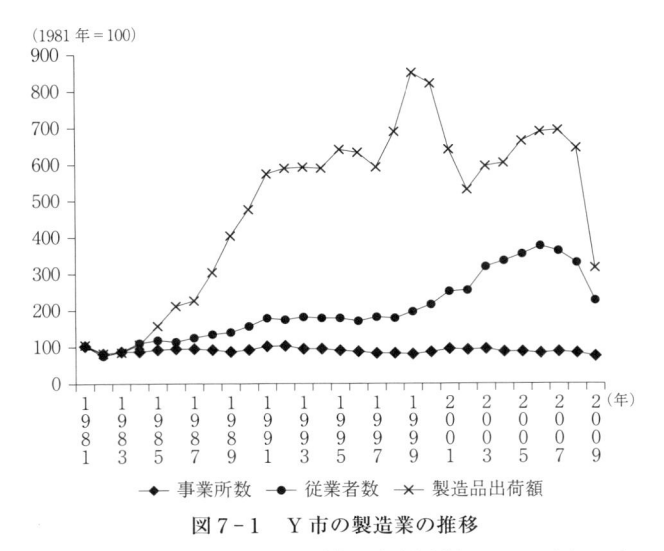

注：従業員4人以上の事業所についての数値で、製造品出荷額はデフレートしていない。
資料：工業統計調査により作成。

域の特性を理解するため、統計資料に基づいてY市の製造業の動向について整理しておく。Y市およびその周辺には、輸出主導型製造業の大規模事業所とその関連事業所が散在している。こうした事業所の立地が本格化したのは、1980年代のことである。Y市の製造業従業者数と製造品出荷額は、バブル崩壊までは堅調に増加を続けた（図7-1）。しかし、この間従業員4人以上の事業所数はほとんど変化していない。これは少数の大規模事業所が立地して従業員数を拡大した一方で、既存の食料品や繊維・衣服などの事業所の閉鎖がみられたためである。

　バブル崩壊を境にしてY市の製造業従業者数の伸びは止まり、約10年間の停滞期を迎える。この間も事業所数はほとんど変化していない。従業者数は世紀の変わり目頃から再び増加に転じている。工業統計調査の従業者数には出向・派遣受入者が含まれており、不十分ながらも構内請負事業所も調査対象としてきたことから、この増加は間接雇用労働者の増加を反映したものとみられ

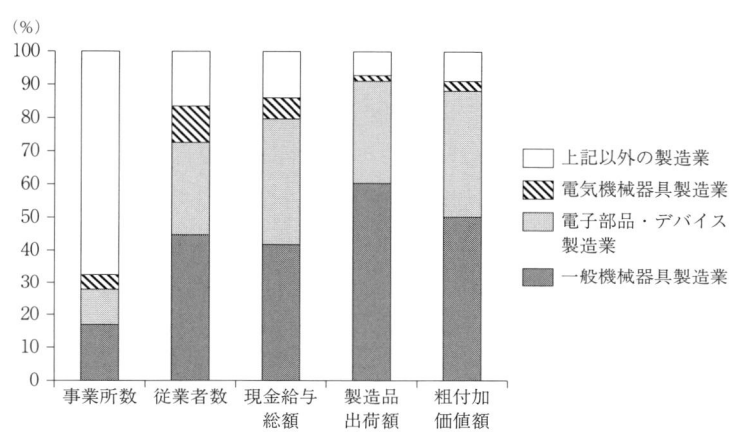

第7章　自治体の緊急相談窓口利用者にみる間接雇用労働者の不安定性　203

図7-2　Y市における製造業の構成

資料：2007年工業統計調査により作成。

る。従業者数は2006年にピークを迎え、その人数は1990年代の2倍を超えたが、金融危機が発生した2008年を境に激減し、2009年はピーク時の約60％の水準となった。

　Y市の製造品出荷額のグラフは1990年代後半に突出部をもつ。これは、この時期に行われた大規模事業所の新設と、既存事業所の設備投資による増産を反映している可能性が高い。この部分を均せば、2000年以降の製造品出荷額の増加傾向は従業者数の伸びに比べて緩やかであったといえる。他方で金融危機以降の製造品出荷額の減少幅は従業者数よりも大きく、2009年は直近のピーク時である2007年の約45％に落ち込んでいる。

　金融危機の直前である2007年のY市では、一般機械器具製造業、電子部品・デバイス製造業、電気機械器具製造業の3業種が製造業従業者数の80％以上、製造品出荷額では90％以上を占めていた（図7-2）。事業所数でみると、これら3業種の占有率は30％強であるので、地域経済が限られた業種の、しかも少数の大規模事業所に依存していることがわかる。

　程度の差はあるものの、Y市とその周辺に立地する大規模事業所のほとんど

は、間接雇用労働者を導入して生産活動を行っていた。金融危機に端を発する急速な景気後退に伴い、こうした事業所は間接雇用労働者を主たる対象とする雇用調整に次々と踏み切った。雇用調整は2008年12月頃から断続的に実施され、Y市内の事業所では2009年3月初旬までにY市が把握していただけで間接雇用労働者を中心に400人以上が雇用調整の対象となった[4]。2009年3月末までに、Y市およびその周辺に立地する大規模企業の3事業所だけで1,400人以上もの雇用調整が行われたとの新聞報道もある[5]。大規模事業所が操業時間の短縮やラインの稼働停止を行ったことにより、雇用調整は下請企業にも波及していった[6]。

(2) 分析に用いる資料について

　雇用調整に伴う大量の失職者の発生を受け、Y市は緊急雇用対策本部を迅速に立ち上げると同時に、失職者を対象とする緊急相談窓口を開設した。緊急相談窓口では商工観光課の職員が失職者に応対して現状の把握とニーズの汲み上げに努め、状況に応じて国やY市独自の緊急雇用対策事業につないでいった。相談の方法は、電話を介しての相談が約20％で、残りの約80％は相談者が市役所の窓口に直接来訪している。Y市では、基本的に1回の相談内容をＡ4版1枚の相談記録票にまとめ、場合によっては添付資料などとともに個人別のファイルに入れて管理していた。同一人物が複数回相談に訪れることもあり、その場合にはファイル内の相談記録票が来た回数分増えていくことになる。

　相談記録票は、相談内容とそれへの対応に加え、相談者の個人属性[7]を記入する様式となっている。窓口における相談の目的はこれらの項目を網羅することではなく、あくまでも相談者の状況改善に資することにあるため、空欄の項目を含む相談記録票も数多くある。それでも、失職を余儀なくされ、自治体の支援を頼ることになった人々に関する貴重な情報を含んだ資料である。

　筆者は2009年5月と2010年6月にY市商工観光課に対して聞き取り調査を実施し、2010年6～7月に許可を得たうえで、上述の相談記録票をデジタルカメラで撮影する作業を数次にわたって行った。Y市の緊急雇用対策事業は原則

としてY市に住居または勤務先を持つ失職者を対象にしていたが、報道などを通じて窓口の存在を知った市外在住・在勤者からの相談も少なくない。相談記録票は、市内在住・在勤者と市外在住・在勤者とに分けて管理されており、前者が134人分、後者が44人分であった。緊急雇用対策事業の趣旨から、市外在住・在勤者の相談記録票は全体として簡素であり、空欄の項目も目立つが、本質的に異なるものではないので以下の分析に含める。

　Y市の緊急相談窓口は2008年12月に開設された。相談記録票によれば、初回相談日が2008年12月である相談者が全体の35.4％（178人中63人）を占めている。Y市が緊急相談窓口を設置することが盛んに報道されたことも一因であろうが、この時点では国の対策が追いついておらず、自治体独自の緊急雇用対策が失職者のセーフティネットとして機能した。その後、2009年1月が40人、2009年2月が15人と初回相談者数は減少し、年度末の2009年3月には26人と再び増加する。しかし2009年4月以降は初回相談者が激減し、多い月でも5〜6人である。間接雇用労働者の解雇や雇い止めはそれ以降も続いたが、2009年度になると構築途上であった国による緊急雇用対策の枠組みがほぼ確立したため、自治体独自の対策を頼るメリットが減少したためである。

　Y市の緊急相談窓口が想定していた対象者は、原則として雇用調整によって職を失った人であり、もっぱら製造業に従事していた非正規雇用者（とくに派遣・請負労働者）を念頭に置いていた。しかし現実には、長期失業者や障害者からの相談や、雇用調整による失職者を対象にY市が募集した臨時職員に無資格ながらも応募したいとの問い合わせなどがかなりあり、それらについても相談記録票は作成されている。そこで、相談記録票の内容を精査し、Y市の緊急相談窓口が元来対象として想定していたと判定できる、いわば実質的な相談者[8]を134人抽出した。このうち、125人は雇用形態が派遣・請負であり、残りは正社員が1人、パートや期間工などの直接雇用の非正規労働者が7人、不明が1人であった。以下の分析は原則として134人の相談者について行い、それぞれの相談記録票の内容はIDを付すことで特定する[9]。

3 相談者の属性と派遣・請負労働力の移動空間

(1) 相談者の属性

　実質的な相談者である134人のうち、67.2%は男性であった（表7-1）。2006年事業所・企業統計によれば、製造業の民営事業所における他からの派遣・下請従業者数は、男性が67.0%（68万8,112人）、女性が33.0%（33万9,471人）であったので、製造業における間接雇用労働者の男女比とほぼ同じである。年齢は35～39歳がもっとも多いものの、20歳代から40歳代までまんべんなく分布している。男性の年齢は女性に比べて若干高めであり、建設業の経営をしていたが廃業を余儀なくされて派遣を選んだID45（40歳代後半）や、25年やってきた中華料理の店主から派遣労働者に転じ、2人の娘を大学に通わせているID66（40歳代後半）、かつては事業主で造園施工管理技師1級の資格を持つID69（50歳代後半）のように、自営業を廃業し40歳を過ぎてから派遣・請負労働者となった人もいる。

　対象地域が特定されることを避けるため、相談者の出身地[10]は、Y市を含むP職業安定所の管内、P職業安定所管内以外のZ県、Z県以外の九州、九州以外という大きな区分で示す。まず指摘できるのは、P職安管内を含めたZ県の出身者が少数派にとどまり、県外出身者が多いことである。データが示すのは、あくまでも相談者の出身地構成であり、雇用調整が行われた当時にY市周辺に立地する製造業事業所で働いていた労働者の出身地構成を反映してはいない。しかし、Y市周辺の事業所が労働力のかなりの部分を県外出身者に依存していたことは強く示唆される[11]。

　北海道や青森県といった遠隔地の出身者も存在するものの、県外出身者の大半は九州内の出身であった[12]。これは、九州に立地する自動車メーカーと取引している派遣業者の労働力調達の事例（藤川2009）および第6章で示した大分県内の自治体における緊急相談窓口利用者の事例と符合する。さらに本章の

対象についていえば、九州内でも有効求人倍率が低位で相対的に製造業の雇用機会が少ない県の出身者が目についた。なお、出身地構成にさしたる男女差は認められない。

相談者が失職するまで雇用関係にあった派遣・請負業者と契約を結んだ時期をみると、金融危機が発生した2008年の契約が36.6％ともっとも多く、大半は製造業務への労働者派遣が解禁

表7-1 相談者の性別、年齢と出身地

(単位：人、％)

		男性	女性	合計	
年齢	20～24歳	7	7	14	10.4
	25～29歳	12	6	18	13.4
	30～34歳	12	8	20	14.9
	35～39歳	22	5	27	20.1
	40～44歳	12	5	17	12.7
	45～49歳	13	7	20	14.9
	50～54歳	4	0	4	3.0
	55～59歳	2	1	3	2.2
	60歳以上	1	1	2	1.5
	不明	5	4	9	6.7
出身地	P職安管内	16	7	23	17.2
	P職安管内以外のZ県	7	4	11	8.2
	Z県以外の九州	45	19	64	47.8
	九州以外	10	5	15	11.2
	不明	12	9	21	15.7
合計		90	44	134	100.0

資料：Y市相談記録票により作成。

された2004年以降に雇用契約を締結している（表7-2）。厚生労働省の資料によれば、労働者派遣契約を中途解除された派遣労働者のうち、派遣契約期間の開始日から契約解除日までの期間が6カ月を超えていたのは39.5％であった[13]。相談者では同期間について不明である人が23.9％に上るものの、派遣契約期間の開始日から契約解除日までの期間が6カ月を超えていた人の割合は56.7％であり、厚生労働省の調査結果に比べて勤続期間が長い。

(2) 派遣・請負業者による労働力需給の媒介

Y市周辺では、電機電子や機械といった加工組立型産業の大規模事業所の立地が進んだ結果、2008年6月の段階でP職安管内には間接雇用労働者を含めて従業者100人以上の製造業事業所が少なくとも10以上存在し、従業者数500人以上の誘致企業の大規模事業所も5カ所存在した[14]。ところが相談者の職場となっていた企業をみると、S社とT社の2事業所だけで77.6％を占めている。図7-3では、相談者の主な職場すなわち派遣・請負先事業所のうち従業者数

表7-2 相談者が直近に勤務していた派遣・請負業者と契約した時期

契約時期		人数	備　考
2003年以前		9	
2004～2006年		20	製造業務への派遣が解禁1)
2007年		28	受入期間上限が3年に延長2)
2008年	1～8月	27	
	9月	8	リーマン・ブラザーズ破綻3)
	10月	12	
	11月	1	厚生労働省「雇い止め等の状況」4)
	12月	1	A市緊急相談窓口開設
2008年合計		49	
2009年		2	
不　明		26	
合　計		134	

注：1) 2004年3月。同一職場での受入期間の上限は1年。
　　2) 2007年3月。
　　3) 9月15日。アメリカ合衆国の投資銀行。
　　4) 11月18日。正式名称は「非正規労働者の雇止め等の状況について」であり、以後毎月公表。
資料：Y市相談記録票により作成。

が多いものほど上に配置してあり、SからXまでの派遣・請負先はすべて図7-2に示した3つの業種のいずれかに属する事業所である。S社とT社の事業所は、いずれも雇用調整実施前の従業者数が1,000人を超えていただけに、雇用調整の規模が大きかったとしても不思議ではない。しかしU社とV社の事業所も500人以上の従業者を擁しており、W社の事業所の従業者数も150人を超えていたことから、S社とT社で働いていた相談者の数がとくに多かったことはやはり特筆に値する15)。このことから、間接雇用労働力の活用方針や雇用調整の規模は事業所による差異が顕著であり、特定の大規模事業所の雇用調整の結果として大量の失職者が生み出されたことがわかる。

　相談者が雇用契約を取り結んでいた派遣・請負業者に注目すると、それぞれの派遣・請負業が特定の事業所に労働者を送り込んでいる様子が見て取れる。相談者の主要な職場となっているS社とT社の事業所に共通する派遣・請負業者は、地場では有力な派遣・請負業者であるf社1社のみである。相談者が契約していた限りでは、複数の職場に労働力を仲介している派遣・請負業者はa、f、h社の3社のみであった。全国展開している派遣・請負業者についても、Y市周辺では事実上取引先をS社かT社に絞り込んでいたようである。

　続いて派遣・請負業者ごとに相談者の出身地をみると、従業者数の多い事業

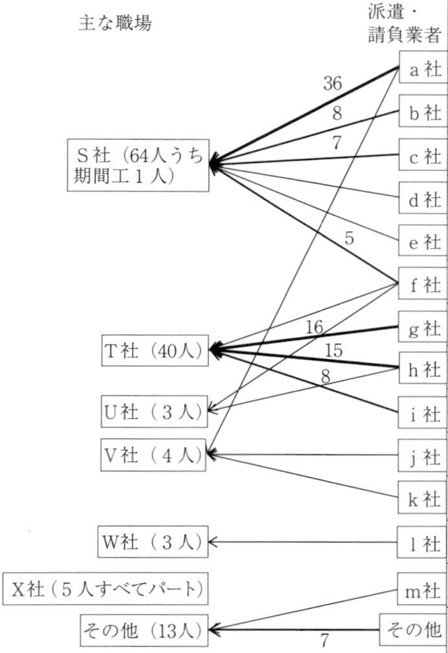

図7-3 派遣・請負業者別にみた相談者の職場と出身地

派遣・請負業者別にみた相談者の出身地

主な職場	派遣・請負業者	P職安管内	Z県	九州	九州外	不明	合計(人)
S社（64人うち期間工1人） ← 36	a社	1	2	23	9	2	37
← 8	b社	1		5		3	9
← 7	c社		1	3	3		7
	d社			2			2
← 5	e社					2	2
	f社	3		3		2	8
T社（40人） ← 16	g社	3		9	2		16
← 15	h社	3	2	10		1	16
← 8	i社	1	1	4		2	8
U社（3人）							
V社（4人）	j社	1	1		1		3
	k社	1					1
W社（3人）	l社	2				1	3
X社（5人すべてパート）	m社	1		1		1	3
その他（13人） ← 7	その他	3		1		3	7

凡例　← 10人以上　← 5〜9人　← 4人以下

注：主な職場、派遣・請負業者、出身地のそれぞれについて、不明の相談者が存在する。
資料：Y市相談記録票により作成。

所と取引をしている派遣・請負業者ほど、相談者の出身地が広範囲にわたる傾向にある。S社との結び付きが強いa〜f社を利用した相談者のうち、P職安管内を含むZ県内の出身者は12.3%（65人中8人）であるのに対し、T社との結び付きが強いg社からi社ではZ県内の出身者は26.8%（41人中11人）、j社以下では52.9%（17人中9人）であった。

　S社やT社の事業所にまとまった数の相談者を仲介していた派遣・請負業者は、全国規模ないしは複数の都道府県にまたがる事業所網を構築している。派遣・請負業者の事業所には、労働力の需要に対応して立地する事業所と、労

働力の供給に対応して立地する事業所がある。交通利便性の高い大都市中心部や余剰労働力が多い縁辺地域には、労働力の供給すなわち求職者の募集に特化した事業所も立地している（加茂 2006, 2010；宮内 2008）。これに対して Y 市周辺の事業所は、そこに立地する製造業事業所の労働力需要に対応した事業所であるといえる。しかも、それは Y 市周辺の労働力需要一般ではなく、そこに事業所を有する特定の顧客の労働力需要に応えるためのものである。つまり、間接雇用労働力の移動は派遣・請負業者の事業所網に規定されており、間接雇用労働者自身が移動先として Y 市を選ぶという意思決定の契機はほとんどない。

4　相談者の直面した困難とその背景要因

　雇用調整によって労働市場のリスクが顕在化したとき、相談者はどのような困難に直面して窓口を訪れたのであろうか。また、相談者が自治体の支援を頼らなければならなかった背景には、どのような要因があるのだろうか。本節では、相談記録票の内容を手掛かりとしてこれらの問いに答えることを目指す。相談者が直面した困難はその人固有のものであるが、相談記録票をつぶさに読み進めていくと、彼／彼女らにある程度共通する特性や条件を見出すことができる。

　相談記録票は、相談者が何を求めて窓口を訪れ、それを踏まえて職員がいかなる対応を行ったのかを記録することを目的としているため、おのずからその内容は限定され、記述も長大ではない。とはいえ複数回相談窓口に訪れた結果、全記録を合わせるとかなりの字数になるケースもあるし、100人分以上の相談記録をすべて資料として提示することは、紙幅の関係から現実的ではない。そこで、記述が充実しており、相談者に共通してみられる特性や条件を代表すると考えられる相談記録について、内容を整理したうえで提示する。本章では相談記録を内容に応じていくつかの表に分けて掲載するが、相談者には複合的な問題を抱えていた人が少なくないため、複数の表に掲載すべきケースもある。

しかし紙面を節約するため、1つのケースを重複して掲載しないことを断っておく。

(1) 家族というセーフティネットの不在

相談記録票から読み取れる傾向のうちもっとも鮮明であったのは、家族との関係性がリスクへの対応可能性を左右しているということである。とりわけ多かったのは、派遣・請負労働者として働きにきたY市で失職し住居もままならない事態となったが、何らかの事情があって実家には帰れないために相談窓口を訪れたというケースである。こうした事例は表7-3だけではなく、後出の表7-4や表7-7に掲載したケースからも見て取れる。表には載せていないが、「○○県には帰れない」などのように、相談者が出身地には帰ることができないと述べていたとの記録も散見され、そこには実家に帰れないことを意味するものが含まれていると思われる[16]。

筆者は、Y市周辺における雇用調整の規模に比して相談者数が比較的少なかったのは、失職者のかなりの部分が実家などに戻る目的で他出したためと考えており、Y市の職員もそのように認識していた。国の対応が後手に回る中で、Y市が迅速に独自の緊急雇用対策を打ち出したことは評価されてよいが、実際には家族というインフォーマルなセーフティネットを頼った失職者が多かったのである。

裏を返せば、表7-3に掲げた相談者のように、何らかの事情で親子関係が破綻していたり、折り合いが悪かったりして頼るべき家族を持たない人たちが、やむを得ずY市の相談窓口を訪ねたケースが多かったことになる。相談者の過半数はZ県外の出身者であるが、表7-3のID38、ID60や表7-4のID30、ID58の相談記録から明らかなように、物理的な距離ではなく家族関係の問題が相談者を実家から遠ざけている。こうした人々は、必然的に親をはじめとする親族を保証人として賃貸住宅を確保することが困難であるが、派遣・請負業者の準備する寮などの労働住宅であれば保証人を立てる必要がない。こうした事情により、家族関係に問題を抱えた人が派遣・請負という就業形態に選択的

表 7-3　家族を頼ることのできない相談者の典型例

ID	性別	年齢	相談記録票の内容
6	男性	60歳代前半	自宅待機となったことにより、給与支給が60％となり、生活ができない。年金も月額12万円ほど支給されているが、全額仕送りしている。年金を受給しているため、失業保険は支給されないのではないか。出身地には、プライベートな理由があって帰ることができない。脳卒中で入院したことがあり、生活に支障はないが、今も通院している。
9	男性	20歳代前半	S社に期間工で入社したが休みがちであり、入社1カ月で自己都合で退職。相談者は、実家には絶対に帰れないと認識しており、面談中実家の実母に電話したが、「絶対に帰るな」とのことであった。
14	女性	40歳代後半	1カ月仕事をさせてもらえなくて座っているだけだった。やっと仕事を覚えてきたと思ったら、仕事ができないから解雇すると言われた。1回しか仕事を教えてもらっていないのに「仕事ができない」というのはひどい。帰郷して就職活動することを勧めると、「あっちはあっちで苦しいのに自分が迷惑をかけたくない」とのこと。
38	女性	20歳代後半	寮退去が迫っており、一応荷物は実家に移し、弟のアパートに同居して就職活動をするつもり。実家は同じ市内にあるが、生活保護を受けているため同居することはできない。
40	男性	30歳代後半	現在の所持金はゼロで、3日間食事をしていない。お金があった時はネットカフェにいたが、所持金がなくなり、路上生活5日目。両親はすでに他界し、実家には兄が住んでいるが折り合いが悪く、一度連絡したが相手にもしてくれなかった。
50	女性	20歳代前半	学卒と同時に介護の仕事を目指して臨時で働いたが、施設が不正で問題となり、派遣の仕事を始めた。母子家庭で、妹も失業中。叔父は地元では有名な酪農家だが、世間体を気にするタイプであり、厳しいので帰りたくない。
60	男性	40歳代前半	失業保険の支給日までの食料がないため、何とかお米をいただけないか。ガソリン代もないため動けない。姉が隣町に住んでいるが、事情により頼ることができない。
65	男性	30歳代後半	雇い止めになった後、数社と面接するも採用されず。Y市を出たくないので、寮を出てからは民間アパートに住んでいる。出身地へは家庭の事情で帰れない。
71	男性	30歳代後半	ハローワークに就職訓練の申し込みに行ったが、あまりにも申し込みが多く2カ月ほど待たないと入学できない状況。父親は若いときに他界し、母親は生活保護を受給しているので、実家に帰るわけにはいかない。

資料：Y市相談記録票により作成。

に引き寄せられている。

　注目すべきは、親が生活保護を受給していることを理由に実家に帰るわけにはいかないとしているID38とID71である。この2人は雇用保険に加入しており、ID38は離職票を職業安定所に提出済みであった。ID71についても、雇用

第7章 自治体の緊急相談窓口利用者にみる間接雇用労働者の不安定性 213

表7-4 家族がリスクを高めている相談者の典型例

ID	性別	年齢	相談記録票の内容
5	女性	20歳代後半	契約期間はまだ残っているが、中途解雇となる予定で、そうなると寮も出なければならない。自宅待機も始まっており、アルバイトを許されたので夜はコンビニで働いている。一人なら生活できるが、同居している婚約者の男性がより早く雇い止めとなるため、なおさら生活費が苦しくなる。
27	女性	50歳代前半	本人、長女夫婦と孫、失業中の子ども2人の計6人で暮らしている。長女の夫も失業中。子どもの1人は失業保険をもらっているが、車のローンに引かれてしまう。自分も車を持っているので、生活保護は受けられない。「うつ病」にもかかり薬を服用していたが、今は良かったり悪かったりが続いている。血圧も高い状態。
30	男性	20歳代後半	契約更新ができるかどうか常に不安。妻は精神的な疾患で退職し療養中で、子どもは市外の施設に預けていて月1回程度しか会えない。夫婦とも実家は近くであるが、妻の病気と、妻の父親が失業していることなど、帰って世話になることができない事情がある。
47	男性	30歳代後半	生産縮小によるリストラ。現在、人工透析が必要な母とアパートにて同居しているが、生活費がなくなってきており、雇用保険も最後となる。父はすでに亡くなっており、借金を背負った。現在も返済中で、遺族年金を差し押さえられている。
58	男性	30歳代後半	家賃を滞納したためアパートを退去させられ、親子4人で車で生活している。社会福祉協議会の貸付金は、連帯保証人が見つからず借りられなかった。妻の実家は隣の市。
63	男性	30歳代後半	雇用保険を受給しながら就職活動をしているが、妻もワークシェアリングで給与が半減し、妻の実家（フィリピン）への仕送りと家賃で生活が苦しい。
64	男性	不明	夫婦とも同日に解雇され、会社が用意したアパートは間もなく退去となる。引き続き個人契約したいが、手続きに14万～15万円かかると言われた。借りられる資金がないか。
72	男性	30歳代前半	今まで、母親の遊び（パチンコ）のために仕送り（忙しかったときは月10万円）をしてきた。今は手取りが一時期の半分なので、仕送りはできないと断っているが、電話は掛かってくる。
78	男性	50歳代前半	手取り17万～18万円であったのが、3勤4休に変更され、手取り7万円程度に減少。年金生活の両親に月5万円程度仕送りできていたが、現在は1万～2万円の仕送りしかできない状況。
112	男性	20歳代後半	雇い止め前は4勤3休となり、先月の給与が少なかったので3日前から食事はしていない。両親とも入院していて、兄弟はいない。実家の親に5万円の仕送りをしていたので、貯金が全くない。
157	男性	30歳代後半	結婚予定のパートナーと同時解雇。自己破産して4年経過しており、民間アパートの契約や就職活動に支障がある。交通手段がないのがネック。
178	男性	不明	1カ月後の解雇を言いわたされた。寮に入っており、5歳の子どもと専業主婦の妻がいる。貯金もなく、保証人も居ないので次の生活が不安である。隣の市に相談に行ったが、住民票がないため生活保護の申請もできないと言われた。

資料：Y市相談記録票により作成。

保険を受給する方法や大体の金額について Y 市の職員が詳しく説明した記録がある。しかし、いずれも早く仕事を見つけたいという意思が強く感じられ、職業訓練を受けて ID38 は介護関係、ID71 は CAD やプログラミングの技術を身につける方向性が相談されている。

この2人は、純粋に自立心から親を頼るわけにはいかないと考えたのかもしれないが、生活保護を受給している親の論理が反映されている可能性もある。彼らが実家に戻って同居し、雇用保険を受給したり職に就いて賃金を得たりすれば、彼らの親は子どもの収入が合算されるために生活保護費の減額や受給資格の消滅を余儀なくされる。つまり生活保護制度は、受給資格を得るために稼得能力のある子どもをあえて同居させないという判断を親の側に働かせ、結果として子どもがセーフティネットとしての実家を頼れない状況を生み出しかねない制度設計となっている。

湯浅（2008）は、貧困を「溜め」のない状態と定義している。「溜め」には外からの衝撃を吸収する働きと活力をもたらす働きがあり、金銭の「溜め」、人間関係の「溜め」、精神的な「溜め」などがあるとされる。宮本（2009）は湯浅の整理を踏まえ、日本は家族という人間関係の「溜め」があることを前提に、それに依拠して福祉を担保する形態の福祉国家であるとしている。したがって、持っていて当然とされる家族の「溜め」の分だけセーフティネットの目が粗くなっているので、それを持たない人々は危機に直面したときに深刻な事態に陥りがちである。本節で紹介した事例は、その具体例である。

(2) 家族というリスク

前節では頼ることのできる家族の不在がリスクを高めている事例を紹介してきたが、何らかの問題を抱えた家族の存在がリスクとなる場合もある（表7-4）。典型的なのは ID30 や ID47 のように病気の同居家族の看護や治療費が負担となっているケースである。加えて ID30 の場合は近くに住んでいるにもかかわらず夫婦いずれの実家も頼れないこと、ID47 の場合は父が借金を遺したことが困難をより大きくしている。

第7章　自治体の緊急相談窓口利用者にみる間接雇用労働者の不安定性　215

　一般的には、世帯人員が多くなれば一人当たりの生活費は安くなる。また複数の稼ぎ手がいれば、家計が成り立たなくなるリスクは分散されるはずである。しかし相談者には、同居家族が家計の不安定性を増大させているケースもある。ID 27の世帯には生産年齢に達している世帯構成員が5人いるが、5人のうち4人が失業状態にあり、世帯規模の大きさがかえって家計を悪化させている。しかも子どもや長女の夫の勤労意欲が低く、本人も心身に不安を抱えているため、事態打開への糸口は見出し難い。

　ID 5やID 157などのように、働く目的で訪れたY市で別々の地域出身の男女が出会い、同棲したり結婚したりする例もある。しかし間接雇用労働者同士のパートナーシップは、どちらか一方が失職し、少ない所得で二人分の生活費をまかなうことになる可能性が高い。景気後退期にはほぼ同時に失職する可能性も高く、その場合事態はますます深刻になる。

　ID 58やID 178が示すように、専業主婦や子どもなどの扶養家族を抱え、夫が間接雇用労働者として家計を支えている世帯もリスクが高い。ID 58は家賃を滞納したため退去をうながされ、アパートに家財を残したまま親子4人で車中の生活を始めている。後述するように派遣・請負労働者の賃金は好況時でも高いとはいえず、相談者の多くはほとんど貯金がなかった。若干の蓄えがあったとしても、扶養家族がいればすぐに底をついてしまう。

　ID 63、72、78、112の場合には、別居する家族への仕送りが大きな負担となっている。ID 78は手取り17万〜18万円の時期に5万円、ID 112は手取り15万円程度の時期に5万円と、収入のかなりの部分を両親に仕送りしていた。ID 112の場合には仕送りをしていたために貯金が全くなく、2度目に窓口を訪れた際の相談記録票には「ガリガリに痩せていて、栄養失調にかかっているようにも感じました。確かに食事をしていないでしょう」と記されていた。ID 72に至っては自身の生活費が3万〜4万円のところ、10万円を実家に仕送りしていた。彼の実家は三世代同居の8人暮らしでうち4人が働いており、彼の仕送りはもっぱら母親のパチンコ代になっていたという。

　親への仕送りには子どもとしての扶養義務を果たす意味もあるが、本人が栄

養失調状態になってまで仕送りをすることや、母親のパチンコ代のために自分の生活費をはるかに超える額の仕送りをすることは理解し難い。多額の仕送りをするくらいならば実家で親と同居して生活費を納めれば、少なくとも寮費分は節約できるが、ID112は事情があって実家には戻りたくないと話している。親に多額の仕送りをしている事例は、親の貧困という経済的な側面だけで割り切れるものではなく、以前から親子関係に何らかの問題が存在していたと推察される。また、親への仕送りが問題化している相談者がいずれも男性であることは、子どもに対する稼得者としての期待にジェンダー間の非対称性があることを反映している可能性がある。

(3) 金銭的な「溜め」のなさと住居の問題

　間接雇用労働者の増加に伴って、Y市周辺には派遣・請負労働者の寮として使われるアパートの建設が進んだ。派遣・請負業者は雇用と同時に寮などの労働住宅の手配もしてくれるので、地域外からの転入者にとっては不案内な土地で住居探索をする手間が省ける。入居の際にもほとんどの場合は保証人を立てる必要がなく、敷金や礼金などのまとまった資金も不要である。通常はリース料を支払う必要があるが、最低限の家具や家電、寝具なども備わっていることが多く、他地域から身一つでやってきたとしても働ける条件が整っている。

　間接雇用労働者の入居していた寮は雇用と一体になっているため、彼／彼女らは雇用調整に伴って職とともに住居をも追われる危機に直面した（岩田2009）。これを受けて、政府は2009年2月に離職者住居支援給付金を創設し、雇用調整の対象とした労働者に離職後も引き続き寮などの住宅を提供した事業主に対して助成金の支給を始めた[17]。しかし記録票の記述を見る限り、入居期間の延長はせいぜい1カ月であり、多くの相談者は期限を決めての退寮や物件所有者との直接契約への変更を迫られている。

　こうした状況に至っても、ある程度の貯金があれば当座の危機を乗り切ることはできるが、相談者には貯金はほとんどないとした人が多い。なかには貯蓄ができないことの主因をギャンブルや享楽的な消費に求めるべきと思われる事

第7章 自治体の緊急相談窓口利用者にみる間接雇用労働者の不安定性 217

表7-5 相談者の収入と支出の状況

ID	性別	年齢	1カ月の収入と支出の状況
5	女性	20歳代後半	自宅待機が始まったので、生活費が4万円もない状態。アルバイトを許されたのでコンビニで夜は働いているが2万円ほどにしかならない。
6	男性	60歳代前半	自宅待機で給与が60％になると生活費は1万～2万円となり生活できない。
8	男性	20歳代後半	手取りが10万円もなく支払いがもったいないので早く寮を出たい。
19	男性	30歳代後半	一時期の手取り17万～18万円から12万円程度に減少。
22	男性	30歳代後半	休業補償が6万円でるが借金関係で引かれると残りは1万円程度。
23	男性	20歳代前半	最後の給与は手取り10万円程度。
24	女性	40歳代前半	最後の給与は支援金と合わせて40万円支給されたが、3カ月分の社会保険料、引越費用、寮費などを引くと残りは20万円ほど。
30	男性	20歳代後半	2008年初め頃は総支給21万円以上だったのが、今ではワークシェアリングで手取り7万円程度で、光熱費などが引かれると生活費がほとんどない状況。
31	男性	40歳代後半	自宅待機中、有給を使い、寮費、光熱費、家具などのリース代が引かれて給与は手取り7万円くらい。
39	男性	20歳代後半	2009年3月は手取り15万円、最後の給与となる4月は手取り12万円程度の予定。
40	男性	20歳代後半	最後の給与は10万円程度と思われる。
50	女性	20歳代前半	最後の給与は慰労金と合わせて16万円程度。
55	男性	30歳代後半	最後の給与は手取り10万円程度プラス退職一時金2カ月分30万円。
60	男性	40歳代前半	中途解除後は7万円（180日支給）の雇用保険を受給中だが食費やガソリン代にも困る状況。
63	男性	30歳代後半	妻がワークシェアリングで給与が半減（月額6万～7万円）、本人雇用保険8万円。
65	男性	30歳代後半	給与が14万～15万円から8万円程度に減少。寮費、光熱費を引かれると月3万～4万円が生活費。
66	男性	40歳代前半	生産調整で給与は22万円から13万円に減少。
70	男性	30歳代後半	雇い止め後は12万円の雇用保険を受給中。
71	男性	30歳代後半	稼働日が減少して給与は手取り11万円となり5万円は減少した。

72	男性	30歳代前半	最後の給与は有給を消化して手取り8万〜9万円程度。
78	男性	50歳代前半	2008年11月頃までは手取り17万〜18万円だったが7万円程度に減少。
79	男性	20歳代後半	最後の給与は手取り8万円程度プラス慰労金10万円。
90	男性	30歳代後半	雇用保険は12万円だが友人への借金返済でほとんどなくなった。
112	男性	20歳代後半	忙しいときは夜勤、残業、休日出勤で手取り15万円だったが9万円程度になった。生活費は6万〜7万円でバイトも考えている。
116	男性	40歳代前半	最後の給与は有給を消化して給与プラス慰労金で40万円程度
118	男性	40歳代後半	家賃や社会保険料などを支払ったら残りは9万円程度。
158	男性	50歳代前半	寮費などを引かれると手取りが4万円しかないため、現在は自動車の中で生活している。

資料：Y市相談記録票により作成。

例もある。しかし相談者の収入と支出から客観的に判断して、派遣・請負労働者として働きながらまとまった額の貯金を設けることは難しかったと思われる。

　相談記録票に収入や支出に関する記述があった例から判断して、相談者たちの手取り収入は、金融危機が起こる前の段階でも20万円を超えない水準であったと思われる（表7-5)[18]。寮に入っている間接雇用労働者たちは、手取り収入から寮費などが差し引かれる。寮費には光熱費が含まれていたり、家電や家具のリース料が加算されたりと業者によって方式が異なるが、高いところでは毎月の寮費が4万円を超えていた（表7-6）。標準的な寮の間取りは1Kであり、付近で1Kの物件は月額2万円強から借りられるため、寮費は決して安くない。ここに食費や通信費といった必要経費がかかってくることを考えれば、手元に残る現金はそう多くない。借金や家族あるいは自身の病気の治療費、仕送りの必要性などがある相談者の場合には、金融危機以前の段階でも貯金などできない生活であったであろう。

　金融危機が発生すると、ワークシェアリングや自宅待機によって出勤日や労働時間が減少したため、相談者の手取り収入は8万〜10万円程度に落ち込んで

第7章　自治体の緊急相談窓口利用者にみる間接雇用労働者の不安定性　219

表7-6　相談者の住居費などの状況

ID	性別	年齢	住居費などの状況
7	男性	30歳代前半	寮費3万2,000円、光熱費1万5,000円
16	男性	50歳代前半	寮費4万500円、雇い止めと同時に派遣業者から家電などを安く買い取り、家賃2万9,000円の賃貸住宅に移る（敷金、礼金なし）
25	男性	20歳代前半	寮費と光熱費で5万～6万円（パートナーと同居）
63	男性	30歳代後半	家賃5万5,000円（アパートに妻と2人暮らし）
72	男性	30歳代前半	寮費2万9,000円（光熱費含む）
78	男性	50歳代前半	寮費3万円
82	女性	20歳代前半	寮費4万円以上
91	女性	30歳代前半	家賃4万8,000円（アパートに妻、子どもと3人暮らし）
112	男性	20歳代前半	寮費2万3,000円
116	男性	40歳代前半	はじめは家賃5万7,600円だったが、寮として認めてもらい3万3,000円に。雇い止め後は元の金額に戻る（アパートに妻と2人暮らし）

資料：Y市相談記録票により作成。

いる。それでも従来どおりに掛かってくる寮費は大きな負担であるが、貯金がないために敷金・礼金を用立てられず、民間賃貸住宅に移ることができない人が多かったはずである。会社都合での退職となって迅速に雇用保険が受給でき、一定期間寮に住み続けることを許されたとしても、給付額は金融危機以前の60％程度となるため雇用保険だけで生活していくことは難しく、なおかつ給付日数には限りがある。次の職を探すにしても、Y市周辺の事業所はいずれも同じような状況であるから、求人はごく限られている。ID90は使用料滞納から携帯電話が使えず、そのことが不採用の口実となっており、ID119の場合には警備会社に内定したものの、そこで手持ちの資金が尽きてしまうなど、金銭面での不足は就職活動にも思わぬ形で影響する（表7-7）。

表7-7 相談者の金銭的な「溜め」の無さと住居にまつわる問題の典型例

ID	性別	年齢	相談記録票の内容
22	男性	30歳代後半	自宅待機中で、先月分の給料が出たが、病気で休んでいたため金額が少なく、借金の返済など必要な出費をしたらほとんど手元に残らなかった。現在の所持金は10数円。
25	男性	20歳代前半	パートナーと同居。契約満了後1カ月間は寮に住んでいいと言われているが、家賃の支払いができない。貯蓄がないため、敷金・礼金が支払えず、民間アパートは難しい。
70	男性	30歳代後半	雇い止めとなり、住むところがないので1晩3,000円の宿泊施設に住んでいる。不動産屋が最終的に部屋を貸してくれなかった。雇用保険を受給しているがこのままだとお金がなくなるので相談した。
90	男性	30歳代後半	寮は退去し、大家さんの配慮で月3万円のアパートに入居。雇用保険が月12万円入ってきたが、友人への借金返済でほとんどなくなり、現在の所持金は400円。近隣の会社に面接に行き、支払いの関係で携帯電話を使えないため、公衆電話から採否の確認を行ったところ、連絡が取れないと困るので、今回は採用しないと言われた。両親とはけんか別れで13年間連絡も取っていない。
119	男性	30歳代後半	隣の市の警備会社への就職がほぼ内定したが、所持金は100円未満なので、書類を揃える費用や交通費を借りたい。食料はまだ数日分余裕がある。出身地に親族はいるが音信不通。
124	男性	20歳代前半	離職後友人宅に泊まっている。いろいろあって実家には帰りたくない。友人がうんざりしているようなので、無料宿泊施設に入所したい。
125	男性	30歳代後半	派遣切り後、食品スーパーに2カ月契約で勤めたが、ワークシェアリングで月6万〜7万円しか手取りがない状態が半年ほど続くといわれ、辞めた。その後就職活動をしているが、採用に至らない。現在の所持金は6,000円で、料金を2カ月滞納しているので今日ガスが止められる。生活保護の申請を望んでいるが、住民票がなく、家庭の事情で出身地に帰ることもできない。
146	女性	不明	退寮して間もない頃は今も行動を共にしている同県出身の友人とともに知り合いのところに泊めてもらったり、ホテルを利用したりしていたが、今は友人と就職活動をしながら車中泊をしている。
158	男性	50歳代前半	解雇後も寮の延長は可能といわれたが、寮費を差し引くと4万円ほどしか残らないため、寮を出た。現在は自動車の中で生活している。貯金もなかったため、退寮後は満足に食事をしていないまま40日が経った。

資料：Y市相談記録票により作成。

　ID70、124、146、158や表7-3のID40、表7-4のID58、112のように、すでに住居を失って宿泊施設、友人宅、車中、あるいは路上で生活していた相談者や、食べることもままならなくなっていた相談者も散見される[19]。岩田は、かねてから社宅、独身寮、借り上げアパート、住み込み、飯場など、雇用者が何らかの形で供給する住宅を「労働住宅」と呼び、雇用と住居の契約が一体と

なっていることの危険性を指摘してきた（岩田 2007, 2008）。加えてネットカフェ・ホームレスや路上ホームレスに対する調査に基づき、「労働住宅」を経由してホームレス状態に至るケースが少なくないことを明らかにしている。雇い止めとなって住居を失い、宿泊施設に逗留している ID 70 が「このままだとお金がなくなる」と言っているように、相談者の少なからぬ部分は、収入のめどが立たないままわずかな蓄えを食いつぶす生活に陥り、路上ホームレスとなる危険性をはらんだ人々だったのである。

来るべき解雇を見越し、ある程度の将来展望をもったうえで窓口を訪れた相談者は少数派である。窓口で対応した Y 市職員は、もう少し早く訪れてくれればと思う相談者が多かったとの感想を抱いていたが、失職者にとって市役所に出向いて自らの仕事や生活について相談することは敷居が高かったと思われる。予算や人員の面で厳しい中、これは自治体にとって敷居が高いことであるが、失職者の発生が懸念される段階で職員が間接雇用労働者の寮などを回り、危機的状況の発生を未然に防ぐことが望ましい。

5　間接雇用と労働者の主体性

以上の分析を踏まえ、ここでは本章の内容が、「労働の地理学」の研究潮流の豊富化にどのような形で貢献できるのかについて、若干の議論を展開したい。繰り回し述べてきたとおり、「労働の地理学」を標榜する研究は、従来の経済地理学が労働者を受動的な存在とみなしてきたことを批判し、労働者を経済景観の形成主体と位置づけることから出発している（Herod 2001；Castree et al. 2004）。そして「労働の地理学」の本流をなす研究は、資本との対抗関係の中で組織化された労働者が自らの主体性をもって労働運動を展開することを通じ、新たな経済景観をつくり出していく様を分析したものである。本章は間接雇用労働者の不安定性を浮き彫りにしてきたため、労働者の主体性を分析の俎上に乗せることができていない。したがって本章に対しては、本来的な意味での「労働の地理学」の研究たりえていないとの批判が可能かもしれない。

Coe and Lier（2010）は、これまでの「労働の地理学」の発展を踏まえて労働者の主体性の概念を抽象化して検討した後、経験的な研究に役立てるために、グローバル・プロダクション・ネットワーク、国家、コミュニティ、労働市場の媒介項という4つのアクターあるいは制度の中に、この概念を埋め戻して再検討している。ここでいう労働市場の媒介項として念頭に置かれているのは、広い意味での人材ビジネスであり、主として派遣・請負業者である。コウとリアは人材ビジネスの台頭は労働市場を新自由主義的に改変するプロセスの中で起こっており、労働者の団結や協調をむしばみ、労働運動を突き崩す動きであるとしている。このことを出発点として議論を進めていこう。

　間接雇用労働者は、職場となっている派遣・請負先とは雇用関係がないため、雇用調整の対象になったとしてもそれに異議申し立てをすることが困難である。しかし、それは決して不可能ではない。実際に伊藤（2009）は徳島県の自動車部品メーカーで働く請負労働者が正社員化を求めて労働組合を結成し、一部が正社員として登用されるに至ったことを報告している。この事例では、組合員のほぼすべては地元出身者であり、地元で働き続け家族を形成したいという願いが正社員化を求める運動の原動力であった。また間接雇用労働者の中にあって、雇用・住居の両面においてもっとも不安定といえる日雇い労働者でも、寄せ場である釜ヶ崎の内部において象徴的な意味を与えられた場所を足掛かりに労働運動を展開し、成果を勝ち取ってきた経緯がある（原口 2011）。

　Y市周辺においても、全労連の地方組織やガテン系連帯、コミュニティ・ユニオンの支援を受けながら、間接雇用労働者が派遣・請負業者単位で労働組合を結成して労使交渉に当たる動きがみられ、解雇に対する「慰労金」や「解決金」の支給などに関わって一定の成果を上げた。しかしZ県県紙の報道を辿る限り、組合に結集し労働運動に主体的に加わった間接雇用労働者は、雇用調整の規模に比べればわずかであった。筆者は2009年4月に連合Z県連合会と、あるコミュニティ・ユニオンに対して聞き取り調査を実施したが、やはり雇用調整に遭遇した間接雇用労働者の労働運動は予想に比して低調であったという[20]。また相談記録を見る限り、派遣・請負先企業と争う姿勢をみせている相

談者はほとんどいなかった[21]。

　伊藤や原口が報告した事例の労働者と本章における相談者の相違点は、前者が特定の場所に生活の拠点を定めており、そこに根差した労働運動を展開しているのに対し、後者の多くは派遣・請負業者を介してY市にやって来たに過ぎず、地域内での人的ネットワークや地域への情緒的な結びつきが弱いという点である。ここで第6章に続き、Cox（1998）を引き合いに出して論じてみよう。コックスは、主体にとって基本的な利害関係の基盤であり、他の場所では得ることのできないローカルな社会関係によって定義づけられる空間を「根付きの空間」と呼んだ。自らの「根付きの空間」が危機にさらされたとき、人々は「関与の空間」という別種の空間を構築して、これを守ろうとするという。労働力需給の空間的ミスマッチを解消するべく他地域から送り込まれた間接雇用労働者は、本来「根付きの空間」ではない地域で働くことになる。「根付きの空間」という土台の上に「関与の空間」が構築されるとするコックスの論理に従えば、Y市およびその周辺において雇用継続を求める労働運動が盛り上がりを欠いたのは、そこを「根付きの空間」としていない間接雇用労働者が多かったからであると想定できる。

　一定期間働き生活するうちに、その地域が「根付きの空間」になることもあるが[22]、解雇された間接雇用労働者がその地域に踏みとどまることは困難である。労働住宅への入居は雇用契約と一体化しているため、「関与の空間」を構築して「根付きの空間」を守る行動に出る以前に、生活の拠点である住居が失われてしまうからである。緊急相談窓口に来訪して以後の状況が判明した相談者は限られているが、少なくとも17人の相談者についてはY市から転出したか転出を予定していた[23]。より多くの相談者が実家に帰るか、求人がありそうな地域に転出するなどして、Y市を後にしたと思われる。以上を踏まえると、広域的なネットワークを持つ派遣・請負業者を通して間接雇用労働力を導入している企業は、労働力調達をジャスト・イン・タイム化できる点に加え、労働者が生活の拠点である住居を投錨点として「根付きの空間」を築き上げ、そこを基盤に抵抗を繰り広げることを未然に防げるというメリットも享受している

といえよう[24]。

　本節では、コウとリアが主体性の概念をより具体的なアクターや制度の中に位置づけようとしたことを受け、本章で得られた知見を下敷きに、間接雇用という制度の下ではなぜ労働者の主体性が発揮されにくいのかについて空間的契機を中心に検討を試みた。「労働の地理学」では、労働者の主体性が鮮明に表れる分析対象が選ばれてきた結果、労働運動の成功譚が蓄積される傾向にあったとの批判がある（Coe and Lier 2010；Lier 2007）。その批判を踏まえ、労働者の主体性を阻害する諸要因について考察する題材を提供している点で、筆者は本章もまた「労働の地理学」の発展に貢献できるものと考えている。

6　間接雇用労働市場に引き寄せられる労働者

　本章では、Y市の緊急相談窓口の相談記録票を原資料として、金融危機に伴って職と住居を同時に失う恐れに直面した間接雇用労働者について、属性上の特徴や派遣・請負業者を介した地域間移動を把握するとともに、雇用調整の衝撃が彼／彼女らにとくに強く表れた要因が何であるのかを中心に分析を進めてきた。相談者たちは、間接雇用労働者であるがゆえに真っ先に雇用調整の対象となり、しかも雇用契約と住居の保障が一体となっていたために2つを同時に失うことになった。相談者の多くはY市外の出身者であり、職を求め、派遣・請負業者を媒介項として転入したY市で雇用調整に遭遇したのであった。

　職と住居を失った間接雇用労働者には、ひとまず実家をはじめとする家族の下に身を寄せた人が少なくないと思われる。しかし相談者のかなりの部分は、頼ることのできる家族がいないという共通点を持っていた。そればかりか、別居している親などに高額の仕送りをしているために、自らの生活が圧迫されている相談者もいた。また、病気の家族がいたり間接雇用労働者同士のパートナーシップであったりというように、同居家族自体がリスクとなっている例もみられた。

　頼ることのできる家族という資源を持たない人々は、同時に賃貸住宅を借り

る際の保証人を確保することが難しいため、それが不要である寮とセットになった派遣・請負での仕事に引き寄せられる。しかし間接雇用労働者の収入は、相場からすれば割高な寮費や家電・家具のリース料を差し引き、その他の必要経費を差し引くと、比較的景気の良い時期であっても手元にはいくらも残らない水準である。さらに操業時間の短縮や出勤日の減少が始まると、収入は毎月の生活が成り立たない水準に落ち込んだ。解雇に至り、寮を明けわたす期日が迫る頃には、わずかな蓄えが底を付き、すでに固定的な住居を失った状態で緊急相談窓口を訪ねてきた相談者もいた。こうした相談者は、主体的にY市にとどまる決断をしたわけではなく、家族というセーフティネットも、新たな住居を確保して転出するだけの蓄えも持っていないがゆえに、事実上Y市から動くことができなかったのである。

相談者が困窮状態に陥った要因としてある程度共通していたのは、①雇用形態が間接雇用であったこと、②雇用契約と住居の確保が一体化していたこと、③資源となりうる家族を有していなかったこと、④金銭的な「溜め」を有していなかったこと、⑤他地域の出身者であったこと、と整理できる。ここに挙げた要因はそれぞれが関連性をもっており、それゆえ一人の相談者が複数の問題に直面していることも多い。金融危機によって、もともと家族関係や経済基盤が不安定な労働者が間接雇用労働市場へと選択的に集められ、派遣・請負業者を介して地域間を流動し、いっそう不安定な状況におかれていたことが明るみに出たのである。

日本経済団体連合会は、『新時代の日本的経営』において、「必要な都度、必要な人材を、必要な人数だけ採用する」との考え方から、従業員を①長期蓄積能力活用グループ、②高度専門能力活用グループ、③雇用柔軟型グループに区分し、内部労働市場におけるスキル形成が前提とされる従業員を①に限定するとの青写真を示した（新・日本的経営システム等研究プロジェクト 1995）。度重なる労働者派遣法の規制緩和の結果、労働力のジャスト・イン・タイム化がもっとも求められる雇用柔軟グループは、製造業の生産の現場にまで広がった。労働力の需要側を代表する経団連が労働市場を階層的に分断・統治する目論見

書をしめし、それにしたがって労働市場の制度がつくり替えられていったのである。

加えて本章の結果は、労働市場の分断の要因が労働力の供給側にも確かに存在することを示している。安定した家族関係や経済基盤を保持していなかったり、特定の空間に根を下ろして生活することができない事情があったりするために、自らの労働力を間接雇用労働市場において販売することを選ぶ労働者が存在するのである。

間接雇用については、規制を強化するか緩和するかという議論の前提として、労働市場に内在するリスクを労使間でどのように配分するのが望ましいかについてのコンセンサスが不可欠である。筆者は現在の日本の労働市場では、労働力需給の時間的・空間的変動のリスクが特定の部分労働市場に集中しており、間接雇用労働市場はその最たるものであると考えている。加えて間接雇用のあり方について議論するうえでは、多くの場合雇用と住居が一体化していることによって、労働者が特定の場所に「根付きの空間」を築きにくいため、労働市場のリスクが顕在化したときに労働者の異議申し立てが起きにくいことについても、念頭に置く必要があることを指摘しておきたい。

注
1) 雇用動向調査によれば、1967年は転職入職者が209万人、新規学卒者が119万人であったのに対し、2010年は転職入職者が402万人、新規学卒者が90万人である。
2) 労働法の規制緩和については、柳沢（2008）が簡潔に整理している。
3) 中馬（2003）は、製造業務への労働者派遣が解禁される以前の段階で、製造業において請負労働者が増加してきた要因を包括的に分析している。
4) Y市商工観光課に対する聞き取り調査による。
5) 『Z県県紙』（2008年12月4日、5日朝刊）。
6) 『Z県県紙』は、個別に雇用調整の予定人数が把握できた誘致企業とは別に、Z県全体では地場・下請企業を中心に少なくとも700人の非正規雇用者が失職すると報じている（2008年12月21日朝刊）。
7) 氏名、年齢、性別、住所、連絡先、出身地、住居形態、交通手段、雇用形態、契約していた派遣・請負会社、就職年月日、勤務先（実際の職場）、雇用保険加入

状況などである。
8） 基本的には相談記録票の空欄が多い事例を除いたうえで、製造業事業所で働いていたことが明らかな事例を抽出した。
9） IDはすべての相談者について付したので1～178である。
10） 相談記録票に記された出身地に厳密な定義はないが、相談者には、おおむね実家がある（あった）場所であると理解されているとみられる。
11） 間接雇用労働者の地域間移動については、上江洲（2005）、宮内（2009）を参照。
12） 九州外の出身者については西日本を出身地とする人が多く、人口移動一般と同様に距離減衰が確認できる。
13） 「労働者派遣契約の中途解除に係る対象労働者の雇用状況について（速報）」（http://www.mhlw.go.jp/houdou/2009/03/h0331-20.html：2012年1月5日閲覧）。
14） Z県提供の資料による。
15） 藤川（2009）は、2008年4月時点における九州の自動車部品メーカーについて、従業者規模別に従業者に占める派遣労働者の比率を示している。そこからは従業者規模が大きいほど派遣労働者比率が高まる関係が明瞭に見て取れる。本章と符合してとくに興味深いのは、従業者規模500人以上1,000人未満の事業所では、派遣労働者の割合が22.9％であるのに対し、従業者1,000人以上の規模になると、この割合が41.4％に跳ね上がっていることである。
16） このほか、いくつかの自治体へのインタビュー調査や相談記録票から、借金を踏み倒しているために出身地に戻ることができないなどの事情も考えられる。
17） 同助成制度は2008年12月9日に遡って適用された。それは、この助成金の支給が決まる前に寮費を肩代わりして離職した労働者を住まわせていた業者がいたとすれば、その分を受給できるということであり、それ以前に失職し住居を失っていた労働者を救済するものではない。
18） アイデム人と仕事研究所の2008年上半期「派遣社員の募集時時給・求人動向レポート」ならびに「業務請負業スタッフの募集時時給・求人動向レポート」によれば、九州を含む近畿の機械器具製造修理作業者の時給は、派遣社員が1,059円、業務請負業スタッフが1,012円であった。雇用調整以前の相談者は週休2日で働き、残業もしていた。それを前提として推定する限り、相談者の時給は間接雇用労働者の平均値に近かったといえる。
19） 表7-3、7-4、7-7からは、切迫性が高まってから相談に訪れた人には男性が目立つことがわかる。このことは、困難に直面したときの行動にジェンダー差がみられることを示唆するが、相談記録票からはこれ以上の分析は不可能であり、今後の研究に期したい。

20) 非正規雇用の組織化は連合本部の方針として打ち出されているが、インタビューを実施した時点では、Z県連合会傘下の製造業の企業別組合で非正規労働者を組合員として組織化しているところはないとのことであった。インタビューを行ったコミュニティ・ユニオンの代表者は、職を失った間接雇用労働者からの相談は思ったよりも少なく、かつ単発的な相談がほとんどであるため、組織化には至らないと述べた。それでもこのコミュニティ・ユニオンは、ある請負労働者の継続雇用闘争を支援していた。しかし仕事が全くない中で請負先企業は正社員の雇用を守るために努力しており、請負労働者の継続雇用を求めることは現実問題として難しいとの認識であった。

21) ID 123は、派遣業者に対して主体的な異議申し立てをしたことが相談記録票に記されている数少ないケースである。彼は6カ月契約で働いていたところを3カ月で解雇を通告された。解雇までの1カ月間は自宅待機として給与支給の対象となると口頭で説明を受けたが、彼は書面での確約と次の派遣先の斡旋を派遣業者に求めた。しかし派遣業者がそれに応じないため、緊急相談窓口を訪れ、そこで連合Z県連合会への紹介を受けた。さらに連合の支援を受けて裁判を起こすことも念頭に置き、離職票の受け取りを拒否する意思も示していたが、結局、彼はそれ以上のアクションを起こさないまま、Z県外に転出している。

22) その好例がID 116とその妻のケースである。2人はいずれもZ県外（別々）の出身であり、同じ日に同じ業者に採用されてY市で知り合い、Y市で結婚した。彼らは暮らし始めて約4年になるY市に愛着を感じ、一生ここで暮らしたいと思っていたが、皮肉にも同じ日に解雇されることとなった。しかし2人分の最後の給与と慰労金が比較的まとまった額になったこともあって（表7-6参照）、彼らは幸いにもY市の近隣で次の職と住居を見つけることができた。

23) 多くのケースについて、Y市の相談窓口担当者は相談後の状況を把握しようと試みている。しかし携帯電話が常に留守番電話であったり、すでに使えなくなっていたりする場合が多かった。また、電話がつながっても理由をつけて切られてしまった例も少なくない。なお、相談者自らが就職や住居が決定したと連絡してくることはまれである。

24) Wills（2009b）は間接雇用が拡大し、より多くの労働者が賃金と雇用条件の押し下げ圧力にさらされていることを下請資本主義（subcontracted capitalism）と表現している。そして清掃や給食などが請負化された病院と大学における生活賃金運動の事例に基づき、雇用関係がない中で「真の雇用者」（real employers）に圧力をかけるためには、労働組合を中心とする従来型の労働運動では限界があり、市民団体などと連携した運動が有効であることを示している。

第8章　日本人女性の現地採用労働市場の拡大とその背景

1　「労働の地理学」と女性の国際移動の研究との接点

　1990年代半ばまでの日本において、国際移動といえば、日系企業の海外進出に伴う男性正社員の企業内転勤とそれに同行する家族の移動、もしくは留学が想定されたであろう。しかし今日では、自らの意思決定に基づき、海外に就労機会を求めて渡航する、いわゆる海外就職が、若者、とくに20歳代後半から30歳代前半の女性の間で広がりを見せている。海外就職者の主要な渡航先はアジアの大都市であり、日系企業の現地法人を主な就職先としていることに特徴がある。

　本章における実証研究の対象は、シンガポールに海外就職した日本人女性たちである。後に紹介するように、日本人女性の海外就職に対しては、国際移動を発意し、海外での労働と生活の経験を意味づけていく心理的過程を、現象学的方法で描出するアプローチが採られることが多かった。本章では、第1、2章での理論的検討を踏まえ、海外就職のプロセスを現地採用労働市場という特殊な部分労働市場におけるマッチングの過程と捉え、労働力の需要側、供給側および両者の媒介項という3つの観点から、日本人女性の海外就職が一般化した背景を明らかにする。ここでいう労働市場の媒介項とは、日本にいる求職者と海外の求人企業とを結びつけ、海外就職を実現させる人材紹介会社のことである。上述のとおり、本章の目標は現地採用労働市場の構造的把握であるが、「労働の地理学」を標榜する本書において、筆者は軸足を労働者の側に置いておきたい。そこで、少しわき道にそれることを承知で、海外就職に伴って必然

的に労働者が経験する国際移動に目を向け、これを「労働の地理学」の中に位置づけることから始め、次いで女性の高度人材の国際移動に関する研究の一分野として、日本人女性の海外就職に関する研究をレビューする。

(1) 労働者の移動は「労働の地理学」の盲点か？

人口移動の分析は人口地理学の花形であり、人口移動を労働力移動と位置づけて行われた研究も、多彩な成果を上げている[1]。国際移動は、人口移動研究の中でもっとも関心を集めているテーマの1つである。とりわけ高度人材の国際移動は、グローバル化や世界都市の成長を象徴する現象として、1980年代末から本格的な研究が始められ[2]、現在も活発に研究が行われている。ところが「労働の地理学」の到達点を整理し、今後を展望したLier（2007）は、労働者の移動に関する議論がきわめて少なかったことを、「労働の地理学」の盲点の1つとして掲げている。人口地理学では多数の実証研究が著され、「労働の地理学」ではまさにその現象に関する議論の不在をかこつ声が上がるのはなぜであろうか。

Rogaly（2009）によれば、それはHerod（2001）に代表される狭義の「労働の地理学」の研究が、移動という形で発揮される労働者の行為主体性を過小評価してきたからである。それは、未組織の労働者の行為主体性への目配りが甘かったことと、労働者は資本に比べて移動性が低く、空間的に埋め込まれているという認識（Storper and Walker 1989）に偏りすぎたことの帰結である。ただし、Dictionary of Human Geographyにおける解説（Wills 2009a：404）においても指摘されているように、近年の「労働の地理学」の関心は労働力移動にも向けられるようになっているし、Castree et al.（2004）も、労働力移動に1章を充てている。ロガリィも述べているように、広義の「労働の地理学」においては、リアが指摘するほど労働者の移動に関する議論が少ないわけではない。しかし、現象面にとどまらず概念的なレベルで捉えた場合、労働者の移動が「労働の地理学」においてどのような位置づけを与えられているのかは依然として不明確である。

Rogaly（2009）は、「労働の地理学」の誕生にも関わる意外な事実を提示し、それを手掛かりに労働者の移動を「労働の地理学」に取り込むことを図り、この難点を決着しようとする。周知のとおり、Herod（1997a）は、経済地理学の2つの主要なアプローチを基線として、自らの立ち位置を三角測量的に示すことで、「労働の地理学」という下位分野の成立を宣言した。その一角は新古典派的立地論であり、もう1つがマルクス主義経済地理学である。ヘロッドは、マルクス主義経済地理学もまた、資本を経済景観形成の特権的主体の位置に据え、労働者を受動的な存在とみなしてきたと批判した。いうまでもなく、ハーヴェイはマルクス主義経済地理学の泰斗である。ところがロガリィは、そのハーヴェイの著作から、労働者が移動という形で発揮する行為主体性に向けられた期待のまなざしを見出していく。

　ハーヴェイによれば、ひとたび教育や順応性、地理的移動を身につけてしまった労働者は、資本家にとって御し難い存在である（Harvey 1990：187）。想像力を持った主体としての労働者は、資本による搾取や生活状況の悪化から逃れ、少しでも自らの取り分を増やそうと絶えず移動するため、資本は必然的にそれに適応せざるを得ない。ハーヴェイは、「その限りにおいて、労働者は資本主義の歴史—地理をつくる（and to the extent that this is so, labourers fashion both the history and geography of capitalism（Harvey 2006：380））」と述べる。

　さらにハーヴェイは、「労働者は単なる資本の対象物以上の存在である。労働者にとって地理的移動性は、（資本にとってとは）全く別の意味を持つ。それはより良い生活に向けた闘争と希望の表現形態である（Harvey 2006：384）」とも述べている。労働者は現状に不満を抱いたとき、あるいは他所に何らかの希望を見出したとき、主体的に移動するという選択肢を持っている。通常、一人ひとりの移動の意思決定が空間—社会に及ぼす影響はきわめて小さなものであるが、移動によってそれまでの日常生活のルーティンが変化することは、物的生活面でも、労働世界を生きる主体の経験という観点からも、労働者自身にとっては重要な出来事である（Rogaly 2009, 1976）。労働者の主体的意思決定

に基づく移動が一定の方向性を持てば、途上国からの頭脳流出と世界都市への人材の集中といったように、マクロな経済景観をつくり出すこともある。しかしそうした目覚ましい変化を伴わないとしても、労働者の移動は彼／彼女らがライフコースを能動的に構築していく実践であり、それは確かに労働者の行為主体性に光を当てようとする「労働の地理学」の対象とするに相応しい現象なのである。

(2) 日本人女性の海外就職に関する研究

　高度人材の国際移動については、多国籍企業の企業内転勤（Beaverstock 1991；Salt 1988；Findlay et al. 1996）やグローバルな労働市場が形成されている専門職の移動（Beaverstock 1996a, b）を、移動者の職業キャリアの形成と関連づけた研究が多数得られている。これらの直接的な対象のほとんどは男性であり、そこから得られた知見をもって高度人材の国際移動一般が語られる傾向にあったため、ジェンダー的な視点が欠落しているとの批判がなされた（Kofman 2000；Kofman and Raghuram 2005, 2006）。加えて、女性の高度人材の国際移動が量的にも増加してきた（Docquier et al. 2009）ことにも後押しされて、英語圏を中心に女性の高度人材の国際移動を対象とする実証研究が活発化した（Iredale 2005；Nagel 2005；Purkayastha 2005；Yeoh and Willis 2005など）。

　女性の高度人材の国際移動を対象とした研究には、インタビュー調査などの質的アプローチに基づき、女性たちが国際移動を発意した経緯や、移動先の国・地域での仕事や生活の経験を、移動者が自身のライフヒストリーの中で意味づけていく課程を、内在的に理解することに主眼が置かれてきたという特徴がある。国際移動に関する信頼できる量的データが不足していることが質的アプローチを選ばせた側面はあるものの、人々の移動を「人口」という集計量に還元し、それを計量地理学的に分析する手法の精緻化に偏重していたことへの反省から、人口地理学において人口移動を文化現象とみるアプローチの重要性が意識されるようになってきた（King 2012）という流れにも位置づけられる。「労働の地理学」の系譜や、ハーヴェイの労働者の移動への注目とは独立に、

人口地理学においても人口移動が起こる局面における労働者の行為主体性に目が向けられるようになったのである。女性の高度人材の国際移動に関する研究では、とりわけそうした視点が顕著である。

地理学者による日本の高度人材の国際移動に関する研究は、欧米の研究者の手になるものが先行し、特定の都市において日本人駐在員とその家族が増加するにつれて、日本人の集住地区が形成され、そこに独特の生活様式やコミュニティが生まれていることに注目が集まった（Glebe 1986, 2003；Hurdley and White 1999；Liu et al. 2011；White 1988, 1998, 2003；White and Hurdley 2003）。これは、日本人の国際移動が移住先の都市空間をつくり変えていることを意味する。しかし、駐在員の移動が企業の人事労務管理の一環として行われているうえ、現地での住居の整備や生活空間の形成も企業主導でなされている（Glebe 1986, 2003）ため、労働者の行為主体性が都市景観をつくり出しているとは言い難い。また、女性は先験的に男性駐在員に付随した移動者（妻、子ども）と位置づけられ、ジェンダー的な視点を欠く結果となっていたことは、高度人材の国際移動の研究動向一般と同様であった。

1990年代半ば以降になると、自らの意思によって海外に渡航し、主として日系企業で現地採用の職を得て海外で生活する日本人女性を対象とする研究が登場する。1994～1995年には、香港に就職先を求める女性がしばしばメディアで取り上げられ、海外で働く日本人女性の存在が知られるようになった（Yui 2009）。酒井（1998a, b, 2000）はその頃に香港に渡った20～30歳代の日本人女性を対象とした研究である。詳細なインタビュー調査に基づき、彼女は香港で働くことが日本人女性にとって日本のジェンダー規範からの解放を意味するとともに、日本のジェンダー規範の暗黙の前提である国民国家内部の均質性に対する挑戦でもある、との解釈を披露している。Sakai（2004）は、ロンドンの日系銀行における調査から、主として心理的なトラブルから新天地を求めてロンドンに渡った女性たちが、ロンドンでの生活に決して満足しておらず、アイデンティティの揺らぎにも直面している状況を示した。

シンガポールで現地採用従業員として働く日本人女性に関しても、タンらに

よる先行研究がある（Thang et al. 2002, 2004, 2006）。Thang et al.（2002）は、現地採用の日本人女性の国際化の経験や寄与のあり方が、組織の論理に従って移住してきた男性駐在員とどう異なっているのかを、いくつかの観点から分析している。とりわけ、日本人女性たちがシンガポールでの生活を通じて自らが日本人であることを再認識していると指摘されているのが興味深い。Thang et al.（2004）では、日本における女性のライフコースにまつわる文化的・社会的規範（たとえば結婚適齢期規範など）に、女性たちが異議申し立てをする実践として、海外就職が捉えられている。そのこととの関連で、Thang（2006）では、日本人女性がシンガポールで働くことを決意する動機として、「自分の空間」という枠組みを導入している。「自分の空間」とは、専業主婦かキャリア・ウーマンかというステレオタイプ化された二元論にとらわれずに、日本人女性が海外就職の結果として自ら選び取った新しいライフスタイル・ライフコースのあり方を意味している。

　筆者らも、質的アプローチを採用し、文化的・社会的規範に対する態度と移動の意思決定との関連性や、移住先での仕事や生活を通じたアイデンティティの変容過程といった、国際移動の意思決定と移動後の生活に関わる心理的過程を重視して、日本人女性によるシンガポールへの海外就職を対象とした実証研究を行った（中澤ほか 2008）。そこでは、彼女たちが持つ「日本的なもの」に対するアンビバレントな感情に着目し、彼女たちは日本の社会的規範や価値観、生活習慣を否定しているのではなく、それを強制されていると感じることに違和感を覚え、その違和感から逃れる手段として海外就職が選ばれているのではないかと論じた。

　日本人女性の海外就職に関する一連の研究は、女性の高度人材の国際移動に関する研究一般と同様に、国際移動が実行され、海外での仕事と生活が経験され、意味づけられていく過程を理解するために、労働者自身の主体性や主観に分け入るアプローチを採ってきた。一方で、ある個人が海外で働くことをいかに強く希望していたとしても、その実現可能性は、能力や資質といった個人属性や、家族の事情といった個人的環境に大きく左右される。さらには、送り出

し国・受入国景気動向や、受入国の外国人労働者政策、送り出し国と受入国にまたがる労働市場の媒介項の存在といった、マクロな構造的背景にも強く依存する。確かに従来の研究によって、海外で働く日本人女性がどのような心理的過程を経て海外就職を決意するに至ったのかについての理解は深まった。しかし、いかなる条件の下で、多くの女性が海外就職を実現したのかについては、必ずしも掘り下げが進んでいない。

こうした問題意識を踏まえ、本章では、労働力の供給側すなわち海外就職を行った日本人女性に加え、需要側である日系企業および両者の媒介項である人材紹介会社の3つの側面から、現地採用労働市場における労働力需給のマッチングを成立させているメカニズムを明らかにすることを目的とする。日本人女性がシンガポールへの渡航を発意した背景やシンガポールでの仕事や生活に対する主観的意味づけ、将来のライフコースに対する展望など、彼女たちの主体性や主観についての詳細は、中澤ほか（2008）を参照されたい。

(3) 調査の概要

筆者らは、2006年3、7、8月および2007年3月にシンガポールにおいて、日系企業とそこで働く日本人女性、および人材紹介会社を主な対象する一連の調査を実施した。調査対象の企業は、シンガポール日本商工会議所や自治体のシンガポール事務所に紹介を依頼したほか、現地の日系企業に対して調査依頼状を直接送ることで確保した。日系企業では、日本人の人事担当者に日本人女性を採用する際に重視する点や近年の採用動向、彼女たちが主に従事する業務とそうした業務の現地人への代替可能性などに関するインタビュー調査を行った。加えて、現地採用の日本人女性従業員に対するインタビュー調査への協力も依頼した。日本人女性に関しては、各県人会や個人的なつてを通じて、さらに調査対象を広げていった。調査の対象となった日本人女性は58人である。インタビュー調査の所要時間は1時間程度であり、一部はグループ形式で行った。日本人女性の人材紹介に力を入れている人材紹介会社5社[3]に対しては、日本人の現地採用の動向や応募者の典型的な属性などを尋ねた。

本章の調査対象は統計的な手続きに基づいて選定されたものではない。また、本章から得られた知見を解釈するうえでは、調査者である筆者らと調査対象（日系企業、現地採用の日本人女性、人材紹介会社）との関係性に注意が必要である。現地採用の日本人女性については、同じ日本人であること、研究者と研究対象という立場の違い、ジェンダーの違い、年齢差などが、インタビュー調査の結果に何らかの影響を与えている可能性がある。日系企業や人材紹介会社については、秘匿とされた事項があるのはもちろんのこと、インフォーマントとしての個人的見解と企業の経営方針との切り分けが困難であると思われる場合もあった。

　本章が調査対象の選定と調査方法の点で難点を抱えていることは確かである。しかし労働力の需要側、供給側および両者の媒介項という3つの観点から、日本人女性のシンガポールへの海外就職を支える構造的背景を明らかにするという研究目的を達成するためには、バイアスを含む危険性はあっても、インタビュー調査によって質的データを得ることが不可欠である。また、プライバシーにふれざるを得ないインタビュー調査に協力してくれる人を確保するためには、サンプルとしての代表性を犠牲にすることもやむを得ないと考える。

2　海外在留邦人の動向とシンガポールの日本人女性

(1) 統計にみる海外在留邦人の動向

　本節では、海外在留邦人数統計を用いて、海外在留邦人の動向を地域差と男女差に焦点を当てて分析し、本章の対象者の位置づけを明確にする。外国に90日以上滞在する日本人は、現住地が定まった段階で所轄の日本大使館や領事館に在留届を提出し、帰国や管轄外地域への転出をする場合には帰国・管轄外転出届を提出することになっている。以下で分析する海外在留邦人数統計はこの届出に依拠しているが、届出統計の常として届出漏れによる実態との乖離は免れない。また、後出の図からも明らかなように、外れ値と思われる値も散見さ

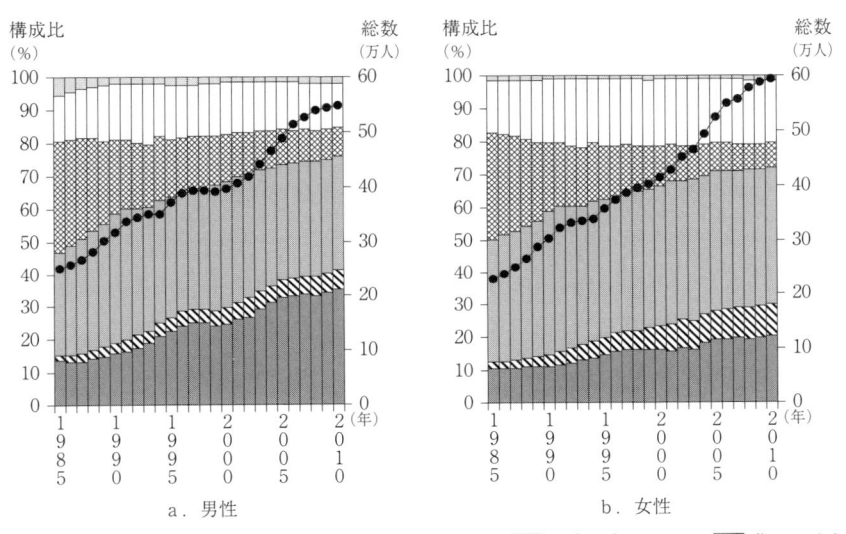

第8章 日本人女性の現地採用労働市場の拡大とその背景 237

図8-1 地域別海外在留邦人数の推移

上から順に ■中近東・アフリカ・南極 □ヨーロッパ ▨中央・南アメリカ ■北アメリカ
▨大洋州 ■アジア ●総数（右軸）

注：各年10月1日時点。
資料：海外在留邦人数統計により作成。

れる。しかし、海外で生活する日本人に関する系統的な統計は、海外在留邦人数統計以外にはほぼ存在しないため、これを活用することとする。

海外在留邦人は、男女ともほぼ一貫して増加を続けている（図8-1）。2010年の海外在留邦人数は114万3,357人であり、このうち38万4,569人が永住者、75万8,788人が長期滞在者である[4]。海外在留邦人の増加の大部分は、長らく長期滞在者の増加に依ってきたが、近年は長期滞在者の伸びが鈍化する一方で、永住者の増加ペースが加速するという変化がみられる。海外に在留する日本人では、1998年以降は女性が男性を上回っており、2010年時点では、男性が54万8,729人、女性が59万4,628人である。

海外在留邦人数の分布はかなり偏っている。全体の約3分の1に当たる38万8,457人はアメリカ合衆国に在留しており、これに中国の13万1,534人が続く。

図8-1から地域別割合の推移を男女別にみると、アジアの割合が増大していることと、中央・南アメリカが縮小の一途にあることが男女に共通している。前者は日系企業のアジアへの展開を、後者は移民として渡った日系人（永住者）が絶対数の上でも減少していることを反映している。

　男女差に着目してみよう。男性はアジアの割合が女性に比べて顕著に大きい。男性の海外在留邦人のうち、アジア在留者の割合は、1980年代後半から1997年頃まで急拡大を続けた後に一時停滞した。これは、1997年に発生したアジア通貨危機の影響を受けて、日系企業の撤退や縮小が相次いだためである。アジア通貨危機以降、男性におけるアジアの割合は、中国在留者の急増によって再び増加に転じた。2000年代後半に入ると、中国在留者の増加も緩やかとなり、これを反映してアジア在留者の割合の拡大傾向は鈍化している。

　女性の場合には、ヨーロッパと北アメリカの割合が男性に比べて一貫して大きく、大洋州の拡大傾向も目につく。ヨーロッパ在留の女性のうち34.5％はイギリスに在留しているので、女性は英語圏に多数在留する点に特徴があるといえる。アジアの割合は、男性に比べれば小さいが拡大傾向にあり、その絶対数（11万9,667人）はすでにヨーロッパ在留者（11万2,554人）を凌ぐ。

　長期滞在者については、滞在者の職業の内訳（民間企業関係者、報道関係者、自由業関係者、留学生・研究者・教師、政府関係職員、その他）と、海外移住の当事者（本人）であるのか、あるいは随伴移動者（同居家族）であるのかがわかる。長期滞在者について本人と同居家族の人数の推移をみると、男性では本人が一貫して75％前後を占めている（図8-2）。男性の同居家族は、ほとんどが子どもであると考えられる。これに対して女性では、1992年時点で本人であった人は26.6％に過ぎず、少し前までは、海外に在留する日本人女性の約4分の3が、妻か子どもとして男性に随伴して渡航した人たちであったことがわかる。しかし2010年には、本人である女性が過半数（51.6％）に達しており、自らの意思で海外に渡る女性は確実に増加している。

　続いて本人のうち、留学・研究者・教師以外の職業[5]である人を、主たる在留目的が仕事である人々とみなし、この比率に注目する。男性は1990年代か

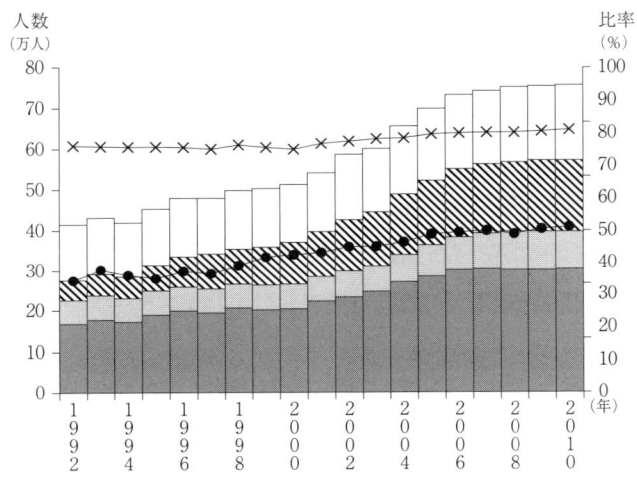

第8章　日本人女性の現地採用労働市場の拡大とその背景　239

図8-2　男女別長期滞在者の本人・同居家族別人数と本人のうち留学・研究者・教師以外の比率

注：各年10月1日時点。
資料：海外在留邦人数統計により作成。

ら仕事を主たる目的とした在留が主流であり、その傾向は2000年以降いっそう強まっている。これに対して女性では、本人として海外に在留する人に占める留学・研究者・教師の割合が大きく、その大半は留学生であると思われる。しかし年を追うごとにその割合は減少し、現在では50％を下回っている。

　日本人の海外在留の目的は、在留地域と関係している（図8-3）。男女とも大洋州、北アメリカ、ヨーロッパでは留学生・研究者・教師の割合が他地域に比べて大きく、中央アメリカ、南アメリカ、アフリカでは絶対数が少ない中で政府関係職員の割合が大きい。いずれの地域でも、民間企業関係者の割合は男性のほうが大きく、留学・研究者・教師の割合は女性のほうが大きい。しかし、アジアでは女性でも39.7％が民間企業関係者であり、留学生・研究者・教師の21.1％を上回っている。北アメリカやヨーロッパは、留学先として選ばれてい

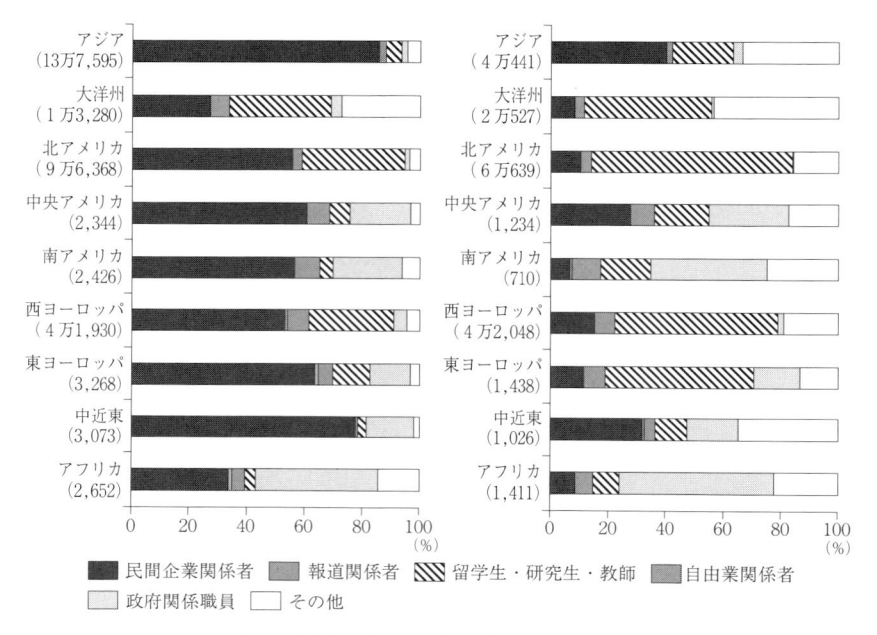

図8-3　地域別海外在留邦人（長期滞在者、本人）の属性分類

注：括弧内は実数。調査時点の状況を示すため、2006年10月1日時点のデータを使用した。
資料：海外在留邦人数統計により作成。

　るほどには、働いている日本人女性は多くないのであり、逆にアジアは留学先としての重要性よりも、海外就職の目的地としての重要性が勝っているのである。

　アジアで働く日本人女性は、特定の国、さらには特定の都市に集中している。2010年10月時点でアジアに在留する日本人女性（長期滞在、本人）のうち、民間企業関係者は1万4,283人であり、その80％以上は、中国（香港を除く、7,454人、52.2％）、シンガポール（1,586人、11.1％）、香港（1,536人、10.8％）、タイ（1,505人、10.5％）のいずれかに在留している。以上4つの国・地域に続くのが、台湾（534人、3.7％）、ベトナム（371人、2.6％）、インドネシア（331人、2.3％）である。意外なことに、韓国在留の日本人女性の民間企業関係者は、160人（1.1％）にとどまり、フィリピン（271人、1.9％）やマレーシア（219人、

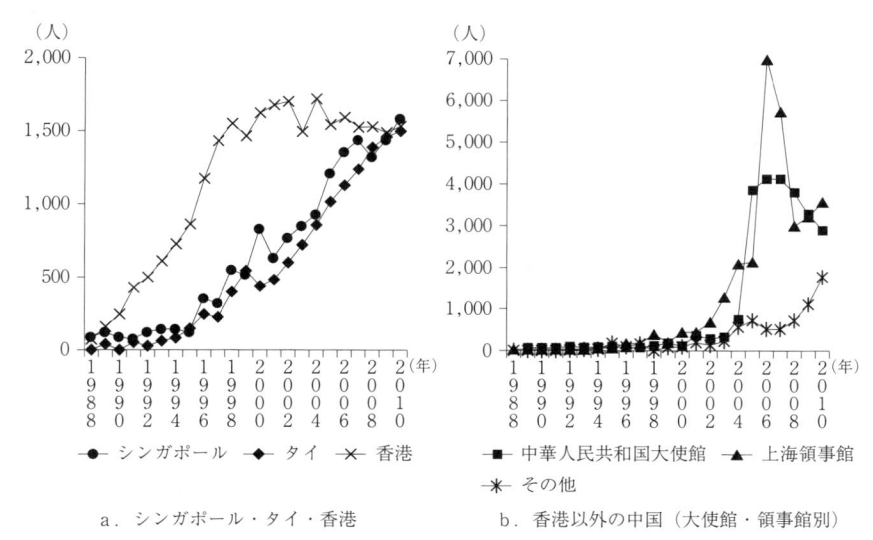

第 8 章　日本人女性の現地採用労働市場の拡大とその背景　241

a．シンガポール・タイ・香港
b．香港以外の中国（大使館・領事館別）

図 8-4　アジアの主要な国・地域における日本人女性の民間企業関係者数（長期滞在、本人）の推移

注：各年10月1日時点。中華人民共和国大使館、上海総領事館の管轄地域は以下のとおり。
　　中華人民共和国大使館：北京市、天津市、陝西省、山西省、甘粛省、河南省、河北省、湖北省、湖南省、青海省。
　　　　　　　　　　　　新疆ウイグル自治区、寧夏回族自治区、チベット自治区、内蒙古自治区。
　　上海総領事館：上海市、安徽省、浙江省、江蘇省、江西省。
資料：海外在留邦人数統計により作成。

1.5%）よりも少ない。

　中国（香港を除く）、シンガポール、香港、タイについて、日本人男性の民間企業関係者数をみると、中国が5万6,365人、シンガポールが8,001人、香港が6,907人、タイが2万83人である。アジア全体では、民間企業関係者に分類される在留邦人に占める女性の割合は11.7%、同じく中国では11.5%、タイでは7.0%であるのに対し、シンガポール（女性の割合16.5%）と香港（女性の割合18.2%）では相対的に女性の割合が高い。ここからも、日本人女性が渡航先として英語圏を選ぶ傾向が見て取れる。

　中国（香港を除く）、シンガポール、香港、タイについて、日本人女性の民間企業関係者数の推移をみると（図8-4）、香港では、バブル崩壊とほぼ時を同じくして増加が始まっていることがわかる。香港における日本人女性の民間

企業関係者数の増加は、1997年に主権がイギリスから中国に返還される少し後の2000年頃まで続き、その後は現在まで停滞・漸減傾向にある。シンガポールとタイにおいて、日本人女性の民間企業関係者数が著増し始めたのは1990年代半ば以降であり、シンガポールがやや先行する形で現在までほぼ単調に増加してきた。他方中国では、2000年頃までは日本人女性の民間企業関係者がほとんどいなかった。2000年代初頭から半ばにかけての爆発的な増加は、その後の減少に照らしても、実状を反映しているかどうか疑わしい。しかし、上海総領事館と中華人民共和国大使館の管轄地域において短期間のうちに日本人女性の民間企業関係者数が急増したことと、上記2つの総領事館・大使館の管轄地域外での増加がごく近年のことであることは、確かであろう。

(2) シンガポールの日本人女性

①海外在留邦人数統計の分析

　ここまでの分析から、海外在留邦人が増加する中でアジアに在留する日本人女性も増加していること、かつては同居家族として海外に在留していた女性が主体的な意思決定者として海外に赴くようになったこと、女性の在留目的が留学から仕事へとシフトしつつあること、その傾向がとくにアジアで顕著であり、しかもアジアの特定の都市に日本人女性の民間企業関係者が集中していることなどが明らかになった。これらの知見を踏まえて、海外在留邦人数統計からシンガポール在留邦人の特性をみよう。

　2010年のシンガポール在留邦人は2万4,548人であり、国別の在留邦人数順位は11位である（図8-5）。男性については、民間企業関係者とそれに帯同してきた子どもと思われる同居家族を除くと、残りはごくわずかである。一方女性は圧倒的に同居家族が多い。そのため、シンガポール在留邦人の増減は、基本的に日本から現地法人などに派遣される男性駐在員の増減と連動している。

　シンガポールは、1960年代半ばから1970年代にかけて、輸出主導型製造業の対内直接投資を引きつけることによって、アジアNIEsの一角として急速な経済成長を遂げた（清水2004）。1980年代以降は、低賃金を武器とする製造業か

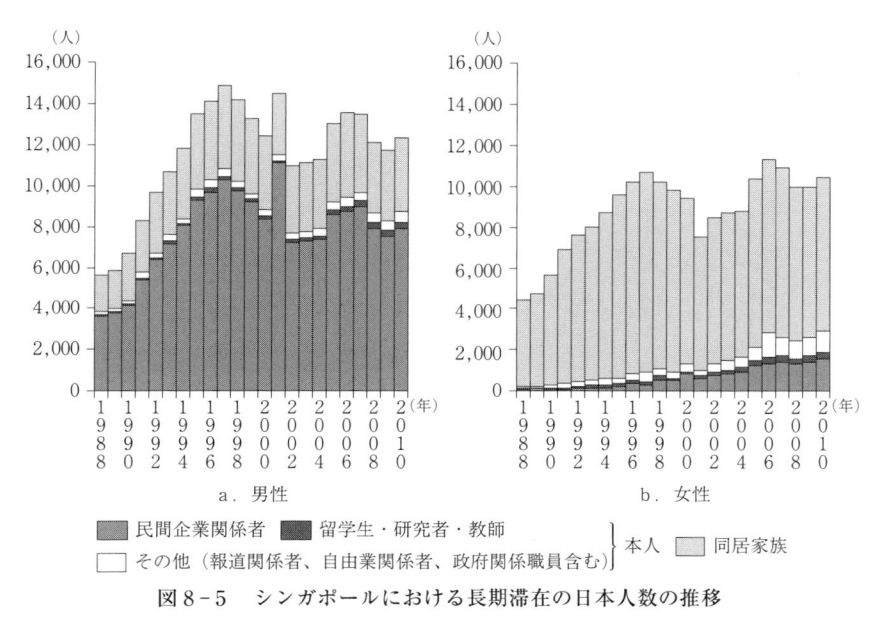

第 8 章　日本人女性の現地採用労働市場の拡大とその背景　243

図 8-5　シンガポールにおける長期滞在の日本人数の推移

凡例：■民間企業関係者　■留学生・研究者・教師　□その他（報道関係者、自由業関係者、政府関係職員含む）｝本人　■同居家族

注：各年10月1日時点。2001年の数値が不自然であるため、外務省に問い合わせをしたが、原因は判明しなかった。
資料：海外在留邦人数統計により作成。

ら金融業やサービス業へと、次第に産業構造をシフトさせていった（鍬塚 1998）。後に別の資料で再確認するが、1980年代後半からアジア通貨危機までのシンガポール在留邦人の急増は、主として非製造業の日系企業の進出によるものと考えられる。それとともに、日系企業におけるシンガポール現地法人の位置づけは、直接的な生産拠点から東南アジアの生産機能を管轄する地域本社機能へと変化した（鍬塚 2001）。

　アジア通貨危機の発生後は、シンガポールでも日系企業の撤退や事業縮小が行われた関係で、2000年代前半にかけて男性の民間企業関係者が減少し、連動して女性の同居家族も減少をみせた。2005年頃からの数年間は、男性の民間企業関係者および女性の同居家族がいったん増加に転じる。筆者らが調査を実施したのはこの時期に当たり、シンガポールで働くことを目指す日本人にとっては、売り手市場といえる状況であった。男性の民間企業関係者数は、その後再

び減少に転じて現在に至っている。

　すでに述べたように、シンガポールに在留する日本人女性の多くは同居家族であり、本人として在留する人は、2010年においても27.6％（2,911人）にとどまる。しかしその割合と絶対数は、ともに増加を続けている。シンガポールでは、本人である長期滞在者の女性のうち、留学生・研究者・教師の割合は9.7％であるので、多くが仕事をしていると思われる。女性駐在員も現れ始めてはいるものの、シンガポールで働く日本人女性の多数派は、自分の意思でシンガポールに渡り、日系企業に現地採用された人々である。

②調査対象者の属性

　海外在留邦人数統計は調査項目が限られているため、属性に関してこれ以上詳細な分析はできない。そこで、サンプル数や代表性の点で問題はあるものの、筆者らが実施したインタビュー調査に基づき、シンガポールで働く日本人女性58人の属性をより詳しくみていこう。

　現在の勤務先については、日系企業や日本の団体に勤務する人が42人を占め、その他は日系以外の企業に勤務する人が9人、自営業主が2人、企業系列不明が4人であった。シンガポールでは、大学卒業以上の学歴に加えてある程度の実務経験がなければ、日本人が就労ビザを取得することは難しい[6]。これを反映して、対象者のうち44人は大学卒であった。大学での専攻はすべての対象者について把握できたわけではないが、少なくとも15人は語学（ほとんどは英語学・英文学）かそれに類する学部・学科を卒業しており、外国語や異文化に対する関心がうかがえる。このことと関連して、シンガポールに来る以前に海外での生活を経験したことがある対象者が、58人中51人に上ったことは興味深い。海外経験のきっかけは親の海外赴任や長期・短期の留学、ホームステイ、ワーキングホリデーなどさまざまであり、その主な渡航先は、アメリカ合衆国やイギリス、オーストラリアなどの英語圏である（図8-6）。

　シンガポールに移住した時点での年齢は、20歳代後半に集中しており、とくに27～29歳での移住が目立つ[7]。事実上、実務経験がビザの発給要件に含まれ

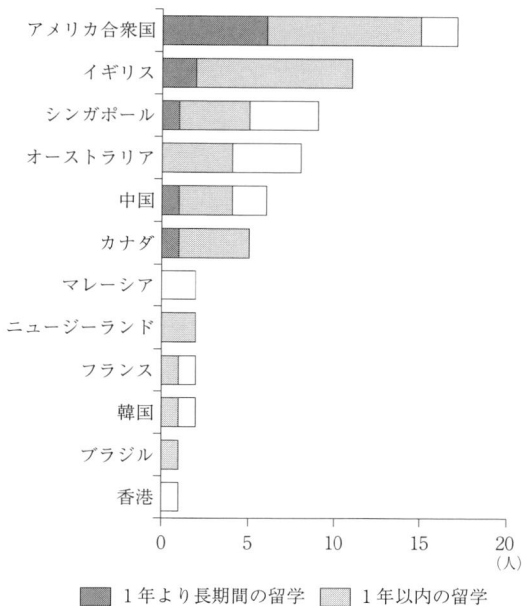

第8章 日本人女性の現地採用労働市場の拡大とその背景 245

図8-6 対象者のシンガポールに来る以前の海外経験
■ 1年より長期間の留学　▨ 1年以内の留学
□ 仕事・ワーキングホリデー・ボランティアなど

資料：インタビュー調査により作成。

るため、必然的に大学を卒業した後、一定の年数が経過した時点での移住が多くなる[8]。またインタビュー調査において、仕事に慣れ、結婚の予定が当面ない中で、現在の生活を変えたいと考えて海外就職を決意したとの内容を語った対象者が複数おり、この年齢層が女性にとってライフコース上の転機に当たることが示唆される。

インタビュー対象者の過半数は、調査時点で20歳代後半から30歳代前半であり、この年齢層では大半が未婚であった（図8-7）。人材紹介会社の利用者も、やはり20歳代後半から30歳代前半の未婚者が中心であるとのことであった。シンガポールに来住してからの年数が判明した51人の対象者のうち、32人は来住から3年以内、40人は5年以内である。日系企業や人材紹介会社、あるいは日本人女性へのインタビュー調査を総合すると、シンガポールにおける日本人女

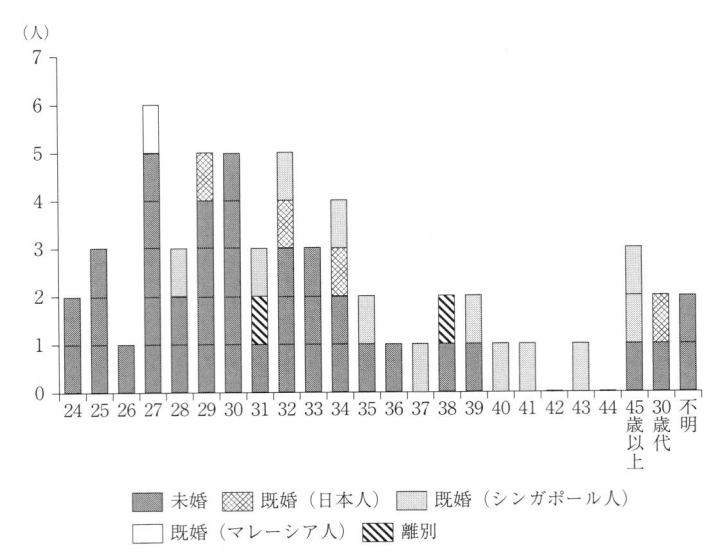

図8-7　対象者の年齢と配偶関係

凡例：未婚／既婚（日本人）／既婚（シンガポール人）／既婚（マレーシア人）／離別

注：括弧内は配偶者の国籍。
資料：インタビュー調査により作成。

性の入れ替わりはかなり激しく、3～5年で日本に帰国する人が少なくないようである。対象者の年齢構成が20歳代後半から30歳代前半に偏っていたことは、それ以上の年齢になる前に日本に帰国する女性が多いことを反映したものとみられる。

　年齢が30歳代後半以上の対象者は14人であり、このうち8人はシンガポール人と結婚していた。また、シンガポールでの通算在留期間が6年以上の対象者12人のうち、9人はシンガポール人と結婚していた。つまり在留期間の長短は、シンガポール人と結婚するか否かによるところが大きい。しかしシンガポールで生活する日本人の交友関係は日本人が中心であるため、在留期間が長くなればシンガポール人と結婚する可能性が高まるとは必ずしもいえない（中澤ほか2008）。シンガポール人と結婚していた対象者のうち、結婚までの経緯が判明しているのは10人であるが、シンガポールに来てから配偶者と知り合ったのは

3人にとどまる。それ以外の人は、旅行先や飛行機の中、留学先、インターネットなどで知り合ったシンガポール人と結婚するために、シンガポールに移住してきたのである。

3　現地採用日本人女性増加の背景

(1) 需要側の背景

　多国籍企業が行う内部労働市場における人的資源管理は、労働者の国際移動を引き起こす重要な要因の1つであり、グローバル化や世界都市の成長を特徴づける現象として研究が進められてきた。グローバル化が進展すれば、各国の現地法人に派遣される駐在員が増加するように思われるが、現実はそう単純ではない。図8-8をみる限りでは、早くから日本の直接投資が進んでいたヨーロッパや北アメリカでは、1990年代初頭以降に駐在員数が減り続けている[9]。一方、中国以外のアジアに派遣された駐在員数は、1990年代半ばまで急増を示していた。しかしアジア通貨危機を契機に一転して減少傾向となり、現在でも増加に転じる兆しはみられない。中国における日系企業の駐在員数は、日本の直接投資が増加したことを背景に2000年代前半まで急増を続けてきた。その中国でも、2000年代後半には駐在員数の増加傾向に歯止めがかかり、現在は停滞ないし漸減している。

　駐在員の減少傾向は、シンガポールでもみられる（図8-9）。産業構造の転換を反映して、1990年代初頭には、すでに製造業企業における駐在員数の伸びは緩やかになっていたが、金融業やサービス業の成長によって、製造業以外の企業における駐在員数は急増した。しかしアジア通貨危機が起こると、駐在員数は業種を問わず減少に転じた。製造業における駐在員数は底を打ったようにみえるが、製造業以外では依然として漸減が続いている。

　駐在員の減少傾向は、日系企業にとっての海外事業の重要性が以前に比べて薄れたことを意味するものではなく、経営の現地化に伴うものである。データ

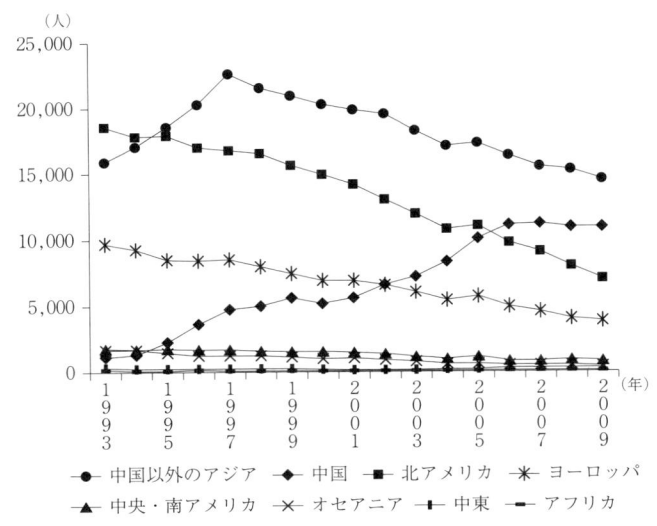

図8-8　地域別日系現地法人に日本から派遣された従業員数の推移

注：1）各年10月もしくは11月時点。
　　2）香港、マカオは中国以外のアジアに含まれる。
資料：東洋経済新報社『海外進出企業総覧　国別編』各年版により作成。

　の問題から駐在員数の減少が誇張されている可能性はあるが、多国籍企業が海外進出からの時間の経過に伴って従業員に占める現地人の割合を高めていくことは一般的傾向であり、これに伴って駐在員の絶対数も減少しているとみられる。

　とはいえ、日系企業にとって従業員の現地化には限界があり、円滑な企業活動のためには一定数の日本人を事業所内に保持しておく必要がある。日系企業の主要な取引先は、進出先においても日系企業であることが多く、シンガポールもその例に漏れない。鍬塚（2002）がシンガポールにおける日系電機メーカーの調査に基づいて指摘しているように、「文化的距離」が近い日系企業同士の取引は、相対的に取引費用を低減させることができる。ここでいう「文化的距離」とは、取引当事者間における社会的規範、制度、習慣、言語などの相違（水野1997）を指す。しかし、「文化的距離」の近さに起因する取引費用低

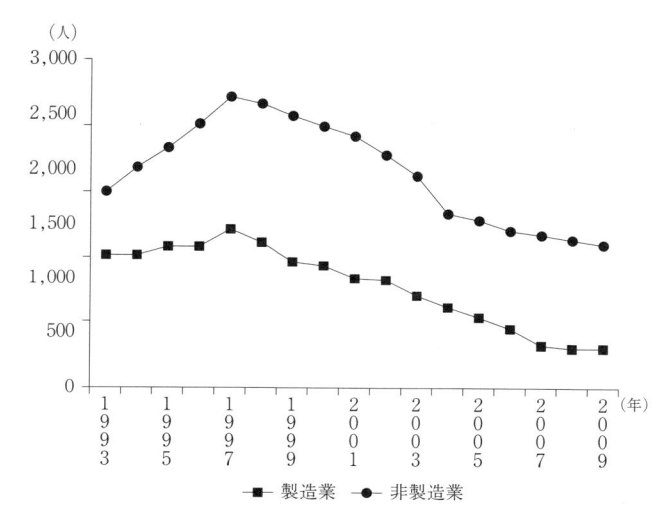

図 8-9 シンガポールの日系現地法人に日本から派遣された従業員数の推移

注：各年10月もしくは11月時点。
資料：東洋経済新報社『海外進出企業総覧 国別編』各年版により作成。

減のメリットを享受するためには、日本語を話せるだけでなく日本の社会的規範、制度、習慣などを内面化している日本人が、現地のビジネス・コミュニティの中で一定の割合を占めている必要がある。

今日では、英語を社内公用語とする目標を掲げる日系企業も出てきているが、現実的には日本の親会社とのコミュニケーションのほとんどは、日本語で行われる。その際にも「文化的距離」が小さいほうが摩擦は少ない。加えて日系企業では、本社から文書資料での報告を要求されることが多く、ここでも単に会話ができる以上の日本語力が求められる[10]。

ホテルや旅行会社、航空会社などの対個人サービス業でも、主要な顧客は日本人である。顧客の側は、多少価格は高くとも、「文化的距離」が近いという安心感から、海外でも日系企業のサービスを求める。そこでもやはり、日本語での対応のみならず、「日本的気配り」といったものが期待される（中澤ほか 2008）。そのため、対個人サービス企業が日系企業であることの強みを発揮す

るためには、窓口などの直接部門に日本人を配置して、顧客の期待に応えることが必要となる。

　日系企業が日系企業としての強みを発揮するためには、一定割合の日本人従業員を保持しておく必要があるが、駐在員を派遣するコストは高い。駐在員の給与は、現地通貨で支払われる海外給与（海外基本給と諸手当）と、円建てで支払われる国内払い給与および年間賞与から構成される。労政時報2007年11月号には、日系企業48社から得たデータに基づき、35歳の従業員が配偶者と子ども２人をシンガポールに帯同した場合のモデル賃金の平均が掲載されている。それによれば、毎月の海外給与は48万6,018円（6,139Sドル）であり、国内払い給与は19万7,953円である。これらを12倍し、年間賞与219万6,007円を合計した年収総額は、1,072万2,187円に上る。これは、同年齢、同条件の国内モデル賃金（732万489円）と比較して相当に高い。

　この調査では、海外給与に含まれる諸手当の中に、住宅手当と子女教育手当を含んでいないが、実際にはほぼすべての企業がこれらを支給している。駐在員の住む住宅は100m^2以上であることも珍しくなく、家族向けのコンドミニアムの賃料は日本円にして数十万円を超えることもある。多くの場合、自動車のリース代も会社が負担し、上級の管理職には運転手つきの自動車が支給されている場合もある。また、日本人会などの親睦団体の会費を肩代わりする企業もある。これらに引っ越しのための費用負担などを加えると、駐在員を派遣するコストは企業にとって大きな負担となる。

　現地採用の人件費はどの程度であろうか。シンガポールで働く現地採用の日本人女性の多くは、Ｑ１パスという就労ビザを取得する。Ｑ１パスでは、基本月給が2,500Sドル以上であることが条件（調査時点）[11]であり、それが基準となるために現地採用日本人女性の多くは月収2,500～3,500Sドルである（JACリクルートメント 2005：165）。これを上記の駐在員のモデル賃金と同じレートで計算すると、日本円にして月収19万8,000～27万7,000円となる。これに２～2.5カ月分のボーナスが支給されるとすると[12]、現地採用の年収は300万円弱～約400万円である。企業によっては、同じ仕事をしていても現地採用の日本

人の給与水準を、現地人に比べて若干高めに設定しているところもあるが、駐在員と比べれば年収は3分の1程度である。さらに、現地採用の場合には、住宅手当などの諸手当が付かないか、付いたとしても手厚くないため、駐在員との人件費の差はさらに広がる。それゆえ、人件費は削減したいが、日本人従業員は一定数確保しておきたいという事情を抱える日系企業は、駐在員を減員する一方で、現地採用の日本人を増やしてきたのである。

後にみるように、ほとんどの日系企業は日本人を現地採用するにあたって人材紹介会社を利用する。このような外部労働市場からの調達と、内部労働市場における企業内転勤の中間的な形態で、日本人を確保している企業も存在する。すなわち日本法人の従業員を対象に、シンガポール法人の現地採用のポストを希望する人を募るのである。

筆者らが調査した日本人女性には、このような経緯で現地採用従業員となった人が5人いた。うち1人は旅行会社、1人は航空会社、3人はホテルに勤務しており、いずれも対個人サービスに従事していた。こうした仕事に対する適性は、書類審査や短時間の面接で見極めることが難しく、仕事内容も培われた経験によるところが大きい。また、企業の目指すサービスのあり方を理解し、企業文化を共有していることも重要である。彼女たちの身分はあくまでも現地採用であるから、単なる現地採用の水準に若干の上乗せをした賃金を支払ったとしても、駐在員を派遣するほどのコストはかからない。この方法を採れば、従業員の海外志向を利用する形で、企業は適任者を低コストで現地法人に送り込むことができるのである。

(2) 供給側の背景

日系企業の側で駐在員のコスト高を背景として現地採用の日本人の労働力に対する需要が高まったとしても、海外で働こうと考える日本人が増加しない限りは、その需要が満たされることはない。したがって、シンガポールで働く現地採用の日本人女性が増加した背景については、労働力の供給側からも検討する必要がある。

近年では、経済的要因に還元して説明できない理由によって海外に移住する日本人が増えている（藤田 2008）。すでに紹介したように、日本人女性がシンガポールへの移住を決意する過程においても、心理的要因が強く作用していることを示す先行研究がある。

　ミクロな心理的要因が重要である一方で、マクロな環境要因も見逃すことはできない。実例を挙げた上で説明しよう[13]。Ａさんは大学時代に交換留学でカナダへの留学を経験した。1990年代末に大学を卒業し、アパレル物流の会社に就職したが 1 年で退職し、シンガポールに渡航するまでの約 2 年半、派遣社員としてメーカーに勤務した。その間、大学時代の留学経験を思い起こし、アメリカ合衆国で働くことを目指したが、ビザの取得が難しく断念した。そして、「とりあえず派遣で働くのはもう辞めようと思って、日本で正社員になるか、海外で正社員になるかを考え」、たまたま足を運んだ人材紹介会社でシンガポールへの就職を進められ、今の仕事を得たという。彼女が職を得たのは、日本有数の電機メーカーである。

　バブル崩壊以降、日本の若年労働市場は長らく厳しい状況にあった。大卒者の求人倍率はバブル崩壊から急降下し、多少の浮沈はあるが、2000年代の前半まで低位で推移してきた（図 8-10）。Ａさんを含め、対象者の多くは、大卒者の求人倍率が低かった1990年代半ばから2000年代初頭にかけて、大学卒業を迎えている。日本で最終学歴を修了し、初めての就職先も日本であった対象者は45人であり、そのうち24人は、シンガポールに来る前に日本で転職を経験している。そのなかには、新規学卒時の就職先が不本意であったため、短期間で離職している例もある。Ａさんのように、正社員から派遣社員などに転じる例もまとまってみられ、少なくとも13人は、シンガポールへの移住前には正規雇用の職に就いていなかった。非正規職を転々としていた対象者も複数存在する。

　日本における就職戦線の厳しさとは対照的に、筆者らが調査を行った時期のシンガポールでは、現地採用の日本人に対する需要が多く、日本では就職希望者が殺到するような大手企業の現地法人であっても、比較的容易に就職できる

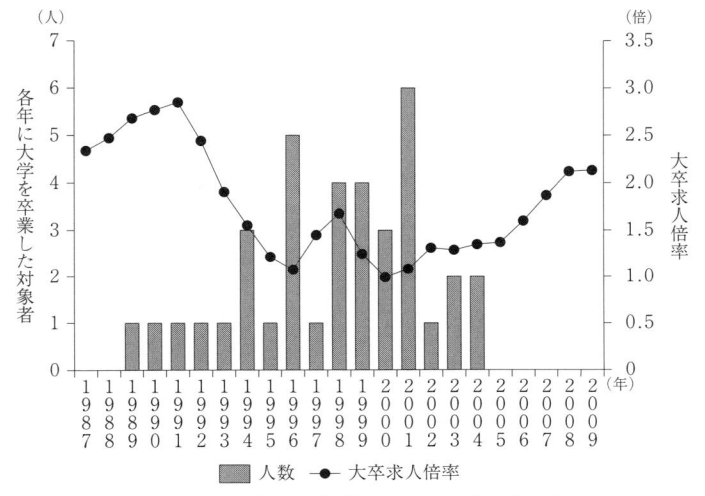

図 8-10　対象者の大学卒業年と大卒者の求人倍率

資料：インタビュー調査、リクルートワークス研究所『大卒求人倍率調査』により作成。

状況であった。人材紹介会社にとっても、現地採用であればネームバリューのある企業に比較的容易に入社できることが、シンガポールでの就職を勧めるうえでのセールスポイントになっていた。このように、就職戦線が厳しい時期に大学などの卒業を迎え、日本で不本意な就職を余儀なくされた人が、納得できる就職先を求めて、シンガポールに移住してきているのである。

現状を変えたいと考えた若者が、その手段として海外就職を発意する背景には、それまでの海外経験があることが多い。すでに示したように、Ａさんを含め対象者の多くは、さまざまな契機によってシンガポールに来る以前に海外での生活を経験している。その経験は個人的であるが、底流には親の転勤に伴って子ども時代に海外での生活を経験する人が増加したこと、留学の敷居が低くなったこと、短期の語学研修やワーキングホリデーなど気軽に海外での生活を体験できる機会が増えたことといった一般的傾向がある。グローバル化の進展によって海外経験を有する人が増えたことにより、現状を変えたいと考えた若者の念頭に、海外就職という選択肢が上りやすい条件が整っていたのである。

(3) 労働市場の媒介項としての人材紹介会社

　日本人の場合、日本あるいは第三国からシンガポールの就職先を探す場合でも、シンガポール国内で転職をする場合でも、人材紹介会社を利用するのが一般的である。シンガポールでは、1987年に日系の人材紹介会社が初めて進出したとされる（Yui 2009）。現在では日系大手人材会社の現地法人が複数進出しているほか、人材紹介会社からスピンアウトした日本人が立ち上げた小規模な人材紹介会社も存在する[14]。また、日本人の紹介業務を手掛けるシンガポール資本や外資の人材紹介会社もある。

　日本からシンガポールに就職することを希望する人は、まずは人材紹介会社にオンライン登録し、履歴書や職務経歴書をメールなどで送付する。多くの人は、同時に複数の人材紹介会社に登録する。また、企業の側も、複数の人材紹介会社に同じ求人情報を出している。人材紹介会社は、送付された書類を参照し、求職者に電話やスカイプ、メールでコンサルテーションをしたうえで、適切と思われる求人情報を提案する。日本にある事業所で面談を行う場合もある。求職者の意に沿う求人があれば、履歴書や職務経歴書を求人企業に送付し、書類審査に付す。書類審査を通過し、求職者にも就職の意思があれば、求職者がシンガポールを訪れる日程に合わせて、人材紹介会社が求人企業との面接の日時を設定する。求職者は、シンガポールでの滞在期間中に複数の求人企業との面接に臨むことも多い。

　採用が決定し、求職者が企業との雇用契約に同意したら、就労ビザの申請を行う。就労ビザが下りるか否かは、通常2週間程度で判明する。就労ビザが取得できれば、シンガポールに移住して仕事を始めることになる。

　日系大手企業の現地法人が自前のウェブサイトなどで求人を告知し、日本人の現地採用従業員を直接募集することはまれである。そうするとなると、書類選考から面接までの業務は、日本人駐在員が中心となって行うことになる。日系大手企業のシンガポール現地法人は、東南アジアの地域統括拠点であるため、駐在員は近隣国への出張が多い。加えて駐在員の人員が減らされているため、

採用業務に労力を割くことは難しい。そこで人材紹介会社が重宝されるのである。

人材紹介会社が求人企業から受け取る手数料は、紹介した求人の給与水準によって変わる。ある人材紹介会社は日本人の現地採用であれば年収の30〜40％が標準的であるとした[15]。ところが紹介した従業員が短期間で離職してしまった場合には、手数料の一部または全額を返金する契約であることが普通である。早期離職者の発生を回避するため、人材紹介会社には適任者選抜のノウハウが蓄積されている。日系企業にとっては、ミスマッチを回避する観点からも、採用候補者のスクリーニング機能を人材紹介会社に委託するメリットが存在する。

人材紹介会社が仲介する日本人は、シンガポールに移住を希望する日本在住者とシンガポール在住の転職希望者が中心であるが、事業所をグローバルに展開している大手人材紹介会社は、第三国とシンガポールとの間の紹介業務や、シンガポールから日本への帰国希望者の紹介業務も行っている。調査当時、人材紹介会社がとくに注目していたのは、シンガポールへの就職を希望するオーストラリア在住の日本人であった。

英語圏であり、治安が良く気候も温暖なオーストラリアは、人気の高い留学先である（堤・オコナー 2008）。学部によって異なるが、オーストラリアでは学部教育課程が通常3年であるため、留学生が卒業後に日本で大卒者として就職しようとすると不利になる場合がある。一方で、神谷ほか（2008）が明らかにしているように、オーストラリアの大学に留学している日本人の多くは、留学中に身につけた英語を生かして海外で働きたいという意向が強い。しかし、ワーキングホリデーなどの一時的な就労機会はあっても、オーストラリアでは日本人の現地採用労働市場は小さい。また、イギリスやアメリカ合衆国で日本人が就労ビザを取得することは、これらの国の大学を卒業した人ですら難しい状況である。それゆえ、アジアの英語圏であるシンガポールが好適な就職先として浮上する。筆者らがインタビュー調査を行った2006〜2007年は、シンガポールにおいて現地採用の日本人の労働力需要が高まっていたこともあり、新規学卒者だけでなく、オーストラリアでのワーキングホリデーや語学学校過程

を終えた後、海外で働きたいと考える人を念頭に置いた営業戦略を打っているとした人材紹介会社もあった[16]）。

　人材紹介会社は、グローバルな事業所展開とインターネットの活用を通じて、海外就職にまつわる求職者と求人企業の空間的ミスマッチを媒介する役割を果たしている。人材紹介会社に業務を委託することで、駐在員が採用業務に費やす労力は大幅に削減され、かつ人材紹介業者の持つスクリーニングのノウハウにより、適任の従業員が得られる可能性が高まるのである。

4　労働者の視座からの知見の捉えなおし

　本章から得られた知見を、筆者らやタンらの研究成果によって補足し、整理したのが図8-11である。この図を説明すると、これまで述べてきたことの繰り返しとなるので、それは避けたい。1つ付言しておきたいのは、先行研究が明らかにしたように、今日の日本における若者とりわけ女性の海外就職という現象を理解するうえでは、心理的要因によって個人が海外移住を決意するミクロなプロセスを見落とすことはできないが、その理解は、マクロな社会・経済的背景に適切に位置づけてこそ深まるということである。したがって本章は、中澤ほか（2008）を理解するうえでの土台となりうるであろう。

　本章では、労働力の需要側、供給側および両者の媒介項の3つの観点にほぼ均等に力点を置いて、現地採用労働市場の構造的把握に努めてきた。最後に「労働の地理学」の基本的視座に立ち返り、労働者の視点から本章の知見を整理し、仮説的な見解も交えながら、現地採用労働市場に関する今後の研究を展望してみたい。

　本章および中澤ほか（2008）から浮かび上がるのは、日本から現地法人に派遣される駐在員と現地採用の従業員との間に存在する待遇面での大きな格差である。現地採用から駐在員待遇となる人は、皆無ではないが異例である。駐在員は通常3〜5年で日本に帰国するか別の任地へと移動していく。現地採用者は、長期間勤続して現場に精通し、熱心に働いて組織に貢献したとしても、新

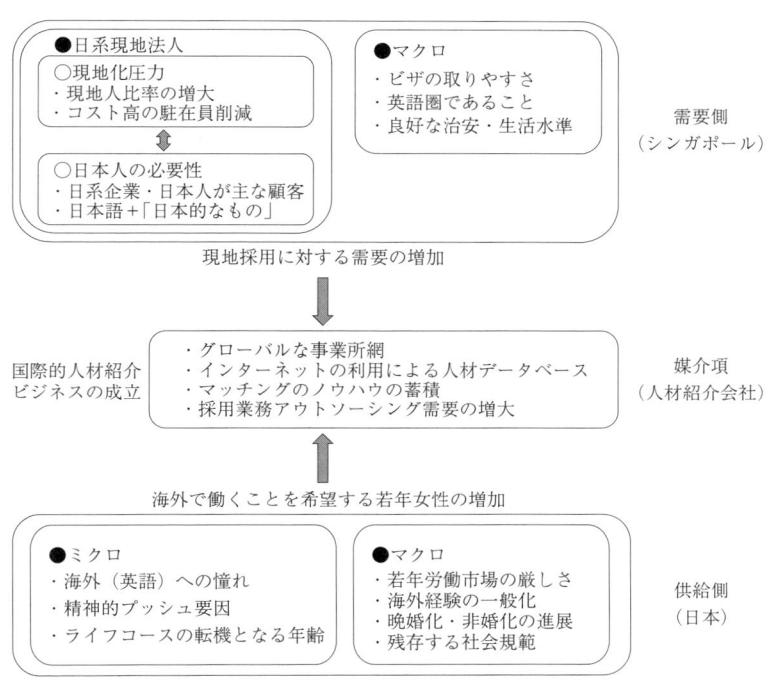

第 8 章 日本人女性の現地採用労働市場の拡大とその背景 257

```
┌─────────────────────────────────────────────┐
│ ●日系現地法人          ●マクロ              │
│ ○現地化圧力           ・ビザの取りやすさ    │        需要側
│ ・現地人比率の増大     ・英語圏であること    │     （シンガポール）
│ ・コスト高の駐在員削減 ・良好な治安・生活水準│
│                                             │
│ ○日本人の必要性                             │
│ ・日系企業・日本人が主な顧客                 │
│ ・日本語＋「日本的なもの」                   │
└─────────────────────────────────────────────┘
              現地採用に対する需要の増加
                       ↓
┌─────────────────────────────────────────────┐
│     ・グローバルな事業所網                   │
│ 国際的人材紹介 ・インターネットの利用による人材データベース │ 媒介項
│ ビジネスの成立 ・マッチングのノウハウの蓄積 │ （人材紹介会社）
│     ・採用業務アウトソーシング需要の増大     │
└─────────────────────────────────────────────┘
                       ↑
         海外で働くことを希望する若年女性の増加

┌─────────────────────────────────────────────┐
│ ●ミクロ               ●マクロ              │
│ ・海外（英語）への憧れ ・若年労働市場の厳しさ│        供給側
│ ・精神的プッシュ要因   ・海外経験の一般化    │        （日本）
│ ・ライフコースの転機となる年齢 ・晩婚化・非婚化の進展 │
│                       ・残存する社会規範    │
└─────────────────────────────────────────────┘
```

図 8-11 シンガポールにおける日本人現地採用労働市場を成立させるメカニズム
資料：インタビュー調査および先行研究から得られた知見を総合して作成。

たに赴任してくる駐在員には遠く及ばない待遇しか得ることができない。これは、多国籍企業の内部労働市場と現地採用労働市場が分断されていることを意味する。

　日系多国籍企業は、海外現地法人においてコスト高の駐在員をなるべく減らしたいと考えているが、日系企業としての競争力を保持するためには一定数の日本人を確保することが必要であるというジレンマに直面している。現地採用労働市場は、このジレンマに対応するためにつくり出された部分労働市場といえる。海外志向を強く持っていたり、日本の社会規範を窮屈であると感じていたり、日本における仕事の現状に不満を持っていたりする若者は、まさにHarvey（2006）が述べたように、新たな仕事と生活に希望を抱いて海外へと

主体的に移動する。しかし、現地採用と駐在員との間には身分差というべき待遇の格差が存在し、主体的移動者が組み込まれるのは現地採用労働市場である。現地採用労働市場は、日系多国籍企業がこうした若者の心理に便乗し、彼／彼女らの労働力を買い叩く場であるという見方は、うがちすぎであろうか。

　内部労働市場と現地採用労働市場の分断は、需要側である日系多国籍企業の一方的な境界設定によるばかりではなく、供給側である若者の側が、海外就職を実現するためなら駐在員との待遇格差を受忍する用意があることによって成立をみている。そして、人材紹介会社が海外の現地法人と日本の求職者とを結びつけ、労働力需給の空間的ミスマッチが架橋されることによって、はじめて内部労働市場から外部化された現地採用労働市場が成立する。つまり、労働市場の需要側、供給側および労働市場の媒介項のいずれもが、労働市場の分断をもたらす要因として作用しているのである。

　労働市場の分断には、労働市場に内在する要因のみならず、労働市場外の要因も作用している。Hanson and Pratt（1995）は、ジェンダーという基軸から労働市場の分断の空間的側面に取り組み、世帯内での再生産活動における性別役割分業が、都市圏内における男性職と女性職の分布差や、男女間あるいは属性を異にする女性間に見られる通勤距離の長短に投影されていることを明らかにした。ここで議論している内部労働市場と現地採用労働市場の分断にも、ジェンダーは深く関わっている。駐在員の大半は男性であり、女性は依然としてごくわずかである。同じ日系多国籍企業の正社員であっても、駐在員の身分で海外に渡航する機会の多寡には、明らかなジェンダー差がある。海外での仕事と生活を望む女性は、駐在員との格差を承知したうえで、現地採用労働市場に飛び込まざるを得ないのである。

　現地採用の日本人男性は、駐在員と現地採用との格差をより強く意識しているようである。筆者らが調査を行った時点のシンガポールでも、現地採用の男性が増加してきていると認識されていたが、目下調査を行っている上海やバンコク[17]では、実際に数多くの現地採用の男性が日系現地法人で働いている。これまでのインタビュー調査によれば、彼らは主体的に海外就職を選択したの

であるが、仕事を続けるうち、いくら懸命に働いても駐在員との間には乗り越え難い壁があると感じるようになる。駐在員の大半は男性であるから、現地採用の女性はこうした壁をジェンダー間の差別と読み替え、日系企業固有の理不尽な体質として受け取っているようである。これに対して男性の場合、駐在員も同じ男性であるため、駐在員との処遇の格差をジェンダー間の差別に置き換えて自分を納得させることができない。

日本への帰国という選択肢は、こうした「駐在員の壁」への消極的な対処法と位置づけることができる。これに対して、より積極的な対処法として現地での起業を選ぶ人が、上海やバンコクでは少なからずみられる。現地での起業は男女とも採りうる選択肢であり、現に女性起業家も見受けられるが、どちらかというと男性に多い。これは、上述した「駐在員の壁」の受け止められ方に、ジェンダー差があることと関連している可能性がある。また、現地人と結婚した男性が、現地に定着する覚悟とともに起業する事例がみられたことから、海外での家族形成のあり方の男女差が、起業行動の男女差と関わっている可能性も考慮したい。

日本人が海外で起こす企業は、日本との賃金格差を利用したオフショア開発などの情報サービス業、日系企業を対象とした事業所サービス、現地の日本人向けメディアなどが典型的である。海外における日本人起業家は、海外から日本へというベクトルを持ったグローバル化の主体や、海外の日本人コミュニティをビジネス・生活の両面で支える主体として、新たな経済景観をつくり出している。このような分析視角から、現地採用労働市場と海外での起業行動について、両者の関係性に注目しながら、調査・研究を継続していく所存である。

注
1） Boyle et al.（1998）は、英語圏における人口地理学のテキストとしては最良のものといえる。その第4章は、"Migration and employment" である。また、Johnson and Salt eds.（1990）は、転勤に伴う移動に力点を置くなど、ナショナル・スケールにおける労働力移動の諸相をユニークな観点から分析した研究を集めた好著である。

2）　1988年には、早くもGeoforum誌が高度人材の国際移動に関する特集（19巻4号）を組んでいる。
3）　上記の日系企業数には含まれない。
4）　本章では、以下も単年度の値は基本的に2010年10月1日時点のものである。
5）　その他のカテゴリーには、分類不能や無職の人だけでなく、単純労働者、外国政府職員、ワーキングホリデーによる滞在者、フリーターなど、何らかの仕事に従事している人を含むため、これも含めた。
6）　通常、シンガポールで日本人が取得する労働ビザは、高学歴を有する専門職、管理職など基準月給3,500シンガポール・ドル（以下Sドル）以上の人に発給される「Pパス」、原則として四年制大卒または専門的資格や技術を有し基準月給2,500Sドル以上の人に与えられる「Q1パス」、基準月給1,800Sドル以上で学歴、専門技能、職業の経験年数などのポイント制で発給が決定される「Sパス」の3種類である。なお、基準月給は調査時点のものである（http://www.alc.co.jp/crr/kaigai/cntr/sin.html：2007年4月16日閲覧）。ビザ発給が具体的にどのような基準で行われているかは不明である。なお、調査を行った時点の1Sドルは、日本円にして80円弱であった。
7）　情報が得られた51人の対象者のうち、31人はシンガポールに来た時点での年齢が20歳代後半であり、23人は27〜29歳であった。
8）　ただし、筆者ら調査を行った時期には、日本人に対する労働力需要が旺盛であったため、大学を卒業すると同時にシンガポールで職に就く例もみられた。
9）　図8-8、8-9の資料である東洋経済新報社『海外進出企業総覧』は、海外進出企業に対して毎年実施される調査に基づいて作成されており、調査票の回収率が50％台であることから、海外進出企業が網羅されているわけではない。しかし海外現地法人・支店を持たない企業にも調査票を配布しており、そうした企業は未回答となる傾向にあると考えられることから、海外進出企業の捕捉率は回収率よりも高いものと思われる。また、日本から派遣された駐在員数が経年的に把握できる唯一の資料であるため、上記の問題点を認識したうえで資料として採用した。
10）　人材紹介会社の経営者へのインタビューによる（2006年3月14日実施）。
11）　2011年7月にQ1パス発給の基準となる基本月給は2,800Sドルに、2012年1月からは3,000Sドルに引き上げられた（http://www.jetro.go.jp/jfile/report/07000941/sg_economic_outlook.pdf：2012年7月2日閲覧）。
12）　ある人材紹介会社の経営者の説明によれば、シンガポールのボーナスは、Annual wage supplementという名目で13カ月目の給料を出すとともに、月収1〜1.5カ月分のボーナスを上乗せする形態である。シンガポールは申告納税制度で、毎年3

～4月に当局が納税額を知らせてくる。それがおおむね月収1カ月弱の額になるので、Annual wage supplement をもってこれに充てる習慣がある（2006年3月14日実施のインタビューによる）。
13) 2006年8月22日実施のインタビューによる。
14) 日系の人材紹介会社のほとんどは、日本語を話すシンガポール人や一般のシンガポール人の紹介業務も行っている。
15) 日系人材紹介会社の現地法人代表者へのインタビューによる（2006年3月15日実施）。
16) 人材紹介会社の従業員へのインタビューによる（2006年3月15日および2006年7月8日実施）。
17) 本章執筆時点において、筆者は2011年11月と2012年3月に上海で実施した調査と、2012年11月と2013年1月にバンコクで実施した調査に参加した。筆者が直接インタビュー調査の場に居合わせたのは、上海が12人、バンコクが16人である。上海での調査については、中間報告的な学会発表を行った段階であり（神谷ほか2012）、バンコクについては学会発表に向けて準備している段階である。

第 9 章　スキル・エコシステムの概念とキャリア開発

1　本書の知見に基づく課題抽出

　本書では、英語圏を中心に近年興隆をみせている「労働の地理学」について、その理論的到達点を咀嚼・吸収したうえで、労働市場の媒介項の役割に注目しながら、現代日本の労働市場の特徴を描き出すことを目標としてきた。労働市場の媒介項の主な機能は、労働力の需要と供給の間に存在する空間、時間、スキルの3次元におけるミスマッチの仲立ちをすることである。本書では、多様な部分労働市場を対象としてきたが、筆者は各部分労働市場の空間スケールの多様性を顧慮しつつ、なるべく労働者の視座から現象を理解するように努めてきた。本節では、本書全体の到達点を抽出し、新たな研究の方向性を模索する議論につないでいきたい。

　低成長期の日本では、新自由主義的な経済思想を背景に、労働市場を価格メカニズムが貫徹する自由市場に近づけるべく、労働力のフレキシビリティを高めようとする動きが顕在化した。度重なる労働者派遣法の規制緩和は、その好例である。長期安定雇用が適用される労働者層は縮小し、1990年から2012年にかけて、非農林業雇用者（役員を除く）に占める非正規雇用者の割合は、男性が8.7%から19.6%へ、女性が37.9%から54.7%へと、ほぼ単調に増大してきた[1]。

　雇用者にとっての労働力のフレキシビリティの増大は、労働者にとってはリスクの増大を意味する（Allen and Henry 1998）。リスク社会論で知られるウルリッヒ・ベックが「個人化」の概念をもって主張するように、現代社会は「一

人ひとりが自らの生活歴を自分で創作し、上演し、補修しなければならない」社会である（ベックほか 1997：30）。ベックの主張を職業キャリアに引きつけていえば、自由市場に近づいた労働市場の中で、労働者は転職を前提にした職業キャリアを主体的に形成していかなければならない。加えてワークフェア国家の労働市場政策の下では、福祉の受給期間を短縮させようとする力学が働き、労働者は、将来の雇用保障が十分ではない低賃金の職であっても、甘んじて受け入れるよう促される。

　高度成長期・安定成長期においては、労働市場全体に占める新規学卒労働市場の位置づけが現在よりも大きく、労働市場の媒介項としての学校は、多くの若者を良好な就業機会と結びつけた（中澤 2008：3）。現在でも高卒労働市場は、学校によるマッチングを主軸としている。しかし、高度成長期後半から安定成長期にかけて、新規学卒労働市場のマジョリティであった高卒者は、その地位を就職への学校の関与度が低い大卒者に譲り、高卒就職者の出身校はほぼ専門高校に集約されてきている。空間的にみても、高度成長期の高校は、ナショナル・スケールにおける労働力需給の空間的ミスマッチを架橋していたが、現在では、地域労働市場の需要に応えうる労働力をローカル・スケールで仲介する機関となっている。このことは、高卒者の選択肢となる就労機会の量と質が、出身地域の労働市場の態様に依存する度合いが強くなったことを意味する。今日の高校、とくに専門高校は、立地地域の労働市場の需要を見据えて労働力を養成し、高卒者を地域労働市場のある部分へと方向づけることを期待されているのである（第3章参照）。新規学卒労働市場における媒介項としては、学校に代わって大手人材ビジネス企業が運営する就職支援サイトがその重要性を増しており、今後はこうした媒介項が労働市場におけるミスマッチの解消に、どの程度、どのように寄与しているかを明らかにすることが課題となる。

　労働市場の媒介項の重要性が増大してきた最大の要因は、バブル期以降、転職者が急増し、外部労働市場における労働力需給のマッチングが必要となる局面が拡大したことにある。民営職業紹介や労働力供給事業が禁止されていた日本においては、もっぱら職業安定所が外部労働市場における媒介項として機能

してきたが、低成長期に入ると規制緩和やマッチングに力点を置いた労働市場政策の展開によって、労働市場には多種多様な媒介項が登場することとなった。

　新たな労働市場の媒介項の登場は、固有の空間スケールを伴った新たな部分労働市場をつくり出した。すなわち国際的な事業所網を持つ人材紹介会社は、海外就職を媒介することで国境を越えた現地採用労働市場を成立させ（第8章）、在宅就業を仲介するエージェントは、通勤による労働力の移動を伴わず、再生産の領域とされてきた自宅において、労働力が消費される労働市場を生み出した（第5章）。新たな部分労働市場の成立によって、人々の働き方に新たな選択肢がつけ加わったことは確かである。しかしこれらの部分労働市場は、雇用の安定や良好な労働条件をもたらす就労機会を提供しているとはいえず、キャリア形成の機会に恵まれた一次労働市場からは分断されている。

　労働市場の媒介項の中でも、派遣・請負業者は、間接雇用という特殊な雇用形態を成立させる労働市場（間接雇用労働市場）を生み出した点で、とりわけ注視すべきである。伊丹・松永（1985）はこれを「中間労働市場」と呼んだ。彼らによれば、「中間労働市場」とは、資源配分に関わる「市場」と「組織」の2つのメカニズムの中間に位置するものであり、雇用者と労働者の間に媒介項（派遣・請負業者など）を置くことで、前者の雇用保障のリスクと後者の失業のリスクの両方が緩和されると主張した。伊丹・松永（1985）は、「中間労働市場」による労働力の媒介が、労使双方にとって景気変動などに起因する労働力の需給の時間的ミスマッチを解消すると考えたわけである。労働者派遣法は、この主張を理論的な楯として成立にこぎつけたとされる（伍賀 2000）が、その主張は正しい見立てであったといえるであろうか。

　リーマン・ショックに起因する金融危機後の状況をみると、派遣・請負業者を利用していた雇用者は、労働力需要が急減する局面において、確かに雇用保障の義務を回避することができた。これに対して、「中間労働市場」の「本質とは、『失業』という問題が発生しない（あるいはしにくい）メカニズムということである」（伊丹・松永 1985：12）という言葉は、まったくの空手形であり、実際には「派遣切り」に伴って多くの労働者が失業の憂き目を見たのであった

（中澤 2012b）。

　間接雇用労働市場は、労働力の需要側によって一方的に内部労働市場から分断されているわけではない。家族に起因する問題や疾病、借金など、主として労働市場外に起因する問題を抱え、自分にとっての「根付きの空間」を持たない労働者は、雇用と住居の両方が同時に確保でき、すぐにでも働くことのできる就労機会が得られる間接雇用労働市場へと引き寄せられ、派遣・請負業者を通じて地域間を流転することになる（第6、7章）。派遣・請負業者は、労働者をリスクにさらし、雇用者に利する形で、労働力需給の空間的ミスマッチを架橋する役割も果たしているといわざるを得ない。

　低成長期の日本では、雇用体系の変化に対応して多様な労働市場の媒介項が登場してきたが、それらの大半は需要側のニーズに応えて労働力需給の空間的ミスマッチと時間的ミスマッチを解消するために編み出されてきたといっても過言ではない。これは、労働力需給のスキル・ミスマッチを解消する機能を持った労働市場の媒介項が未整備であることの裏返しである。

　内部労働市場が縮小し、必要なときに必要な労働力を外部労働市場から調達する傾向が強まると、従業員のスキル形成に投資しようという企業のインセンティブは薄れる。労働者のスキルは公共財の性格を持つため、労働者の離職によって、せっかくの投資の果実が他企業の手にわたる可能性が強まるからである。かくして、誰が、どのようにして労働者のスキル形成を担うかという問題が、社会的に重要な課題として浮上する。

　若者にとっての仕事のワンストップセンターを目指したジョブカフェには、不安定就労状態にある若者のエンプロイアビリティを向上させ、労働力需給のスキル・ミスマッチを解消することが期待されていた。しかし、ジョブカフェの多くは、職業安定所との連携の下、労働市場の現状を所与としたマッチング支援に注力し、本格的な職業教育・訓練の提供には、なかなか手が回らなかった（第4章）。現在の日本では、スキル開発の主体と方法に関する議論を欠いたまま、権限移譲の美名のもとに自治体に責任をゆだねた雇用創出策[2]）が横行しているように思われる。

自治体が独自の労働市場政策を展開し、それが成果を上げたとされる事例はそれなりにあるが、理論の裏打ちがないために事例報告を越えた議論の発展には至っていない[3]。そこで次節では、スキル・エコシステムという新しい概念を紹介し、それをもとに、複数の組織にまたがる職業キャリアを前提としたとき、労働者のエンプロイアビリティを向上させ、労働力需給のスキル・ミスマッチを克服するためには、どのような施策が妥当であるのかを検討する素材とする。その作業は、どのような性質を持った労働市場の媒介項を、いかにして整備していくのかを検討することにもつながる。

2　スキル・エコシステム概念の起源

スキル・ミスマッチは、労働者のスキル形成のみによって解決できるものではない。労働力需要に比べて過剰なスキルを身につけた労働者が増加することで、スキル・ミスマッチが発生することもあるからである。スキル・ミスマッチを解消するためには、労働力需要の構造を踏まえたスキル形成を促すとともに、雇用者の側が労働者のスキルを生産性向上やイノベーション創出に活用する仕組みを構築することが求められる。そのための概念的基盤として期待されているのが、スキル・エコシステムである。スキル・エコシステムとは、生態学のアナロジーに基づく労働市場の認識論といえる。生態学において、生態系（エコシステム）の現状を踏まえたうえで、それを保全・管理する手立てが考えられるのと同様に、スキル・エコシステムの概念に依拠した労働市場政策においては、特定の地域あるいは産業の労働市場におけるスキルの需給構造の実態を把握し、それを踏まえてスキル・エコシステムとしての労働市場を望ましい状態に方向づける方法を模索することになる。

(1) 伏線としてのスキル均衡の概念

スキル・エコシステムは、Finegold（1999）に端を発する概念であるが、それは Finegold and Soskice（1988）が提唱したスキル均衡という概念を伏線と

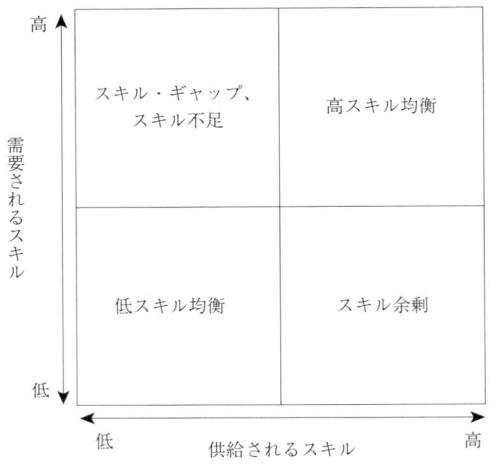

図9-1 スキル需給の類型

縦軸：需要されるスキル（低〜高）
横軸：供給されるスキル（低〜高）

	低（供給）	高（供給）
高（需要）	スキル・ギャップ、スキル不足	高スキル均衡
低（需要）	低スキル均衡	スキル余剰

資料：Froy（2009：27）を一部改編。

している。Finegold and Soskice（1988）は、イギリスにおいて職業教育・訓練が十分な成果を上げられていない現状は、イギリス経済の低迷の原因でも結果でもあるとした。イギリスでは、教育・訓練を十分に受けた労働者の不足によって、産業構造の転換に国民経済が対応しきれないという状況が生まれている。他方、世界で最も早く工業化を遂げたイギリスでは、大量生産セクターが長らく国民経済の中核を占めた。こうした産業では、高度な教育を受けた専門・管理職は少数しか必要とされず、直接部門では熟練の解体が進んでいるため、特段のスキルを必要としない就労機会が多くなる。こうした経済構造が、労働者の教育・訓練不足の一因となっている。以上の帰結として、イギリス経済は、多くの企業が教育・訓練の不十分な従業員を抱えて低付加価値の財・サービスを生産する低スキル均衡の状態（図9-1）に陥っているというのが、Finegold and Soskice（1988）の現状認識である。

　従来、イギリスにおける労働者のスキル水準の低さは、ウィリス（1996）が『ハマータウンの野郎ども』を通じて描き出したような、階級的アイデンティ

ティに由来する反教育的・反産業的態度に原因があるとされることが多かった。しかし Finegold and Soskice（1988）がいうように、高等教育の門戸が狭く、アカデミック・トラックから外れた追加的な教育投資の見返りが乏しい状況では、恵まれない若者が教育に不信感を持ち、反抗的な態度をとることも一面では合理的である。イギリスでは、職場での職業教育・訓練も不足しており、学校教育段階での不十分さを補うことができていない。

　労働者のスキルは、フリーライダーを排除できないという公共財の性格を持つため、過少投資になりやすい。しかし（かつての）日本やドイツのように、職場でのスキル形成によって高付加価値の製品を生み出している高スキル均衡の国もある。これについて Finegold and Soskice（1988）は、イギリスでは金融資本と産業資本の分離が進んでいるため、企業が資金調達のために目先の利益や短期的な株主価値を追求して近視眼的になる傾向にある[4]ことや、敵対的な労使関係や雇用慣行を変えられなかったこと、教育・訓練に関する政策に一貫性がなかったことなどにより、低スキル均衡状態にロック・インしてしまっているとしている。

　当時イギリスは、OECD 諸国の中では大学進学率が低かった。そのことを踏まえ、Finegold and Soskice（1988）は、イギリスが低スキル均衡状態を克服するための処方箋として、高等教育進学率を高め、一般教育による能力の底上げを図るべきことを主張した。産業構造の変化が著しい現代では、スキルに対する将来の需要構造が見通せないため、何かに特化した技術や知識を身につけるよりも、継続的な教育・訓練を通じて新たなスキルを身につけられる受容性（adaptability）を育むことが期待されるからである。イノベーションを通じて高付加価値の財・サービスを生み出すスキルや、協働のためのマネージメント・スキルも、一般教育によって涵養されることが期待される。

(2) スキル均衡からスキル・エコシステムへ

　イギリスでは、1980年代後半に高等教育改革が行われ、大学進学率は急上昇した。ところが、労働力に対する需要構造の変化を伴わなかったため高スキル

均衡には至らず、スキル余剰が発生した（図9-1参照）。この状況でブレア政権による「ニューディール政策」などのワークフェア的労働市場政策が採られ、いまある仕事に就くことが推奨されたため、過剰スキルの状態で就労せざるを得ない大卒者の割合が上昇した。同様のメカニズムによるスキル・ミスマッチは先進資本主義国の多くで発生しているが、イギリスでは2006年の時点で約40％もの労働者が過剰スキルの状態で就労していた（Finegold and Notabartolo 2010：42）。

　労働者のスキルをいかに使うのかを念頭におかないまま、教育・訓練を展開しても、需要構造が変わらない限りスキル余剰が発生するだけである。そしてその矛盾をワークフェア的欺瞞によって塗糊しようとすると、努力して身につけたスキルを役立てることができない労働者が増加してしまう。イギリスの経験は、サプライ・サイドの労働市場政策の限界を明確に示す教訓となったのである。

　しかし、先進資本主義国の多くが、ナショナル・レベルでは低スキル均衡やスキル余剰に苦しむ中でも、特定の地域や産業に目を向けると、高スキルの労働力が継続的に供給され、それを活用する企業が持続的に成長を遂げている事例もみられる。Finegold（1999）は、産業集積における外部性に関する議論にヒントを得てスキル均衡の概念を（自己）批判的に発展させ、スキル・エコシステムの概念を考案した[5]。彼は、スキル均衡の概念に有効性がなくなったわけではないが、Finegold and Soskice（1988）のアプローチにはいくつかの欠点があったと認識している。とりわけ問題なのは、均衡という言葉が示唆するように、それが静態的概念であったことである。均衡もエコシステムも、システムにおけるアクターの相互作用に注目した概念であるが、後者では絶えざる進化が焦点化される点に優位性がある。

　Finegold（1999）はスキル・エコシステムを、「特定の産業ないし技術について高度な専門性を有するスキルを持った人材を雇用する諸組織（企業と研究機関の両方）の地理的クラスター」と定義している。Finegold（1999）は、シリコンバレーを例に取りながら、競争優位を持つ産業集積においては、高スキ

ルの労働力が供給され、それを活用する企業が成長するという高スキル・エコシステム（HSE）が自律的・持続的に形成されていると指摘する。彼によれば、高スキル・エコシステムが形成され、持続するためには、触媒（catalyst）、食料・栄養（fuel or nourishment）、支援的生存環境（supportive host environment）、強い相互依存（high degree of interdependence）の4要素が必要である。

　スキル・エコシステムが形成され自律的に発展していくためには、反応を引き起こす何らかのイベントや外生的ショックが必要であり、これが触媒と表現されている。シリコンバレーでは、先行して存在する防衛産業の趨勢やスタンフォード大学の動向を触媒として、コンピュータ関連の高スキル・エコシステムが経路依存的に形成されてきた。スキル・エコシステムは労働力や資金といった食料・栄養が供給されなければ維持されない。シリコンバレーに立地する大学は、スキル・エコシステムに高スキルの労働力を供給し続けた。一方、機械の組み立てや単純なプログラミングなどの低スキルの労働力は、移民によって補われた。シリコンバレーでは、第一世代のベンチャー企業経営者が投資家となって新たな起業家を育成する文化があったため、ベンチャー・キャピタルも潤沢に供給された。相次いで整備されたインキュベーション施設やサイエンスパークは、ベンチャー企業に対して支援的生存環境を用意した。支援的生存環境の質的な側面としては、リスクを許容する制度的・文化的風土が備わっていたことも重要である。Scott（1988a）が示したように、シリコンバレーに立地する企業は、水平的・垂直的分業に基づく緊密なネットワークを形成している。シリコンバレーに限らず、産業集積の内部において、労働者や企業がインフォーマルなネットワークを通じて共同学習していることは、多くの論者が指摘している（山本2005などを参照）。こうした強い相互依存関係は、高スキル・エコシステムの存続には不可欠である。以上の考察を踏まえ、Finegold（1999）ではイギリスにおいて高スキル・エコシステムが形成される条件について予察している[6]。

　Finegold（1999）の議論は、産業集積に関する論稿に日常的に接している経

済地理学者に既視感を覚えさせるものではある[7]。しかし、経済地理学者の多くが産業集積の外部経済のうち専門的なスキルを持った労働力のプールを内包した地域労働市場が発達することの重要性を認識していながらも、地域労働市場における労働力の需給構造に直接切り込んだ研究の蓄積は貧弱である（Asheim et al. 2011）。この事実を踏まえれば、既存研究の盲点をカバーする方向性を示した意義は認められる。加えて、スキル均衡が国民経済レベルでのスキル需給の分析枠組みであったのに対し、スキル・エコシステムは国ごとに異なる資本主義体制の中に、さらにローカル・スケールでのスキル需給構造が地理的多様性を持って存在し、独自の進化の軌跡をたどっていく様子を柔軟に捉えうる（Payne 2008）点で、経済地理学における産業集積研究との親和性は高い概念である。

3　スキル・エコシステム概念の拡張

　自身によるスキル・エコシステムの定義からもうかがえるように、Finegold（1999）は、スキル均衡というスキルの需給構造に関わる問題意識を出発点としているにもかかわらず、産業集積の外部性一般に議論が拡散している感がある。こうした欠点はあるものの、スキル・エコシステムの概念は理論面においても実践面においても、短期間のうちに画期的なものとして浸透した。非歴史的・非地理的な人的資本論を理論的背景とするサプライ・サイドの労働市場政策が限界を露呈している状況にあっては、労働者のスキルが養成されそれが使われていくプロセスを、特定の地域や産業の発展と関連づけて関係論的に理解しようとする発想自体は、確かに新鮮であった。

　オーストラリアでは、早くも2001年にニューサウスウェールズ州の職業教育・訓練委員会の諮問を受けて、シドニー大学のオーストラリア労使関係調査・訓練センターとシドニー工科大学の職業教育・訓練研究センターの研究者が中心になって、スキル・エコシステム概念に全面的に依拠した現状分析と政策提言の報告書がまとめられている（Buchanan et al. 2001）。そこでは、Finegold（1999）では曖昧であった、スキルの需給構造を生態学的に捉えるという概念基盤が明確化されるとともに、中スキル・低スキルの労働力需給をも視野に含めるという概念の拡張が図られている[8]。

　生態系と同様に、スキル・エコシステムもスキル構成の急速な変化を緩和するメカニズムを持つと同時に、外的・内的刺激に反応して進化と適応を続けるシステムであると認識することからは、分析の対象を高スキルの労働力に限定する必然性は引き出せない。確かに高スキル・エコシステムは、経済成長のエンジンになりうるが、看護・介護といった社会的価値の高いスキルに関わるスキル・エコシステムや、低スキルではあるが多くの就労機会を提供するスキル・エコシステムも政策的には重要である。さらに高スキル・エコシステムとされる産業集積もまた、多くの低スキルの労働力を含んで存立している。シリコンバレーにおいても、情報通信技術に関する高度なスキルを身につけた労働者のプールがある一方で、Dear and Flusty（1998）がprotosurpsと呼ぶ低賃金労働者もまた、多数存在するのである。

　Finegold（1999）がスキル・エコシステムの主要な4要素として、触媒、食料・栄養、支援的生存環境、強い相互依存を挙げたのに対し、Buchanan et al.（2001）はスキル・エコシステムの構造を捉えるに当たっては、事業環境（製品市場の特性、競争戦略、事業組織・ネットワーク、金融システムなど）、制度的・政策的枠組み（職業教育訓練関連およびそれ以外）、労働力確保の様式（雇用形態など）、仕事の構造（職域設計、労働組織など）、スキル形成の水準と様式（徒弟制、インフォーマルなOJTなど）に注目すべきであるとしている。これらの複合体としてのスキル・エコシステムを、いかにして自律的発展の軌道に乗せるか、そしてそのために多様な政策的資源をいかにして動員し、スキル・エコシステムを構成する主体間の相互作用をどうデザインしていくのかが、労働市場政策の課題となる。ただし、Buchanan et al.（2001）では、政策主体が採るべき基本姿勢を提示することを目的としているため、具体的な施策の手段についてはふれられておらず、以下の政策提言によって締めくくられている。

　1．ニューサウスウェールズ州政府は、仕事とスキルに関する政策を、同州

の包括的な公共政策における決定的な特徴とすべく、徹底した政策の見直しをすべきである。
2．職業訓練・教育委員会は、その時々の州政府の施策・実践が、スキルの形成と活用にどのような影響を与え、仕事を労働の義務以上の意味をもつものであるとする認識をどのように打ち出しているのかを監視する。
3．職業訓練・教育委員会は、新たな「仕事、スキル、イノベーション戦略」について、そうした戦略および企業の成功例を整理することに加え、新たにいくつかの試験的スキル・エコシステムについて、その発展・進化を促進することを通じて支援する。
4．職業訓練・教育委員会は、スキルの開発と活用に関する政策を、開発ならびに実施することに関与する主体のネットワークを拡大させる方途について考えるべきである。少なくとも、スキルの開発と活用に関わるすべての主体間のコミュニケーションを促進するため、年次会議を開催することを考えるべきである。
5．職業訓練・教育委員会は、補助金の分配と監視に関して従来とは異なる重要な部門について調査する。とくに念頭に置くべきは、スキル・エコシステムならびに包括的な休養期間（career breaks）の仕組みに対する補助金の可能性について評価し、推進することについて検討することである。

　これらの提言には、報告書の執筆陣が想い描く労働市場政策の理想像が投影されている。まず、政策対象としてのスキル・エコシステムが諸主体のネットワークと捉えられており、そこにおける労働者のスキル形成だけではなく、形成されたスキルをいかにして活用するかを念頭に置いた施策が求められていることである。ここでは、もっぱら労働者のみを政策対象として就労支援やスキル形成を行ってきたサプライ・サイドの労働市場政策を越え、労働力の需要側によるスキル活用を含めた課題設定が求められている。

　「仕事を労働の義務以上の意味をもつものであるとする認識」や「休養期間の仕組み」といった文言の含意については、かみくだいた説明が必要であろう。Buchanan et al.（2001）では、哲学的著作を参照しながら、「仕事（work）」と

「労働（labour）」を区別すべきであることが強調されている。「仕事」とは、創造的・概念的・分析的な思考と作業能力の行使が組み合わさった調和的な活動であり、活動的生活としての人間存在そのものである。これに対して「労働」は、その語源からして労苦や苦痛、困難を意味するものであり、他者や制度、技術などによって支配され、強制されている感覚の下でなされる活動を想起させる。したがって政策の目標は、より多くの労働者が上記のような意味での「仕事」の機会を得られるようにすることであり、そのためのスキル開発と活用の機会を拡大することに設定される。

　一方で、労働市場を客観的に見わたすならば、そこに存在する就労機会の多くは、ごく短期間のOJTを受ければ十分なものである。つまり、「仕事」というよりは「労働」の機会を提供しているのみである。こうした就労機会では、当然スキルは向上せず、賃金率の低さから長時間労働が必要となるため、職場外で教育・訓練を受けてスキルを高めることも難しくなる。このような状況に鑑みて、Buchanan et al.（2001：26）は、すべての労働者が文明社会の市民たるに相応しい生活水準に対応した賃金率や労働時間を得られるような政策環境をつくっていくべきであると述べる。それと同時に、人々がサバティカル的な時間を享受し、就労以外の部面で自己の才能や能力を開花させることへの支援も必要であるとしている。そのためには、単に雇用条件や賃金について考えるだけでは不十分であり、賃労働の外での生存権の保障という問題にまで行き着く。「休養期間の仕組みに対する補助金の可能性」という文言は、こうした文脈から出てきているのである。

　このような提言がなされる背景には、労働市場政策には、常に過大な期待がかけられてきたとの認識がある。すなわち、労働者のスキル開発が進めば、高失業率の解消や国際競争力の強化、社会的不利益層や貧困問題の解消などにつながると喧伝されてきたが、過去の実例が示すようにそれらは幻想であった。それを見据えて、Buchanan et al.（2001）は、労働市場政策の目標をマクロ経済指標の改善に置くのではなく、安定したスキル・エコシステムにおいて、より多くの労働者が自己の能力を開花させる真の意味での「仕事」を経験できる

条件整備に設定する。他方で労働力需要の実情から考えて、すべての労働者が「仕事」を通じた自己実現ができるわけではないため、労働市場外での生きがいを保障する取り組みも求められる。こうした論理によって、労働市場政策を越えた壮大な政策提言に至ったのである。

4 プロジェクトとしてのスキル・エコシステム

オーストラリアでは、Buchanan et al. (2001) を足掛かりとしてさっそく2003年からスキル・エコシステムを冠した国家プロジェクトが実施され、2006年には中間報告が出されている（Windsor 2006）[9]。プロジェクトを実施するためには、労働市場の状態を捉える概念であるスキル・エコシステムを、政策対象としていくつかの次元に細分化する必要がある。Windsor (2006) では、スキル・エコシステムを捉える観点として8点を挙げ（表9-1）、それぞれに政策目標と結果として予想される成果が整理されている。理想的な状態にあるスキル・エコシステムでは、「得られる結果の例」に示されているような状態やプロセスが実現していることになろう。

こうした認識の下、オーストラリアでは、4類型に分類される計9つの実証プロジェクトが実施された。表9-2が示すように、プロジェクトは全国各地のさまざまな産業を対象としている。いずれのプロジェクトも、労働力の需要側と供給側の両方に目配りした計画の下、関連するステークホルダーがプロジェクトに継続的に参加し、スキル・エコシステムを自律的な発展の軌道に乗せることを目標として施策を展開してきた。比較的短期間のうちに成果を上げたと思われるプロジェクトがある一方で、ステークホルダーの継続的な参加を得る時点で苦慮したプロジェクトもあったようである。

オーストラリアにおける実証実験の成否は各プロジェクトの報告書を通読した上で判断すべきであるが、Windsor (2006) を読む限りにおいても、こうしたプロジェクトが直面しがちな困難がうかがえる。端的にいえば、需要と供給の両面に目配りすることを理想としつつも、現実的には需要側である雇用者の

第9章 スキル・エコシステムの概念とキャリア開発

表9-1 スキル・エコシステムの諸側面と望ましい特性

諸側面	目　標	得られる結果の例
製品特性、経営戦略	製品・サービス・市場の拡大とそれに関するイノベーション	・経営戦略が経済あるいは雇用拡大への貢献を高めることを助ける
経営状態	経営実績の向上（生産性、製品・サービスの範囲・品質）	・経営全般にわたる改善 ・顧客満足度の向上
労働組織と職域設計	職域設計と技術選択を通じたスキル適用の拡大、労働の組織化と体系的に統合されたスキル開発の促進・支援	・職域の役割と範囲を見直すことにより、職域の境界と責任を明確化することで実績を向上させる ・雇用設計はフォーマル・インフォーマルな学習機会となり、理論と実践を統合する機会にもなる
労使関係	スキルを中心とした職域設計の支援・強化のために人的資源と労使関係の慣行を再編する例として、以下がある： ・採用と選抜 ・雇用形態 ・請負契約 ・報酬・評価 ・職階構造とキャリア・パス ・訓練	・報酬・評価を調整することで現場でのスキルの適用・開発が促進される ・雇用形態の構成を変えることで雇用の安定と帰属意識を高め、スキルが「横取り」されるリスクが低減される ・職場設計に包容力が生まれ、参画とイノベーションが促進される
労働者の能力	人々のスキル・知識と就労に求められる能力が接近している 将来求められるスキル・知識が特定され、対応が積極的になされている	・ステークホルダーが労働力開発の責務を自覚するとともに、労働力開発の能力を持つ ・労働力開発の機会が積極的に支援され推奨される ・経営上の目標の達成を支援するためにスキル開発における要求点が明確に定められる
訓練への介入	訓練の形態と水準、受け手のニーズに対応したものにする 訓練を受ける個人、産業、個別企業、サプライチェーンにとって意義のある結果を生み出す	・スキルの開発・適用方針・実践に支持され、経営実績や職場文化と結びつく ・職業教育・訓練システム全体の底上げのために利害関係が明確化される ・訓練がカバーできていない部分を特定する
企業間・組織間の関係性	スキル・エコシステムにおけるステークホルダー間の関係性を強め、リンケージを広める	・ステークホルダー間の関係が雇用担当者が相互に利害関係を明確化し互いを尊重しあうことにて特徴づけられる ・サプライチェーン内のステークホルダーが活発に意思疎通し、サプライチェーンの状態の維持と統合性が支えられる
政策の枠組みと背景	スキル・エコシステムの場に立ち会い、エコシステムの発展と成長のための政策の策定を支援する	・産業界と政府の政策立案者がスキル・エコシステムの関係分野において協議することで特徴づけられる ・スキル・エコシステムの実態が関係者から提示され問題が適切な政策レベルにおいて取り組まれ、エコシステムの発展と成長を促進する ・ステークホルダーがエコシステムの持続可能性を高めるための政策開発を意識し、それに参画する能力を構築する

資料：Windsor（2006：12-13）．

表9-2　スキル・エコシステム・プロジェクトの類型と戦略

プロジェクトの類型	戦略と到達点	具体的なプロジェクト
1. 仕事と労働市場を再形成する	なかなか求人が埋まらない領域に人々を引きつけ、そこにとどまって能力開発してもらうために、新たにより支援的な職場編成を創出する可能性を示す 〈戦略〉 ・以前は即金払いの契約であった労働者により安定的・一般的な雇用機会を提供することで、スキル形成を促進し、労働力供給を安定化させる ・職域を明確化・標準化し、修正した職域に適合する訓練と結びつける ・現状では価値が見出されていないスキルを認識し、一層の訓練を促すことを推進する ・職域を広げることで仕事の満足度を高める ・エントリー・レベルの労働者により良いキャリア・パスウェイを認識させる ・労働力不足の分野において専門職と非専門職の境界を引き直す	●競走馬と乗馬クラブの施設調教師養成プロジェクト（New South Wales 州） ●高齢者介護トレーニングプロジェクト（Queensland 州）
2. イノベーションのパートナーとしての職業教育・訓練	職業教育・訓練が製品の開発と普及、とりわけ試作品を大量生産に移行させる役割を果たすことにより、職業教育・訓練と応用研究の分野との間により緊密な協働の余地があることを示す 〈戦略〉 ・職業教育・訓練機関の教員を共同研究センターに配置する ・職業教育・訓練機関の学生が共同研究センターで産業プロジェクトに携わる ・新技術について共同研究センターと職業教育・訓練機関が共催セミナーを開く ・高等専門学校と大学の間で資源を共有する協定を広める ・新技術を持った企業が最新の技術を用いて従業員のみならず他の学生も教育する高等専門学校を設立する ・高等専門学校が新たな産業領域におけるインフォーマルな訓練を認証評価する ・高等専門学校の教員が補助金付きの産業研究プロジェクトに参加する ・新産業向けの新たなカリキュラムを設置する ・高等専門学校が高等教育機関や教育による外貨獲得戦略と協働する	●水ビジネスプロジェクト（South Australia 州） ●マイクロテクノロジープロジェクト（Victoria 州） ●湿地の開発・保全に関するスキル開発プロジェクト（New South Wales 州）
3. サプライチェーンを通じた質的向上	とくに質の保障と認証評価の義務に関連して、スキル戦略を経営向上戦略に適合するように調整することと、公共サービスとの協力不足を克服する可能性を示す 〈戦略〉 ・サプライチェーンを通じて品質への配慮を喚起する ・品質の要素をライセンス契約に組み込む ・スキルの問題を品質保証の過程で表出するものとして認識するサプライチェーンにおける学習ネットワークをつくる ・品質管理に関するサプライチェーン全体の訓練を支援するよう制度を改革する ・顧客に同じようなサービスを提供することが難しい場合における協働的あるいは統合的なサービス提供 ・サービス・ネットーワークに属する組織間のスタッフ交流プログラム ・産業界により強力なネットワークをつくることで関係を強化する	●精神医療サービスネットワークプロジェクト（New South Wales 州） ●果物と野菜の輸出輸送プロジェクト（South Australia 州） ●義務教育修了者の森林保全プロジェクト（Tasmania 州）

4．スキルと労働力の不足	その産業におけるスキルと労働力の不足の複合的要因を探り、雇用と訓練の両面の解決を図る 〈戦略〉 ・職域を再編し（分担も含む）採用難の分野における人材不足を補う ・人材紹介会社との緊密な関係を含めたより広く柔軟な採用戦略と幅広い広報活動 ・とくに先住民のコミュニティなど労働参加率が相対的に低い集団に焦点を当てた戦略による労働参加率の向上と女性の職域の拡大 ・仕事をより魅力的なものにするため仕事の質とキャリア形成機会の向上 ・労働条件をより魅力的にすることを通じた人材定着率向上戦略とより柔軟で良好な労働条件を提示し「選ばれる雇用者」の地位を勝ち得た企業を顕彰する	●防衛スキルネットワークプロジェクト （Northern Territory）

資料：Windsor（2006：54-55）などにより作成。

要求にかなりすり寄ったプロジェクトになりがちであったことである。雇用者は、必要なスキルをあらかじめ持った労働者を雇用し、スキル養成のコストをなるべく削減したいと考える。雇用者にとって、外部のスキル養成プロジェクトに参画することは追加的なコストになるため、それを上回るメリットがない限りは積極的にプロジェクトに参画しようとはしないであろう。逆に「なかなか求人が埋まらない領域」や「採用難の分野」を対象領域としたプログラム（類型1と4）は、実質的に雇用者にとってメリットがあると認識されやすいために、雇用者の積極的な関与を見込める。しかしこうした領域では、職域の再編・整備を行い、労働者のキャリア形成機会をしっかり確保しない限り、雇用者の要求どおりのスキル形成と需要に合わせた労働力の誘導に公費を投じる枠組みとなってしまう。Buchanan et al.（2001）の言葉を使えば、「労働」の機会は増えても「仕事」に携わる機会は増えない結果となる。

とはいえ、オーストラリアにおけるスキル・エコシステムの実証実験は、労働市場をスキル・エコシステムと捉えることで、労働者のスキル開発と地域経済開発を結びつける方向性を示した点で、画期的であった。オーストラリアでは、これ以降もスキル・エコシステムの概念に立脚した労働市場政策が実施されたほか、スコットランド（Anderson 2010）やアメリカ合衆国（Finegold and McCarty 2010；仲野（菊池）2006）をはじめとして、各国で実施されるようになった（Buchanan et al. 2010）。また、OECDもスキル・エコシステムの

概念に注目しており、いくつかの報告書が公表されている。このうち、Froy et al.（2009）では、地域労働市場における需要と供給が織りなすスキル・エコシステムを自律的に発展させていくためには、3つの戦略をバランスよく実施することが必要であるとしている。すなわち、既存の労働者のスキル開発戦略に加え、スキルを持った労働者を地域外から引きつける戦略、そして就労を通じて不利な状況にある労働者を社会的に包摂する戦略を適切に組み合わせることが求められるという。

5　キャリア・ラダーとその隘路

　スキル・エコシステムという言葉を使わないまでも、実質的に同様の認識に立ったプロジェクトはもはや珍しくない。その展開の中で、相対的に不利な状況にある労働者の長期的なキャリア開発を重視し、特定の職種について客観的なキャリアの階梯を設定し、労働者が教育・訓練の成果を実感できるようなキャリア・パスウェイ（Jenkins and Spence 2006）あるいはキャリア・ラダー（フィッツジェラルド 2008）の構築が積極的に試みられるようになった。その標的となる職種は、スキル・エコシステムの実態をつぶさに観察することによって特定される。こうした取り組みは、とくにアメリカ合衆国においてさかんである。アメリカ合衆国では、スキル・ミスマッチを解消する労働市場の媒介項としてコミュニティ・カレッジ[10]を組み込み、労働者がキャリア・ラダーを登っていくことを支援するプロジェクトが各地で実施されている。これに伴い、立地地域の産業・職業構造を反映したスキル養成カリキュラムを編成するコミュニティ・カレッジも増えている。その一つである、キャリア・パスウェイ・プログラムについて、やや詳しく紹介しよう（Grossman 2009）。

　ニューヨーク市立大学（City University of New York）は独立性の高いカレッジおよびコミュニティ・カレッジからなる大学群であり、全体で年間延べ40万人もの学生が在籍する[11]。ニューヨーク市立大学は、労働市場において不利な状況に置かれがちな移民を対象に、キャリア全体を見据えたキャリア・パ

スウェイ・プログラムを構築している。キャリア・パスウェイは、「特定の産業・職種において、個人が雇用を確保することができ、さらにその分野においてより高度な教育や雇用へと進んでいけるようにするための教育訓練プログラムおよび支援サービス」と定義される（Jenkins and Spence 2006：2）。

このプログラムでは、健康分野（医療・看護・介護）と、小売・ホスピタリティ・観光の各産業・職業に的を絞ってカリキュラムを編成している。健康分野にはスキル水準の異なるさまざまな職種があり、すでにどの水準でも移民労働者が高い割合を占めている。健康分野におけるキャリア・パスは比較的明確であるが、教育を受けて資格を取得しないと上位の職に進むことができない。そのためには、専門的な知識だけではなく、健康分野を念頭に置いた英語の習得も課題である。また送り出し国で健康分野の技術や知識を身につけている移民であっても、合衆国において求められる水準とのギャップを埋める必要があるし、看護や介護に関する文化の違いも理解する必要がある。

小売・ホスピタリティ・観光は対個人サービスとしてくくることができ、移転可能なスキルがあるため、1つのキャリア・クラスターとみることができる。健康分野に比べるとキャリア・パスウェイは不明確であるため、一般的なカリキュラムと目標となる段階を定めたうえで、具体的なカリキュラムは、近隣特性やそこで活動する就労支援団体の助言を踏まえ、場合によっては特定の雇用者を念頭に置いて決定していく。しかし小売・ホスピタリティ・観光の職業においても、そう簡単にキャリア・パスウェイを前進できるわけではない。たとえば失業者や過少就労者を対象とする Project Welcome では、188時間の座学・訓練を受け、そこで身につけたものを仮想事業プログラムで適用し、加えて100時間のインターンシップを受けることになっている。

コミュニティ・カレッジなどの教育機関は、スキル・エコシステムの特性を念頭に置きつつも、一般的スキルの養成にいっそう目配りした教育・訓練を実施する傾向がある。加えて期間も比較的長いため、エンプロイアビリティを向上させる効果は高いと思われる。そのうえで確かなキャリア・ラダーが設定され、労働者自身が確実に歩を進めていると実感できる仕組みが構築されている

ことの意義は、誰も否定しないであろう。しかし、こうした取り組みがどこかで隘路に行き当たることは避けられない。

　Grossmann（2009）によれば、仕事のかたわら、高校卒業程度認定試験の準備課程からキャリア・パスウェイ・プログラムに参加し、頂点である看護師になるためには、優に10年を要するという。言葉の壁がある移民や、フォーマルな学習システムへの不信感が刷り込まれた低学歴層にとって、教育訓練プログラムを継続する意思を持ち続けることは容易ではない（Froy 2009）。一方で、支援を手厚くすればするほど、プログラムの恩恵が広く行きわたらないジレンマに直面する。

　筒井（2008：vi）がフィッツジェラルドへのインタビューに基づいて指摘するように、キャリア・ラダーは、複数のスキル階梯が実質的に存在する領域でなければ創出できない。したがって、現実の労働市場には、より高いスキル階梯に至るキャリア・ラダーを構築することが実質的に不可能な就労機会のほうがむしろ多いかもしれないのである。ファストフード店やコンビニエンスストアでも、一般従業員（大半は非正規）と店長という階梯があると強弁できるかもしれないが、その中間には確かな道筋を設定できない（筒井 2008：vi）。チェーンの運営法人に転じる道も閉ざされている。こうした業界においては、一般従業員と店長あるいは運営法人従業員との間にあるのは、スキル水準の差ではなく身分差であり、キャリア・ラダーの構築を持ってその懸隔を乗り越えることはできないのである。

　筒井（2008：vi）によれば、フィッツジェラルドはキャリア・ラダーが創出不可能な例として2つの領域を挙げたという。1つはファストフード業界であり、もうひとつがホテル業界である。ホテル業界において、モチベーションや定着率向上のために「訓練を受ければソムリエにもなれる」ルートをつくったところで、ソムリエ対メイドの人数比から合理的に判断して、大半の人の努力は無駄になる。キャリア・パスウェイ・プログラムにおける小売・ホスピタリティ・観光のキャリア・ラダーをみる限り（Glossman 2009：252）、フィッツジェラルドが「キャリア・ラダーに非ず」と喝破したメイドからソムリエへと

いった経路を想定している可能性が高い。論文においても、"the cluster has no clear career path"（Glossman 2009：246）と明言されている領域にキャリア・ラダーをつくる試みは、労働者にどのようなメリットをもたらしたのであろうか。

フィッツジェラルド（2008）は、キャリア・ラダーの構築が期待されるセクターとして製造業を挙げている。安定成長期までの日本の製造業企業は、勤続年数とともにスキルが向上するという想定の下、OJTによるスキル形成と年功賃金を組み合わせた確固たるキャリア・ラダーを構築してきた。しかし低成長期に至り、グローバル化によって新興国とのコスト競争が激化する中で、とりわけ日本の競争力を支えてきた輸出志向の加工組立型製造業の職場では、入れ替わりの激しい間接雇用労働者でも生産が可能となるように熟練の解体が進められてきた。日本の製造業でも、キャリア・ラダーを再構築することによって生産性の向上やイノベーションの獲得が促される部門は存在するであろうが、補助金など何らかのきっかけがなければ、企業はそれに着手しないであろう。また、そのような部門がもたらす雇用は、量的にはあまり期待できないと思われる。

結局、Buchanan（2001）が警鐘を鳴らすように、労働市場政策に過大な期待を寄せてはならないのである、労働市場にある就労機会の多くは大したスキルを要求しないものであり、すべての人が仕事を通じて自己実現できるわけではないという事実を見据えるべきである。だからこそ、賃労働以外の分野で自己実現をできるような基盤づくりが目標となる。言い方を変えれば、キャリア・ラダーの構築のためのプロジェクトは、必然的に労働市場の限られた一部分を対象にすることになるので、失業時のセーフティネットの拡充、最低賃金の底上げ、同一労働同一賃金の原則に基づく正規雇用者と非正規雇用者（あるいは直接雇用労働者と間接雇用労働者）の均等待遇などを目指す取り組みは、別途独立したものとして推進しなければならない。

筆者は、決して悲観論や宿命論として、こうした主張をしているわけではない。現状ではキャリアの筋道が不明確であっても、職域の組み替えや関連する

資格取得を目標として組み込むことによって、明確なキャリア・ラダーを設定することができるセクターは確実に存在する。そうしたセクターにおいては、キャリア・ラダー構築のプロジェクトを積極的に推進し、より多くの労働者が自らのキャリアの展望を持って働ける状況を実現することを目指すべきである。

6　経済地理学者のなしうる貢献

　キャリア・ラダーの構築に明示的に取り組むかどうかはともかく、スキル・エコシステム・プロジェクトにおいて最初に着手すべきは、スキル・エコシステムとして認識される労働市場におけるスキルの需給構造と重要なステークホルダーの関係性を見極めることである。それを踏まえて、プロジェクトの中心となる組織が、ステークホルダーの参画を取りつけてネットワークを緊密化し、スキル・エコシステムにおいて欠けている機能を補完して、労働者が適切なスキルを身につけ、それが雇用者によって適切に使われる状況をつくり出していく。一連の施策を展開した結果、スキル・エコシステムを自律的な発展の軌道に乗せることができたか否かを検証することも不可欠である。

　筆者は、経済地理学者がこうしたプロセスにおいてもっとも有効な貢献ができるのは、最初と最後の段階であると考える。すなわち、最初の段階では、スキル・エコシステムの分析視角に基づいて、プロジェクト実施前の労働市場の実情を的確に把握し、最後の段階では、プロジェクトを実施した結果、スキルの需給構造がどのように変化し、ステークホルダー間のネットワークがどのような変化を遂げ、それがスキル・エコシステムの持続可能性にいかなる影響を与えたのかを検証する。もちろん、プロジェクトの最初と最後だけでなく、中間段階でも検証作業を行うほうが望ましい。

　それは、「労働の地誌学」とでも呼ぶべき、本質的に記述的な営みになるであろう。しかし求められているのは、労働市場に関する事象や指標を表面的・羅列的に記述する作業ではない。スキル・エコシステム概念に立脚したプロジェクトでは、労働市場におけるすべての現象を細大漏らさず描ききることは、

むしろ有害ですらある。それでは労働市場をシステム（個々の要素が有機的に連関したまとまりをもつ全体）として把握したことにはならず、システムを構成する要素のどこに不具合があるのか、どの要素間のリンケージを構築するべきなのか、新たにどのような要素が必要なのかを検討することができないからである。求められているのは、労働市場を諸要素の連関として関係論的に捉える能力である。

　本書を通じて、筆者はPeck（1996）を踏襲し、本来商品ではない労働力が商品化され、労働市場において分配され、労働力の再生産が持続的に行われているのは、労働市場が制度や慣習、社会規範を含む社会関係の総体によって調整されているからであり、労働市場の社会的調整は必然的に地理的多様性を伴うとの認識を保持してきた。生態学とは環境と生物集団あるいは個体との関係を研究する学問である。労働市場を調整している社会関係の総体を社会環境と捉え、労働者、雇用者、労働市場の媒介項を集団的なカテゴリーとするならば、筆者はスキル・エコシステムに近い視座から分析を進めてきたことになる。そして本書を構成する実証研究が、現象を単に記述しただけではなく、現象の背景にある構造的要因を把握しえているとすれば、スキル・エコシステムに対する分析視角としても参考になりうるのではなかろうか。

　自律的な発展の軌道に乗ったスキル・エコシステムの下では、より多くの労働者が中長期的なキャリアを展望でき、それを基軸にライフコースを主体的に組み立てることができる。生物学的なエコシステムと同様に、スキル・エコシステムの振る舞いもまた状況依存的であるため、適切な施策を見極めることは難しい。しかし不可知論に立って場当たり的な対処に終始するよりは、理論に裏打ちされた「労働の地誌学」を踏まえ、採るべき施策を立案するほうが、労働者にとって望ましいスキル・エコシステムに近づく可能性は高まるに違いない。少なくとも、地域の実情とかけ離れた職業教育・訓練を推進して、労働者の努力を徒労にしてしまう愚を犯すことは避けられるはずである。

注

1） 労働力調査による。
2） 厚生労働省は、リーマン・ショック以降、「雇用機会を創出するため、各都道府県に基金を造成し、各都道府県及び市区町村において、地域の実情や創意工夫に基づき、雇用の受け皿をつくり出す事業」に力を入れている。2008年度から2012年度までに、「ふるさと雇用再生特別基金事業」、「緊急雇用事業」、「重点分野雇用創造事業」、「起業支援型地域雇用創造事業」に投じられた予算は、合計で１兆6,810億円に達する（http://www.mhlw.go.jp/bunya/koyou/chiiki-koyou3/：2013年３月１日閲覧）。
3） 自治体が主導する労働市場政策の事例については、伊藤ほか（2008）、佐口編著（2010）を参照。
4） これに対して、銀行と強固な関係を長期的に取り結ぶことができていることが、ドイツや日本の企業の強みであると理解されている。Buchanan et al.（2001：21）は、銀行からの融資を「我慢強い資本（patient capital）」と表現し、ドイツが高スキル均衡を維持できている要因の１つとして挙げている。
5） 文献表には、ポーター、クルーグマン、マーシャル、サクセニアンなどに加えて、Grabher（1993）、Scott（1988b）、Storper and Scott（1990）といった経済地理学者の名前も登場することが注目される。
6） ①基礎研究資金の拡大と起業の萌芽となりうるイノベーションへの資金提供（pre-venture-capital）、②教育プログラムの充実や海外から優れた学生を呼び込むことによる起業スキルの供給拡大、③地域における組織間ネットワーク形成の支援、④個人的ネットワーク形成の支援などに関する政策提言がなされている。
7） もっとも、小田（2012）が指摘するように、経済地理学者が産業集積に関して提示する新たな概念の多くについても、過去の論稿の中に類似したものを見出すことができる。
8） 後に検討するように、オーストラリアでは、スキル・エコシステムという言葉が特定のプロジェクトを指す名称として使われるようになるが、Finegold（1999）の問題意識や定義からもわかるとおり、本来は労働市場を認識し、分析するうえでの枠組みである。オーストラリアでは、Cooney et al.（2010）や Martinez-Fernandez（2009）など、スキル・エコシステムを分析枠組みとし、中低スキルの需給にも目を向けた、優れた実証研究も得られている。
9） Hall and Lansbury（2006）は、伝統的に人的資本論に依拠した市場アプローチに依拠してきたオーストラリアの労働市場政策の歴史を整理したうえで、Harrison and Weiss（1995）の社会的パートナーシップに基づく労働力開発の考え方と、

Finegold（1999）のスキル・エコシステム概念を取り入れて、国家プロジェクトが着手されるに至った経緯を整理している。
10）　コミュニティ・カレッジは北米特有の高等教育機関であり、大部分は公立で2年の学習年限を基本とする。1時間以内で通学できる程度の密度で全米に分布しており、入学を希望する18歳以上の地域住民は基本的に無試験で入学できる。学費は大学に比べて安く、低所得層やマイノリティに高等教育の裾野を広げることに大きく寄与してきたと評価されている（鶴田 2012）。
11）　このうちの約半数は、学位取得を目指すコースに属している。

文　　献

Adams, J., Greig, M. and McQuaid, W. (2000): Mismatch, unemployment and local labour-market efficiency: the role of employer and vacancy characteristics. *Environment and Planning A* 32: 1841-1856.

Adams, J., Greig, M. and McQuaid, W. (2002): Mismatch in local labour markets in central Scotland: the neglected role of demand. *Urban Studies* 39: 1399-1416.

Adams, P. (1999): Bringing globalization home: a homeworker in the information age. *Urban Geography* 20: 356-376.

Allen, J. and Henry, N. (1997): Ulrich Beck's *Risk society* at work: labour and employment in the contract service industries. *Transactions of the Institute of British Geographers N. S.* 22: 180-196.

Allen, S. and Wolkowitz, C. (1987): *Homeworking: myths and realities*. Houndmills: Macmillan Education.

Anderson, P. (2010): The utility of operationalizing the concept of skill ecosystem: the case of intermediate occupations in Scotland. *Employee Relations* 32: 435-452.

Asheim, B. T., Smith, H. L. and Oughton, C. (2011): Regional innovation systems: theory, empirics and policy. *Regional Studies* 45: 875-891.

Atkinson, J. (1985): The changing corporation. In *New patterns of work*, ed. D. Clutterbuck, 79-100. Hant: Aldershot.

Bauder, H. (2001): Culture in the labor market: segmentation theory and perspectives of place. *Progress in Human Geography* 25: 37-52.

Beaverstock, J. V. (1991): Skilled international migration: an analysis of the geography of international secondments within large accountancy firms. *Environment and Planning A* 23: 1133-1146.

Beaverstock, J. V. (1996a): Subcontracting the accountant!: professional labour markets, migration, and organizational networks in the global accountancy industry. *Environment and Planning A* 28: 303-326.

Beaverstock, J. V. (1996b): Lending jobs to global cities: skilled international labour migration, investment banking and the City of London. *Urban Studies* 33: 1377-1394.

Benner, C. (2002): *Work in the New Economy: flexible labor markets in Sillicon Val-

lay. Malden: Blackwell.
Benner, C. (2003)：Labour flexibility and regional development: the role of labour market intermediaries. *Regional Studies* 37: 621-633.
Benner, C., Leete, L. and Pastor, M. (2007)：*Staircases or treadmills?: labor market intermediaries and economic opportunity in a changing economy*. New York: Sage.
Bergene, A. C., Endresen, S. B. and Knutsen, H. M. eds. (2010)：*Missing links in labour geography*. Farnham: Ashgate.
Blomley, N. K. (1994)：*Law, space, and the geographies of power*. New York: Guilford Press.
Bondi, L. (1991)：Gender divisions and gentrification: a critique. *Transaction of the Institute of British Geographers N. S.* 16: 190-198.
Boyle, P., Halfacree, K. and Robinson, V. (1998)：*Exploring contemporary migration*. Harlow: Longman.
Buchanan, J., Schofield, K., Briggs, C., Considine, G., Hager, P., Hawke, G., Kitay, J., Meagher, G., McIntyre, J., Mounier, A. and Ryan, S. (2001)：*Beyond flexibility: skills and work in the future*. Sydney: New South Wales Board of Vocational Education and Training.
Buchanan, J., Scott, L., Yu, S., Schutz, H. and Jakubauskas, M. (2010)：*Skills demand and utilization: an international review of approaches to measurement and policy development*. OECD Local Economic and Employment Development (LEED) Working Papers, OECD Publishing.
Burawoy, M. (1985)：*The politics of production: factory regimes under capitalism and socialism*. London: Verso.
Butler, T. and Hamnett, C. (1994)：Gentrification, class, and gender: some comments of Warde's 'Gentrification as consumption'. *Environment and Planning D: Society and Space 12:* 477-493.
Carnevale, A. P. and Desrochers, D. M. (2004)：The political economy of labor market mediation in the United States. In *Workforce intermediaries for the Twenty-first century* ed. R. P. Giloth, 170-189. Philadelphia: Temple University Press.
Castree, N. (2007)：Labour geography: a work in progress. *International Journal of Urban and Regional Research* 31: 853-862.
Castree, N., Coe, N. M., Ward, K. and Samers, M. (2004)：*Spaces of work: global capitalism and geographies of labour. London:* Sage.
Christopherson, S. (1989)：Flexibility in US service economy and the emerging spatial

division of labour. *Transactions of the Institute of British Geographers N. S.* 14: 131-143. クリストファーソン, S. 著、神谷浩夫訳 (2000):「アメリカのサービス化経済におけるフレキシビリティと新たな空間的分業の出現」空間・社会・地理思想 5:76-89。

Christpherson, S. and Storper, M. (1989): The effects of flexible specialization on industrial politics and the labor market: the motion picture industry. *Industrial and Labor Relations Review* 42: 331-347.

Clark, G. L. (1989): *Unions and communities under siege: American communities and the crisis of organized labor.* Cambridge: Cambridge University Press.

Coe, N. M. and Lier, D. C. J. (2010): Constrained agency?: re-evaluating the geographies of labour. *Progress in Human Geography* 35: 211-233.

Coe, N. M., Johns, J. and Ward, K. (2008): Flexibility in action: the temporary staffing industry in the Czech Republic and Poland. *Environment and Planning A* 40: 1391-1415.

Coe, N. M., Johns, J. and Ward, K. (2009a): Agents of casualization?: the temporary staffing industry and labor market restructuring in Australia. *Journal of Economic Geography* 9: 55-84.

Coe, N. M., Johns, J. and Ward, K. (2009b): Managed flexibility, corporate strategies and market dynamics in the Swedish temporary staffing industry. *European Urban and Regional Studies* 16: 65-85.

Coe, N. M., Johns, J. and Ward, K. (2011): Transforming the Japanese labour market: deregulation and the rise of temporary staffing. *Regional Studies* 45: 1091-1106.

Coe, N. M., Johns, J. and Ward, K. (2012): Limits to expansion: transnational corporations and territorial embeddedness in the Japanese temporary staffing market. *Global Networks* 12: 22-47.

Cohen, M. (2006): The privatization of health care cleaning services in Southwestern British Columbia, Canada: union responses to unprecedented government actions. In A. Herod eds. *Organizing the landscape: geographical perspective on labor unionism*. 195-213. Minneapolis: University of Minnesota Press.

Cooney, R., Jerrard, M. Donohue, R. and Kimberly, N. (2010): Exploring skill ecosystems in the Australian meat processing industry: unions, employers and institutional change. *The Economic and Labour Relations Review* 21: 121-138.

Cox, K. (1997): Globalisation and geographies of workers' struggle in the late twentieth century. In *Geographies of economies*, ed. R. Lee and J. Wills, 177-185. London:

Edward Arnold.

Cox, R. K. (1998) : Spaces of dependence, spaces of engagement and the politics of scale, or: looking for local politics. *Political Geography* 17: 1-23.

Dear, M. and Flusty, S. (1998) : Postmodern urbanism. *Annals of the Association of the American Geographers* 88: 50-72.

Dicken, P. (1998) : Global Shift: transforming the world economy, 3rd edition. London: Sage. ディッケン, P. 著、宮町良広監訳 (2001):『グローバル・シフト——変容する世界経済地図 (上・下)』古今書院。

Docquier, F., Lowell, L. B. and Marfouk, A. (2009) : A gendered assessment of highly skilled emigration. *Population and Development Review* 35: 297-321.

Doeringer, P. B. and Piore, M. J. (1985) : *Internal labor market and manpower analysis*. Lexington: D. C. Heath and Company. ドーリンジャー, P. B.、ピオレ, M. J. 著、白木三秀監訳 (2007):『内部労働市場とマンパワー分析』早稲田大学出版部。

Domosh, M. and Seager, J. (2001) : *Putting women in place: feminist geographers make sense of the world*. London: The Guilford Press.

Esping-Andersen, G. (1990) : *The three worlds of welfare capitalism*. Cambridge: Polity Press. エスピン‐アンデルセン, G. 著、岡沢憲芙・宮本太郎監訳 (2001):『福祉資本主義の三つの世界——比較福祉国家の理論と動態』ミネルヴァ書房。

Esping-Andersen, G. (1999) : *Social foundation of postindustrial economies*. Oxford: Oxford University Press. エスピン‐アンデルセン, G. 著、渡辺雅男・渡辺景子訳 (2000):『ポスト工業経済の社会的基礎——市場・福祉国家・家族の政治経済学』桜井書店。

Findlay, A. M., Li, F. L. N. and Jowett, A. J. and Skeldon, R. (1996) : Skilled international migration and the global city: a study of expatriates in Hong Kong. *Transactions of the Institute of British Geographers, N. S.* 21: 49-61.

Finegold, D. (1999) : Creating self-sustaining, high-skill ecosystems. *Oxford Review of Economic Policy* 15: 60-81.

Finegold, D. and Notabartolo, A. S. (2010) : 21st-Century competencies and their impact: an interdisciplinary literature review. In *Transforming the U. S. workforce development system: lessons from research and practice*. ed. D. Finegold, M. Gatta, H. Salzman and S. J. Schurman, 19-56. Urbana-Champaign, Illinois: Labor and Employment Relations Association.

Finegold, D. and McCarty, J. (2010) : Creating a sector skill strategy: developing high-skill ecosystems. In *Transforming the U. S. workforce development system: lessons from research and practice*. ed. D. Finegold, M. Gatta, H. Salzman and S. J. Schurman, 181-204. Urbana-Champaign, Illinois: Labor and Employment Relations Association.

Finegold, D. and Soskice, D. (1988): The failure of training in Britain: analysis and prescription. *Oxford Review of Economic Policy* 4: 21-53.

Froy, F. (2009): Local strategies for developing workforce skills. In *Designing local skills strategies*, ed. F. Froy, S. Giguère and A. Hofer, 23-56. OECD publications.

Gertler, M. S. (1988): The limits to flexibility: comments on the Post-Fordist vision of production and its geography. *Transactions of the Institute of British Geographers N. S.* 13: 419-432.

Gertler, M. S. (1989): Resurrecting flexibility? a Reply to Schoenberger. *Transactions of the Institute of British Geographers N. S.* 14: 109-112.

Gillespie, A. and Richardson, R. (2000): Teleworking and the city: myths of workplace transcendence and travel reduction. In *Cities in the telecommunication age: the fracturing of geographies*, ed. J. O. Wheeler, Y. Aoyama and B. Warf, 228-245. London: Routledge.

Glebe, G. (1986): Segregation and intra-urban mobility of a high status ethnic group: the case of the Japanese in Düsseldorf. *Ethnic and Racial Studies* 9: 461-483.

Glebe, G. (2003): Segregation and the ethnoscape: the Japanese business community in Düsseldorf. In *Global Japan: The experience of Japan's new immigrant and overseas communities*, ed. R. Goodman, C. Peach, A. Takenaka and P. White, 98-115. London: Routledge.

Gordon, D. M., Edwards, R. C. and Reich, M. (1982): *Segmented work, divided workers: the historical transformation of labor in the United States*. Cambridge: Cambridge University Press. ゴードン, D. M.、エドワーズ, R.、ライク, M. 著、河村哲二・伊藤誠訳 (1990):『アメリカ資本主義と労働――蓄積の社会的構造』東洋経済新報社。

Gordon, I. (1995): Migration in a segmented labour market. *Transactions of the Institute of British Geographers N. S.* 20: 139-155.

Grabher, G. (1993): *The embedded firm: on the socioeconomics of industrial networks*. London: Routledge.

Granovetter, M. (1995): *Getting a job: a study in contracts and careers*. Chicago: University of Chicago Press.

Green, A. E. (1995): The geography of dual career household: a research agenda and selected evidence from secondary data source for Britain. *International Journal of Population Geography* 1: 29-50.

Green, A. E. (1997) : A question of compromise?: case study evidence on the location and mobility strategies of dual career households. *Regional Studies* 31: 641-657.

Green, A., Shuttleworth, I. and Lavery, S. (2005) : Young people, job search and local labour markets: The example of Belfast. *Urban Studies* 42: 301-324.

Grossman, L. (2009) : New York City career pathways: skills strategies for low-paid immigrants. In *Designing local skills strategies*, ed. F. Froy, S. Giguère and A. Hofer, 239-274. OECD publications.

Hall, R. and Lansbury, R. (2006) : Skills in Australia: towards workforce development and sustainable skill ecosystems. *Journal of Industrial Relations* 48: 575-592.

Hanham, R. Q. and Banasick, S. (1998) : Japanese labor and the production of the space-economy in an era of globalization. In *Organizing the landscape: geographical perspective on labor unionism*, ed. A. Herod, 99-119. Minneapolis: University of Minnesota Press.

Hanson, S. and Pratt, G. (1995) : *Gender, work, and space*. London: Routldge.

Hardill, I., Green, A. E. and Dudleston, A. C. (1997) : The "blurring of boundaries" between "work" and "home": perspectives from case studies in the East Midlands. *Area* 29: 335-343.

Harrison, B. and Weiss, M. (1998) : *Workforce development networks: community-based organizations and regional alliances*. Thousand Oaks, CA: Sage.

Harvey, D. (1990) : *The condition of postmodernity: an enquiry into the origins of cultural change*. Oxford: Blackwall. ハーヴェイ, D. 著、吉原直樹監訳 (1999):『ポストモダニティの条件』青木書店。

Harvey, D. (2006) : *Limits to capital, revised edition*. London: Verso. ハーヴェイ, D. 著、松石勝彦・水岡不二雄訳 (1990):『空間編成の経済理論――資本の限界（上・下）』大明堂（この翻訳は初版による）。

Herod, A. (1991a) : Local political practice in response to a manufacturing plant closure: how geography complicates class analysis. *Antipode* 23: 385-402.

Herod, A. (1991b) : The production of scale in United States labour relations. *Area* 23: 82-88.

Herod, A. (1991c) : Homework and the fragmentation of space: challenges for the labor movement. *Geoforum* 22: 173-183.

Herod, A. (1994) : On workers' theoretical (in) visibility in the writing of critical ur-

ban geography: a comradely critique. *Urban Geography* 15: 681-693.
Herod, A. (1995a): The practice of international labor solidarity and the geography of the global economy. *Economic Geography* 71: 341-363.
Herod, A. (1995b): Labor as an agent of globalization and as a global agent. In *Spaces of globalization: reasserting the power of the local*, ed. K. Cox, 167-200. New York: Guilford Press.
Herod, A. (1997a): From a geography of labor to a labor geography: labor's spatial fix and the geography of capitalism. *Antipode* 29: 1-31.
Herod, A. (1997b): Note on a spatialized labour politics: scale and the political geography of dual unionism in the U. S. longshore industry. In *Geographies of Economies*, ed. R. Lee and J. Wills, 186-196. London: Edward Arnold.
Herod, A. (1997c): Labor's spatial praxis and the geography of contract bargaining in the US east coast longshore industry, 1953-89. *Political Geography* 16: 145-169.
Herod, A. ed. (1998): Organizing the landscape: geographical perspective on labor unionism. Minneapolis: University of Minnesota Press.
Herod, A. (1998a): The spatiality of labor unionism. In *Organizing the landscape: geographical perspective on labor unionism*, ed. A. Herod, 1-36. Minneapolis: University of Minnesota Press.
Herod, A. (1998b): The geostrategics of labor in Post-Cold War Eastern Europe: an examination of the activities of the International Metalwokers' Federation. In *Organizing the landscape: geographical perspective on labor unionism*, ed. A. Herod, 45-74. Minneapolis: University of Minnesota Press.
Herod, A. (1998c): Discourse on the docks: containerization and inter-union work disputes in US ports, 1955-85. *Transactions of the Institute of British Geographers N. S.* 23: 177-191.
Herod, A. (2001): *Labor geographies: workers and the landscapes of capitalism*. New York: The Guilford Press.
Herod, A. (2010): Labour geography: Where have we been? Where should we go? In *Missing links in labour geography*. A. C. Bergene, S. B. Endresen, and H. M. Knutsen eds., 3-28. Farnham: Ashgate.
Holzer, H. J. (1991): The spatial mismatch hypothesis: what has the evidence shown? *Urban Studies* 28: 105-122.
Houston, D. (2005a): Employability, skill mismatch and spatial mismatch in metropolitan labour markets. *Urban Studies* 42: 221-243.

Houston, D. S. (2005b): Methods to test the spatial mismatch hypothesis. *Economic Geography* 81: 407-434.

Hughes, M. A. (1989): Misspeaking truth to power: a geographical perspective on the "underclass" fallacy. *Economic Geography* 65: 187-207.

Hurdley, L. and White, P. (1999): Japanese economic activity and community growth in Great Britain. *Revue Europeenne des Migrations Internationales* 15: 101-120.

Ihlanfeldt, K. R. and Sjoquist, L. (1998): The spatial mismatch hypothesis: a review of recent studies and their implications for welfare reform. *Housing Policy Debate* 9: 849-892.

Iredale, R. (2005): Gender, immigration policies and accreditation: valuing the skills of professional women migrants. *Geoforum* 36: 155-166.

James, A. and Vira, B. (2012): Labour geographies of India's new service economy. *Journal of Economic Geography* 12: 841-875.

Jenkins, D. and Spence, C. (2006): *The career pathways how-to guide*. Workforce Development Center.

Jessop, B. (1991): The welfare state in the transition from Fordism to post-Fordism. In B. Jessop, H. Kastendiek, K. Nielsen and O. K. Pederson eds. *The politics of flexibility*, 82-105, Aldershot: Edwerd Elger.

Jessop, B. (1993): Toward a Schumpeterian workfare state?: preliminary remarks on post-Fordist political econoy. *Studies on Political Economy* 40: 7-39.

Jessop, B. (1994): Post-Fordism and the state. In *Post-Fordism: a reader*, ed. A. Amin, 251-279, Oxford: Blackwell.

Jessop, B. (2008): Commentary 2: Peck, J. 1996: Work-place: the social regulation of labor markets. New York: The Guilford Press. *Progress in Human Geography* 32: 574-577.

Johnson, L. C., Andrey, J. and Shaw, S. M. (2007): Mr. Dithers comes to dinner: telework and the merging of women's work and home domains in Canada. *Gender, Place and Culture* 14: 141-161.

Johnson, J. H. and Salt, J. eds. (1990): *Labour migration*. London: David Fulton Publishers.

Jonas, A. E. G. (1992): Corporate takeover and community politics: the case of Norton Company in Worcester. *Economic Geography* 68: 348-372.

Jonas, A. E. G. (1995): Labor and community in the deindustrialization of urban America. *Journal of Urban Affairs* 17: 183-199.

Jonas, A. E. (1996): Local labour control regimes: uneven development and social regulation of production. *Regional Studies* 30: 323-338.

Kasarda, J. D. (1990): City jobs and residents on a collision course: the urban underclass dilenma. *Economic Development Quarterly* 4: 313-319.

Kawabata, M. (2003): Job access and employment among low-skilled autoless workers in US metropolitan areas. *Environment and Planning A*, 35, 1651-1668.

Kelly, P. F. (2001): The political economy of local labour control regime in Cavite and Laguna, Philippines. *Economic Geography* 77: 1-22.

Kelly, P. F. (2002): Space of labour control: comparative perspectives from Southeast Asia. *Transactions of the Institute of British Geographers N. S.* 27: 395-411.

King, R. (2012): Geography and migration studies: retrospect and prospect. *Population, Space and Place* 18: 134-153.

Kofman, E. (2000): The invisibility of skilled female migrants and gender relation in studies of skilled migration in Europe. *International Journal of Population Geography* 6: 45-59.

Kofman, E and Raghuram, P. (2005): Gender and skilled migrants: into and beyond the work place. *Geoforum* 36: 149-154.

Kofman, E. and Raghuram, P. (2006): Gender and global labour migrations: incorporating skilled workers. *Antipode* 38: 282-303.

Lier, D. C. (2007): Places of work, scales of organizing: a review of labour geography. *Geography Compass* 1: 814-833.

Lindsay, C. (2005): Employability, services for unemployed job seekers and the digital divide. *Urban Studies* 42: 325-339.

Liu, Y., Tan, Y. and Nakazawa, T. (2011): Move globally, live locally: the daily lives of Japanese expatriates in Guangzhou, China. *Geographical Review of Japan Ser. B* 84: 1-15.

Lloyd, C. and Payne, J. (2008): What is a skilled job?: exploring worker perceptions of skill in two UK call centres. *SKOPE Research Paper* 81: 1-25.

Martin, R. L. (2000): Local labour markets: their nature, performance, and regulation. In *The Oxford handbook of economic geography*, ed. G. L. Clark, M. P. Feldman and M. S. Gertler, 455-476. Oxford: Oxford University Press.

Martin, R. Sunley, P. and Wills, J. (1993): The geography of trade union decline: spatial dispersal or regional resilience? *Transaction of the Institute of British Geographers N. S.* 18: 36-62.

Martin, R. Sunley, P. and Wills, J. (1996): *Union retreat and the regions: the shrinking landscape of organized labour*. New York: Routledge.

Martinez-Fernandez, C. (2009) Addressing skills shortfalls in Mackey, Australia. In *Designing local skills strategies*, ed. F. Froy, S. Giguère and A. Hofer, 175-217. OECD publications.

Massey, D. (1984): *Spatial divisions of labour: social structures and the geography of production*. London: Macmillan. マッシィ, D. 著、富樫幸一・松橋公治監訳 (2000):『空間的分業——イギリス経済社会のリストラクチャリング』古今書院。

Massey, D. (1995): Masculinity, Dualisms and High Technology. *Transactions of the Institute of British Geographers, N. S.* 20: 487-499.

McDowell, L. (2003): *Redundant masculinities?: employment change and white working class youth*. London: Blackwell.

McQuaid, R. W. and Lindsay, C. (2002): The 'employability gap': long-term unemployment and barriers to work in buoyant labour markets. *Environment and Planning C: Government and Policy* 20: 613-628.

McQuaid, R. W. and Lindsay, C. (2005): The concept of employability. *Urban Studies* 42: 197-219.

McQuaid, R. W., Green, A. and Danson, M. (2006): *Employability and local labour market policy*. Oxon: Routledge.

Mclafferty, S. and Preston, V. (1996): Spatial mismatch and employment in a decade of restructuring. *The Professional Geographer* 8: 420-431.

Michon, F. (1992): The institutional forms of work and employment: towards the construction of an international historical and comparative approach. In *International integration and labour market organization*. ed. A. Castro, P. Méhaut and Rubery, J., 222-243. London: Academic Press.

Mokhtarian, P. L., Collantes, G. O. and Gertz, C. (2004): Telecommuting, residential location, and commute-distance traveled: evidence from State of California employees. *Environment and Planning A* 36: 1877-1897.

Morrison, P. S. (1990): Segmentation theory applied to local, regional and spatial labour markets. *Progress in Human Geography* 14: 488-528.

Mullings, B. (1999): Sides of the same coin ?: coping and resistance among Jamaican data-entry operators. *Annals of the Association of American Geographers* 89: 290-311.

Nagel, C. (2005): Skilled migration in global cities from 'Other' perspectives: British

Arabs, identity politics, and local embededdness. *Geoforum*, 36, 197-210.
Payne, J. (2008): Skills in Context: what can the UK learn from Australia's skill ecosystem project? *Policy and Politics* 36: 307-323.
Peck, J. (1989): Reconceptualizing the local labour market: space, segmentation and the state. *Progress in Human Geography* 13: 42-61.
Peck, J. A. (1990): Circuits of capital and industrial restructuring: adjustment in Australian clothing industry. *Australian Geographer* 21: 33-52.
Peck, J. (1996): *Work-Place: the social regulation of labor markets.* London: The Guilford Press.
Peck, J. (2000): Places of work. In *A companion to economic geography*, E. Sheppard and T. J. Barnes ed., 133-148. Malden, MA: Blackwell.
Peck, J. (2001): *Workfare states.* New York: Guilford Press.
Peck, J. (2008): Author's response: Peck, J. 1996: Work-place: the social regulation of labor markets. New York: The Guilford Press. *Progress in Human Geography* 32: 577-582.
Peck, J. A. and Tickell, A. (1992): Local mode of social regulation? regulation theory, Thatcherism and uneven development. *Geoforum* 23: 347-363.
Peck, J. A. and Tickell. A. (1995): The social regulation of uneven development: "regulatory deficit", England's South East and the collapse of Thatcherism. *Environment and Planning A* 27: 15-40.
Peck, J. and Theodore, N. (2000a): Beyond 'employability'. *Cambridge Journal of Economics* 24: 729-749.
Peck, J. and Theodore, N. (2000b): 'Work first': workfare and the regulation of contingent labour markets. *Cambridge Journal of Economics* 24: 119-138.
Peck, J. and Theodore, N. (2001): Contingent Chicago: restructuring the spaces of temporary labor. *International Journal of Urban and Regional Research* 25: 471-496.
Peck, J. and Theodore, N. (2007): Flexible recession: the temporary staffing industry and mediated work in the United States. *Cambridge Journal of Economics* 31: 171-192.
Piore, M. J. and Sabel, C. (1984): *The second industrial divide: possibilities for prosperity.* New York: Basic Books. ピオリ, M.、セーブル, C. 著、山之内靖・永易浩一・石田あつみ訳 (1993):『第二の産業分水嶺』筑摩書房.
Purkayastha, B. (2005): Skilled migration and cumulative disadvantage: the case of

highly qualified Asian Indian immigrant women in the US. *Geoforum* 36: 181-196.

Quinn, D. J. (1986) : Accessibility and job search: A study of unemployed school leavers. *Regional Studies* 20: 163-173.

Reimer, S. (1998) : Working in a risk society. *Transactions of the Institution of British Geographers N. S.* 23: 116-127.

Reimer, S. (1999) : Getting by in time and space: fragmented work in local authorities. *Economic Geography* 75: 157-177.

Rogaly, B. (2009) : Spaces of work and everyday life: labour geographies and the agency of unorganized temporary migrant. *Geography Compass* 3: 1975-1987.

Rose, D. and Villeneuve, P. (1998) : Engendering class in the metropolitan city: occupational pairings and income disparities among two-earner couples. *Urban Geography* 19: 123-159.

Rubery, J. (1992) : Productive systems, international integration and the single European market. In *International integration and labour market organization.* ed. A. Castro, P. Méhaut and Rubery, J., 244-261. London: Academic Press.

Rutherford, T. D. (2008) : Commentary 1: Peck, J. 1996: Work-place: the social regulation of labor markets. New York: The Guilford Press. *Progress in Human Geography* 32: 571-574.

Rutherford, T. D. and Gertler, M. S. (2002) : Labour in 'lean' times: geography, scale and the national trajectories of workplace change. *Transactions of the Institute of British Geographers N. S.* 27: 195-212.

Sakai, J. (2004) : *The clash of economic culuture: Japanese bankers in the City of London.* Transaction Publishers, New Brunswick, U. S. A.

Salt, J. (1988) : Highly skilled international migrants, careers and internal labour markets. *Geoforum* 19: 387-399.

Savage, L. (1998) : Geographies of organizing: justice for Janitor in Los Angeles. In A. Herod eds. *Organizing the landscape: geographical perspective on labor unionism.* 225-252. Minneapolis: University of Minnesota Press.

Savage, L. (2004) : Public sector unions shaping hospital privatization: the creation of Boston Medical Center. *Environment and Planning A* 36: 547-568.

Savage, L. (2006) : Justice for Janitors: scales of organizing and representing workers. In L. L. M. Aguiar and A. Herod eds. *The dirty work of neoliberalism: cleaners in the global economy.* 214-244. Oxford: Blackwell.

Sayer, A. (1992) : *Method in social science: a realist approach*, 2nd ed. London: Routledge.

Schoenberger, E.（1987）：Technological and organizational change in automobile production: spatial implication. *Regional Studies* 21: 199-214.

Schoenberger, E.（1989）：Thinking about flexibility: a response to Gertler. *Transactions of the Institute of British Geographers N. S.* 14: 98-108.

Scott, A. J.（1988a）：*Metropolis: from the division of labor to urban form*. Berkeley: The University of California Press. スコット, A. J. 著、水岡不二夫監訳（1996）：『メトロポリス――分業から都市形態へ』古今書院。

Scott, A. J.（1988b）：*New industrial spaces: flexible production organization and regional development in North America and Western Europe*. London: Pion.

Shen, Q.（1999）：Transportation, telecommunications and the changing geography of opportunity. *Urban Geography* 20: 334-355.

Smith, N.（1984）：*Uneven development: nature, capital and the production of space*. Oxford: Blackwell.

Smith, N.（2000）：Labour geography. In *The dictionary of human geography*, 4th ed., ed. R. J. Johnston, D. Gregory, G. Pratt and M. Watts, 416. Oxford: Blackwell.

Storper, M. and Scott, A. J.（1990）：Work organization and local labour markets in an era of flexible production. *International Labour Review* 129: 573-591.

Storper, M. and Walker, R.（1989）：*The capitalist imperative: territory, technology, and industrial growth*. Oxford: Basil Blackwell.

Sunley, P., Martin, R. and Nativel, C.（2006）：*Putting Workfare in place.: local labour markets and the new deal*. Malden: Blackwell.

Swyngedouw, E.（2000）：Elite Power, Global Forces and the Political Economy of 'Glocal' Development. In G. Clark, M. Feldman and M. Gertler eds. *The Oxford Handbook of Economic Geography*. 541-558. Oxford: Oxford University Press.

Thang, L. L., Goda, M. and MacLachlan, E.（2004）：Challenging the life course: Japanese single working women in Singapore. In *Old challenges, new strategies: women, work and family in contemporary Asia*. ed. L. L. Thang and W-H. Yu, 301-322, Boston: Brill.

Thang, L. L., MacLachlan, E. and Goda, M.（2002）：Expatriate on the margins: a study of Japanese women working in Singapore. *Geoforum* 33: 539-551.

Thang, L. L., MacLachlan, E. and Goda, M.（2006）：Living in "My space": Japanese working women in Singapore. 地理科学 61 156-171.

Theodore, N. and Peck, J.（2002）：The temporary staffing industry: growth imperatives and limits to contingency. *Economic Geography* 78: 463-494.

Tuan, Y. F. (1996): *Cosmos and Hearth: a cosmopolite's viewpoint*. Minneapolis: University of Minnesota Press.

Ward, K. (2003): UK temporary staffing: industry structure and evolutionary dynamics. *Environment and Planning A* 35: 889-907.

Ward, K. (2005): Making Manchester 'flexible': competition and change in the temporary staffing industry. *Geoforum* 36: 223-240.

White, P. (1988): Skilled international migrants and urban structure in Western Europe. *Geoforum* 19: 411-422.

White, P. (1998): The settlement patterns of developed world migrants in London. *Urban Studies* 35: 1725-1744.

White, P. (2003): The Japanese in London: from transience to settlement? In *Global Japan: The experience of Japan's new immigrant and overseas communities*, ed. R. Goodman, C. Peach, A. Takenaka and P. White, 79-97, London: Routledge.

White, P. and Hurdley, L. (2003): International migration and the housing market: Japanese corporate movers in London. *Urban Studies* 40: 687-706.

Wilkinson, F. (1983): Productive systems. *Cambridge Journal of Economics* 7: 413-429.

Wills, J. (1998): Taking on the CosmoCorps?: experiments in transnational labor organization. *Economic Geography* 74: 111-130.

Wills, J. (2001a): Community unionism and trade union renewal in the UK: beyond the fragments at last? *Transactions of the Institute of British Geographers N. S.* 26: 465-483.

Wills, J. (2001b): Uneven geographies of capital and labour: the lessons of European Works Councils. *Antipode* 33: 484-509.

Wills, J. (2009a): Labour geography. In *The dictionary of human geography*, 5th ed., ed. D. Gregory, R. J. Johnston, G. Pratt, M. Watts and S. Whatmore, 404. Chichester: Wiley-Blackwell.

Wills, J. (2009b): Subcontracted employment and its challenge to labor. *Labor Studies Journal* 34: 411-460.

Windsor, K. (2006): *Skill ecosystem national project: mid-term evaluation report*. Sydney: New South Wales Board of Vocational Education and Training.

Yeoh, B. S. A. and Willis, K. (2005): Singaporeans in China: transnational women elites and the negotiation of gender identities. *Geoforum* 36: 211-222.

Yui, Y. (2009) : Japanese women's work overseas and the activities of recruitment agencies in Singapore. *Journal of geographical science* 57: 55-70.

赤羽孝之 (1980):「内陸型電気機器工業への農家労働力の析出構造──長野県南佐久地方の事例」経済地理学年報26:229-244。

新井祥穂・飯嶋曜子 (2000):「変革期地方行政に関する研究動向と地理学的視点──イギリスの事例を中心として」人文地理52:341-356。

新谷周平 (2002):「ストリートダンスからフリーターへ──進路選択のプロセスと下位文化の影響力」教育社会学研究71:151-170。

居神浩 (2007):「規律訓練型社会政策のアポリア──イギリス若年就労支援政策からの教訓」、埋橋孝文編著『ワークフェア──排除から包摂へ?』46-64、法律文化社。

池上岳彦 (2001):「ワークフェア概念と福祉国家論の転換──分権的「福祉政府」へ向けて」、社会政策学会編『「福祉国家」の射程』43-58、ミネルヴァ書房。

石丸哲史・友澤和夫 (2006):「わが国における人材派遣業の成長と立地動向」福岡教育大学紀要社会科編55:9-22。

伊丹敬之・松永圭介 (1985):「中間労働市場論」日本労働協会雑誌312:11-19。

伊藤大一 (2009):「請負労働者組合組織化における地域労働市場の影響──徳島県の請負労働者組合に対する調査をもとに」賃金と社会保障1497:14-31。

伊藤達也 (1984):「年齢構造の変化と家族制度からみた戦後の人口移動の推移」人口問題研究172:24-38。

伊藤実・金明中・清水希容子・永久寿夫・西澤正樹 (2008):『地域における雇用創造──未来を拓く地域再生のための処方箋』財団法人雇用開発センター。

稲垣稜 (2002):「1990年代以降の大都市圏郊外における若年者の就業行動──名古屋大都市圏及び高蔵寺ニュータウン居住者を例に」経済地理学年報48:23-43。

乾彰夫・安達眸・有川碧・遠藤康裕・大岸正樹・児島功和・杉田真衣・西村貴之・藤井吉祥・宮島基・渡辺大輔 (2007):「明日を模索する若者たち:高校3年目の分岐──「世界都市」東京における若者の〈学校から雇用へ〉の移行過程に関する研究Ⅲ」教育科学研究 (首都大学東京) 22:19-119。

乾彰夫編・東京都立大学「高卒者の進路動向に関する調査」グループ著 (2006):『18歳の今を生きぬく──高卒1年目の選択』青木書店。

岩田正美 (2007):『現代の貧困──ワーキングプア/ホームレス/生活保護』筑摩書房。

岩田正美 (2008):『社会的排除──参加の欠如・不確かな帰属』有斐閣。

岩田正美 (2009):「なぜ派遣労働者は「寮」にいるのか──雇用に縛られる日本の「住」」世界788:168-177。

岩間信之編著 (2011):『フードデザート問題──無縁社会が生む「食の砂漠」』農林統

計協会。

ウィリス, E. P. 著、熊沢誠・山田潤訳（1996）：『ハマータウンの野郎ども——学校への反抗・労働への順応』筑摩書房。

上江洲朝彦（2005）：長野県諏訪地域における工場労働者の居住地移動。地域調査年報7：113-125。

ウェーバー, A. 著、篠原泰三訳（1986）：『工業立地論』大明堂。

埋橋孝文（2007）：「ワークフェアの国際的席巻——その論理と問題点」、埋橋孝文編著『ワークフェア——排除から包摂へ？』15-45、法律文化社。

埋橋孝文（2011）：『福祉政策の国際動向と日本の選択』法律文化社。

大分県（2007）：『大分県女性の再チャレンジ支援事業報告書』大分県。

大分県労政能力開発課雇用対策室（2005）：『県内事業所及び若年不安定就労者実態調査報告書』大分県労政能力開発課雇用対策室。

大多和直樹・山口毅（2007）：「進路選択と支援——学校存立構造の現在と教育のアカウンタビリティ」、本田由紀編『若者の労働と生活世界——彼らはどんな現実を生きているか』149-184、大月書店。

岡橋秀典（1978）：「工業化地域周辺山村における農業の変貌と農民層の動向——愛知県三河山間地域の場合」人文地理30：97-116。

岡橋秀典（1980）：「奥飛騨山村・上宝村における非通年雇用の展開と農業・農民層の動向」地理学評論53：511-530。

小川佳子（1994）：「新興自動車工業地域における自動車1次部品メーカーの生産展開——九州・山口地域を事例として」経済地理学年報40：105-125。

尾嶋史章編著（2001）：『現代高校生の計量社会学——進路・生活・世代』ミネルヴァ書房。

小田宏信（2012）：「古典的集積論の再考と現代的意義——20世紀中葉の経済地理学的成果を中心に」地域経済学研究23：36-50。

梶田真（2005）：「戦後の縁辺地域における土木業者の発展過程と労使関係の性格——奥地山村を事例として」地理科学60：237-259。

鹿嶋洋（1998）：「大分県国東半島地域における工業立地の進展と労働力構造」三重大学法経論叢15：19-41。

片瀬一男（2005）：『夢の行方——高校生の教育・職業アスピレーションの変容』東北大学出版会。

加藤和暢（2011）：「サービス経済化の地理学をめざして」経済地理学年報57：320-335。

神谷浩夫・阿部康久・中澤高志・由井義通・鍬塚賢太郎（2012）：「若者の海外就職とキャリア形成への戦略——上海における現地採用日本人を事例として」人文地理学会

2012年大会予稿集。

神谷浩夫・由井義通・中澤高志・武田祐子（2008）：「オーストラリアで学ぶ日本人留学生のライフコース」地理学報告106：1-14。

加茂浩靖（2002）：「わが国「周辺地域」における県庁所在都市の労働市場特性——宮崎職安管轄区域の看護労働市場の分析を中心として」経済地理学年報48：43-59。

加茂浩靖（2004）：「労働市場の地域構造——日本における労働市場の地域的構成研究の課題」人文地理56：491-508。

加茂浩靖（2006）：「わが国における業務請負業の労働力調達行動——東広島市に立地する業務請負企業を事例に」地理科学61：81-95。

加茂浩靖（2010）：「国内周辺地域における製造業務請負労働者および派遣労働者の就業特性——鹿児島市で求職活動をする労働者の場合」日本福祉大学経済論集40：133-143。

鳥丸聡（2001）：「総論——人材流動と新しい経営」、財団法人九州経済調査会『人材流動と新しい経営』1-120、財団法人九州経済調査会。

苅谷剛彦（2000）：「学校・職安・地域間移動」、苅谷剛彦・菅山真次・石田浩編（2000）：『学校・職安と労働市場——戦後新規学卒市場の制度化過程』31-63、東京大学出版会。

苅谷剛彦・菅山真次・石田浩編（2000）：『学校・職安と労働市場——戦後新規学卒市場の制度化過程』東京大学出版会。

神﨑順子（2011）：「「地域雇用政策」概念の変遷——地域開発政策と雇用政策の接近の過程」、人間社会環境研究（金沢大学）22：1-17。

北島誓子（1996）：「ポスト・フォード主義論争と経済地理学の諸問題」弘前大学経済研究19：1-22。

北島誓子（1997）：「柔軟な労働、ジェンダー、空間の再編——在宅労働の理論的課題」弘前大学経済研究20：61-83。

木下礼子（2006）：「カジュアルな就業者たち——高卒女性フリーターのジョブサーチ」地理科学61：172-179。

鍬塚賢太郎（1998）：「シンガポールにおける産業構造の変化とオフィス空間の拡大」人文地理50：1-23。

鍬塚賢太郎（2001）：「日本電機企業の東南アジア展開にともなうシンガポール地域オフィスの形成とその役割」地理学評論74：179-201。

鍬塚賢太郎（2002）：「日本電機企業による国際調達機能の配置とシンガポールの部品調達拠点化」地誌研年報11：33-56。

玄田有史（2001）：『仕事の中の曖昧な不安——揺れる若年の現在』中央公論新社。

厚生労働省職業能力開発局（2001）：『エンプロイアビリティの判断基準等に関する調査研究報告書』厚生労働省職業能力開発局。
伍賀一道（2000）：「非正規雇用——派遣労働を中心に」大原社会問題研究所雑誌501：13-29。
伍賀一道（2009）：「派遣労働は働き方・働かせ方をどのように変えたか——間接雇用の戦後史をふまえて」大原社会問題研究所雑誌604：9-24。
小金澤孝昭・青野壽彦・和田明子（2002）：「郡内地域の労働力供給源の動向——谷村工業高校新規卒業生の最近の就職動向を事例にして」中央大学経済研究所年報33：177-190。
小杉礼子（2001）：「増加する若年非正規雇用者の実態とその問題点」日本労働研究雑誌490：44-57。
小杉礼子（2004）：「若年無業者増加の実態と背景——学校から職業生活への移行の隘路としての無業の検討」日本労働研究雑誌533：4-16。
小杉礼子（2007）：「学校から職業への移行の変容」、堀有喜衣編『フリーターに滞留する若者達』31-99。勁草書房。
小杉礼子編（2002）：『自由の代償／フリーター——現代若者の就業意識と行動』日本労働研究機構。
小杉礼子・堀有喜衣（2004）：「若年無業・周辺的フリーター層の現状と問題」社会科学研究55（2）：5-28。
小西二郎（2002）：「仕事は好きなんすよ。でもやっぱ、友達と家族が一番すね——北海道小樽市の「ノンエリート」青年」北海道大学大学院教育学研究科紀要86：179-250。
紺屋浩昭（2007）：「カウンセリングから職業紹介の実行化への発展は可能か？：「ジョブカフェ」のワンストップサービスとその課題」人文社会論叢社会科学編（弘前大学）18：155-172。
酒井千絵（1998a）：「ジェンダーの規定からの解放——香港における日本人女性の現地採用就労」ソシオロゴス22：137-152。
酒井千絵（1998b）：「境界からのネイション——香港で働く日本人による境界性の意味付けとナショナリズムの多元性」Sociology Today 9：1-16。
酒井千絵（2000）：「ナショナル・バウンダリーにおける交渉——香港で働く日本人の語りから」社会学評論51：314-330。
佐口和郎編著（2010）：『事例に学ぶ地域雇用再生——経済危機を超えて』ぎょうせい。
佐々木英一（2005）：『ドイツ・デュアルシステムの新展開——日本版デュアルシステムへの示唆』法律文化社。

佐藤彰男（2006）：『テレワークの社会学的研究』御茶の水書房。
佐藤彰男（2008）：『テレワーク――「未来型労働」の現実』岩波書店。
JAC リクルートメント（2005）：『アジアで転職キャリアアップ』JAC Singapore Pte Ltd.
清水洋（2004）：『シンガポールの経済発展と日本』コモンズ。
社会政策学会編（2001）：『「福祉国家」の射程』ミネルヴァ書房。
新・日本的経営システム等研究プロジェクト編著（1995）：『新時代の「日本的経営」――挑戦すべき方向とその具体策』日本経営者団体連盟。
末吉健治（1999）：『企業内地域間分業と農村工業化――電機・衣服工業の地方分散と農村の地域的生産体系』大明堂。
専門高校等における「日本版デュアルシステム」に関する調査研究協力者会議（2004）：『専門高校等における「日本版デュアルシステム」の推進に向けて――実務と教育が連結した新しい人材育成システム推進のための政策提言』文部科学省。
総務省行政評価局（2012）：『公共職業安定所の職業紹介等に関する行政評価・監視結果報告書――一般職業紹介業務を中心として』総務省。
高梨昌（1980）：「「不安定雇用労働者」の労働市場と雇用政策」、社会政策学会編『不安定就業と社会政策――社外工・パート・日雇い・出稼ぎ――』（社会政策学会年報24）143-154、御茶の水書房。
高橋康二著、東京大学社会科学研究所人材ビジネス研究寄付研究部門監修（2006）：『労働者派遣事業の動向』労働新聞社。
高橋誠・河合有希子（2002）：「女性による非雇用型在宅ワークの仕事と生活に関する実態調査」労働科学78（3）：134-144。
高橋陽子（2005）：「自治体による就業支援としての「ジョブカフェ」の現状」日本労働研究雑誌539：56-67。
竹内洋（1995）：『日本のメリトクラシー――構造と心性』東京大学出版会。
田子由紀（1994）：「工場進出に伴う就業女性の生活変化に関する時間地理学的考察――神奈川県津久井町青野原地区を事例に」人文地理46：372-395。
中馬宏之（2003）：「労働市場における二極分化傾向――構内請負工急増の事例から」フィナンシャル・レビュー67：57-74。
筒井美紀（2006）：『高卒就職を切り拓く――高卒労働市場の変貌と高校進路指導・就職斡旋における構造と認識の不一致』東洋館出版社。
筒井美紀（2008）：「キャリアラダー戦略とは何か――本書の誤読を避けるために」、フィッツジェラルド, J. 著、筒井美紀・阿部真大・居郷至伸訳（2008）：『キャリアラダーとは何か――アメリカにおける地域と企業の戦略転換』i-xx、勁草書房。

堤純・オコナー、ケヴィン（2008）：「留学生の急増からみたメルボルン市の変容」人文地理60：323-340。

粒来香（1997）：「高卒無業層の研究」教育社会学研究61：185-209。

鶴田義男（2012）：『アメリカのコミュニティ・カレッジ——その現状と展望』近代文藝社。

土居晴洋・大家慎一（2004）：「中津市及びその周辺地域における自動車部品メーカーの立地展開」大分大学教育福祉科学部研究紀要26：231-246。

東京市政調査会研究室（2010）：『自治体の就労支援——そのあり方に関する総合的研究』東京市政調査会。

豆本一茂（2008）：「変容する雇用・労働システム——非正規雇用と地域労働市場」、九州経済調査協会『2008年版九州経済白書 地域浮沈の分水嶺——拡大する地域格差と九州経済』53-86、九州経済調査協会。

富樫幸一（2002）：「日本の労働市場の変貌と地域経済——労働と地域の地理学」経済地理学年報48：291-308。

友澤和夫（1995）：「工業地理学における「フレキシビリティ」研究の展開」地理科学54：289-307。

友澤和夫（1999）：『工業空間の形成と構造』大明堂。

友澤和夫・石丸哲史（2004）：「人材派遣ビジネスの地域的展開」広島大学大学院文学研究科論集64：95-112。

中澤高志（1999）：「Dual Earner, Dual Career 世帯の地理学——欧米における研究を中心に」空間・社会・地理思想4：26-39。

中澤高志（2007）：「大分県における若年不安定就労者とジョブカフェの就業支援」季刊地理学58：212-227。

中澤高志（2008）：『職業キャリアの空間的軌跡——製造業研究開発技術者と情報技術者のライフコース』大学教育出版。

中澤高志（2012a）：「ニット製造業の地域労働市場と女性のライフコース——職歴を中心に」大原社会問題研究所雑誌650：49-63。

中澤高志（2012b）：「人的資源・労働力・労働市場」、中藤康俊・松原宏編著『現代日本の資源問題』193-215、古今書院。

中澤高志・由井義通・神谷浩夫・木下礼子・武田祐子（2008）：「海外就職の経験と日本人としてのアイデンティティ——シンガポールで働く現地採用日本人女性を対象に」地理学評論81：95-120。

中西穂高・比嘉邦彦（2009）：「テレワークを活用したアウトソーシングの地域活性化効果に関する研究——高知県における実践調査」日本テレワーク学会誌7（2）：31-

46。
仲野（菊池）組子（2006）：「社会が企業を変えるアメリカ合衆国の経験——ミルウォーキー・メトロポリタン地区のハイロード戦略」、夏目啓二編著『21世紀の企業経営——IT革命とグローバリゼーションの時代』187-220。
日本労働研究機構編（2000a）：『フリーターの意識と実態——97人へのヒアリング結果より』日本労働研究機構。
日本労働研究機構編（2000b）：『進路決定をめぐる高校生の意識と行動——高卒「フリーター」増加の実態と背景』調査研究報告書』日本労働研究機構。
日本労働研究機構編（2001）：『大都市の若者の就業行動と意識——広がるフリーター経験と共感』日本労働研究機構。
根岸友子・谷謙二（2004）：「就職システムから見た1990年代における高校新卒者の就職先の変化——埼玉県北部のA工業高校の事例」埼玉大学教育学部地理学研究報告 24：27-37。
パットナム, R. D. 著、芝内康文訳（2006）：『孤独なボウリング——米国コミュニティの崩壊と再生』柏書房。
原口剛（2011）：「労働運動による空間の差異化の過程——1960-70年代の「寄せ場」釜ヶ崎における日雇労働運動を事例として」人文地理63：22-41。
フィッツジェラルド, J. 著、筒井美紀・阿部真大・居郷至伸訳（2008）：『キャリアラダーとは何か——アメリカにおける地域と企業の戦略転換』勁草書房。
藤川昇悟（2009）：「九州の自動車産業の新段階——量的な成長を超えて」九州経済調査月報63：23-30。
藤田結子（2008）：『文化移民——越境する日本の若者とメディア』新曜社。
藤原千沙・江沢あや（2007）：「アメリカ福祉改革再考——ワークフェアを支える仕組みと日本への示唆」季刊社会保障研究42：407-419。
ベック, U. 著、東廉・伊藤美登里訳（1998）：『危険社会——新しい近代への道』法政大学出版会。
ベック, U.、ギデンズ, A.、ラッシュ, S. 著、松尾精文・小幡正敏・叶堂隆三訳（1997）：『再帰的近代化——近現代における政治、伝統、美的原理』而立書房。
ポラニー, K. 著、野口建彦・栖原学訳（2009）：『新約 大転換——市場社会の形成と崩壊』東洋経済新報社。
本田由紀（2005）：『若者と仕事——「学校経由の就職」を超えて』東京大学出版会。
松信ひろみ（1996）：「既婚キャリア女性の戦略としての都心居住」年報社会学論集9：13-24。
松原宏（1995）：「フレキシブル生産システムと工業地理学の新展開——A. J. Scott の

New Industrial Spaces 論を中心に」西南学院大学経済論集29：87-105。
水野真彦（1997）：「機械メーカーと部品サプライヤーの取引関係とその変化」人文地理49：525-545。
耳塚寛明（2005）：「揺れる学校の機能と職業社会への移行——教育システムの変容と高卒無業者」、社会政策学会編『若者——長期化する移行期と社会政策』17-30。法律文化社。
宮内久光（2008）：「沖縄県における期間工求人企業の地域的活動」沖縄地理8：47-59。
宮内久光（2009）：「沖縄県から日本本土への期間工移動流の変化」、金沢大学文学部地理学教室編『自然・社会・ひと——地理学を学ぶ』163-180。古今書院。
宮島基（2006）：「東京の若者たちの〈学校から仕事へ〉」、乾彰夫編・東京都立大学「高卒者の進路動向に関する調査」グループ著（2006）：『18歳の今を生きぬく——高卒1年目の選択』37-52、青木書店。
宮町良広（2000）：「アフター・フォーディズムとレギュラシオンの経済地理学・序説」大分大学経済論集52：146-168。
宮町良広（2004）：「新産業都市から地方中核都市へ——大分市における産業経済構造の変遷」大分大学経済論集56（4）：19-48。
宮本みち子（2002）：『若者が「社会的弱者」に転落する』洋泉社。
宮本みち子（2009）：「若者の貧困を見る視点」貧困研究2：59-71。
安田雪（2003）：『働きたいのに——高校生就職難の社会構造』勁草書房。
柳沢房子（2008）：「最近10年における労働法の規制緩和」レファレンス687：87-99。
山本健兒（2005）：『産業集積の経済地理学』法政大学出版局。
湯浅誠（2008）：『反貧困——「すべり台社会」からの脱出』岩波書店。
吉田道代（2008）：「沖縄における若年労働者の県外出稼ぎ——送り出し媒介としての人材派遣業者・職業安定所・求人情報誌の役割について」お茶の水地理48：27-41。
吉田容子（2007）：『地域労働市場と女性就業』古今書院。
ライアン, D. 著、河村一郎訳（2002）：『監視社会』青土社。
ルフェーブル, A. 著、斎藤日出治訳（2000）：『空間の生産』青木書店。
労働政策研究・研修機構（2005）：『若者就業支援の現状と課題——イギリスにおける支援の展開と日本の若者の実態分析から』労働政策研究・研修機構。

あとがき

　自分の研究を一言で言い表すならば、それは「住まいと仕事の地理学」であり、またそうあり続けたいと考えてきた。前任校である大分大学では、まさにそういう科目名の講義を開講していたのである。だから、散文詩人、井川博年の『幸福』（思潮社刊）に収められた「何時の日か」という詩にめぐり合い、「考えてみると、私の生涯の問題は、すべて『住まい』と『仕事』にあったのだ。社会に出てからも、私の一番の関心はこの２つであったが、今後もそうであろう」という一節を目にしたとき、感動が湧き上がってきたのをはっきりと覚えている。

　井川は、自らの住宅遍歴を振り返り、ついに持家を得ることなく人生を終わりそうであると吐露する。彼は借家暮らしを意に介さないが、妻や子どもたちに、持家での暮らしを与えられなかったことを考えるとき、うしろめたさを感じざるを得ない。そこには、「住宅双六」の上りである持家にたどり着けなかった悲哀がにじんでいる。

　次いで井川は自らの職歴にふれ、いろいろな職業に就いたが、何とか生きて来られたと振り返る。何もできない自分を雇い、給料を出し、仕事を覚えさせてくれたうえに、一人前の社会人に育ててくれた「社会の学校」としての職場に、率直な謝意を寄せるのである。「しかし私の子どもらはどうであろう」、と井川は問いかける。今のこの国には、取り立てて能力はないが正直さや健康が取り柄という若者を温かく迎え、育んでくれる仕事先も、彼らが安んじる住まいも、すでにないのではないか、と彼は懸念する。

　私の前著、『職業キャリアの空間的軌跡』の対象者は、井川よりはやや若い世代に属するが、おおむね安定した仕事と住まいを享受していた。一方本書の内容は、井川の子どもたちの世代が経験する仕事に関する物語であり、図らずも井川の懸念を実証している側面もある。井川は、自らは零落しても、子ども

たちの上に「良い『住まい』と良い『仕事』がありますように」と祈る。この祈りは、今や二児の父となった私自身の祈りでもある。

　前著、本書と、「住まいと仕事の地理学」のうち、「仕事」に焦点を当ててきた。共同研究では、常時「住まい」に関する研究も手掛けているので、個人的に取り組む研究では、当面「仕事」に力点を置き続けてみてもいいだろう。一方で、現在でも大分大学時代の「住まいと仕事の地理学」を引き継いだ講義を開講しており、ゆくゆくはそのテキストとなりうる本を納得のいく形で書いてみたいという思いがある。それをあまりにも遠い将来の仕事しないためには、「住まい」の部面でオリジナリティのある研究を積み重ねておかねばならない。あるいは、ここらで新しい研究テーマを掘り下げていくという第三の選択肢もないではない。今後の研究をどう進めようか、目下思案しているところである。

　経済地理学会60回記念大会シンポジウムでの報告と大会報告論文の執筆は、自身の今後の研究について改めて考える好機となった。シンポジウムのテーマは「経済地理学の本質を考える」である。私はこれまで、学会報告や論文のご依頼を受け、その準備を通じて成長することができたという自覚があったから、できる限りの力を注ぎたいとの思いがあった。大学の出版助成を受ける関係で、本書の原稿はあらかた2013年3月中に仕上げてあったので、それ以降はシンポジウム報告とそれに基づく論文執筆に時間を当てるつもりで臨んだ。自分の時間的制約が予想以上に大きくなっていたことと、あまりにも大きなテーマに対して論点を絞り込まずに突き進んでしまったことにより、結果的には精緻さに欠けたパッチワークのような報告と論文しか残せなかったという反省はある。しかし、経済地理学とは何かという問いに向き合い、私見を公にする機会など、そうざらにめぐってくるものではない。その稀有な機会を通じて、私は大きな学問的財産を得たと感じている。そして、不完全燃焼感がくすぶっているため、「経済地理学の本質について考える」作業を私的に継続したいと思うようになっている。ただし、第三の道としてこのテーマに突き進むのではなく、より実証的なテーマと並行して、常にこの問いを自らに突きつけていくつもりである。

　私は前著のあとがきに「幸運にも、私は大学院生の時代から、学外の多くの

先生と交流する機会を得ることができた。その点で、私はきわめて恵まれた環境にあったと自認している」と記した。私は、自分が多くの研究者と交流する機会に恵まれているという認識をますます強くしている。だから、本書を公にするにあたっては、本来はたくさんの方々のお名前を挙げて、謝意を示すべきであることは承知している。しかし今回は、大分大学在職時に同じ経済地理学分野の同僚として、先輩として、私を見守ってくださった宮町良広先生と、労働に関する共同研究を通じて他分野の多くの研究者とのつながりをつくってくださった阿部誠先生・石井まこと先生に、とくに謝意をささげたい。私が大分大学経済学部に在職することがなければ、本書は生まれなかった。

　最後になったが、本書を出版するに当たっては、明治大学人文科学研究所の出版助成を得た。明治大学の手厚い支援には大変感謝している、また、出版をお引き受けくださった日本経済評論社にも深謝する。本書はつたないものであるが、今後も努力を重ね、研究・教育を深化させることをもって恩返しできればと考えている。

2013年11月　風邪の子どもを看ながら

索　引

NPO ……iii, 23, 27, 36, 48, 98, 127-129, 139, 140, 142-147, 149, 152-154

【ア行】

ウェーバー（Weber, A.）→工業立地論 ……… 3, 304

請負業者→派遣・請負 ……18, 20, 25, 27, 28, 159, 161-167, 178, 180, 183-185, 187, 188-191, 193, 195-198, 200, 207-211, 216, 222-225, 265-266

エスピン - アンデルセン（Esping-Andersen, G.） ……………………………………………… 46, 292

エンプロイアビリティ ………26, 34, 45, 49-53, 55-56, 80, 96, 99, 105, 120-121, 266-267, 281, 306

【カ行】

間接雇用 ……iii, 18, 20, 27-28, 67, 117, 159-164, 166-168, 170-171, 173-176, 178-179, 182-185, 187-196, 198-202, 204-208, 210, 215-216, 218, 221-228, 265-266, 283, 306

関与の空間 …………………… 187-188, 193, 223

期間工 ………………… 162, 167, 205, 212, 310

擬制商品 ……………………………………… 9, 13-14

居住地選択 ……………………………… 133-135, 157

緊急雇用対策 ……28, 160, 167, 180-189, 192-194, 198, 204-205, 211

金融危機 ……iii, 28, 159-160, 162, 167, 179, 181, 183, 192, 194-195, 200-201, 203-204, 207, 218, 219, 224-225, 265

空間的ミスマッチ …………18, 20-22, 24, 26, 28, 51-53, 56-58, 119, 144, 146, 164-166, 199-201, 223, 256, 258, 264, 266

クリストファーソン（Christopherson, S.） ………………………………………………… 291

経済景観 ………i, 1, 3-5, 29, 33, 130, 135, 221, 231, 232, 259

研究開発技術者 ………………… 135, 136, 308

現地採用 …………iii, 28, 229, 233-236, 244, 247, 250-259, 265, 304, 306, 308

コウ（Coe, N.）…………………… 164, 222, 224

行為主体性 ………i, 2-5, 8, 25, 41, 131, 135, 138, 156, 230-233

公共財 ……………………………… 23, 165, 266, 269

工業立地論 ………………………………………… 3, 304

国民国家の空洞化 ……………………………… 47, 99

コックス（Cox, K.）…………………………… 223

コミュニティ・カレッジ ……23, 48, 280, 281, 287, 308

コミュニティに根差した組織（CBOs：Community-Based Organizations）………… 154

コミュニティ・ユニオニズム ………… 6, 42-43

雇用ポートフォリオ ……………………… 168-169

雇用保険 ………186-187, 212-214, 217-220, 226

【サ行】

再生産 ………5, 10-11, 13, 21, 25-26, 33-34, 38, 130, 132-133, 135, 137, 258, 265, 285, 326

在宅就業 ……iii, 27, 127-131, 135-140, 142-158, 265

サプライ・サイド …17, 18, 45, 50-52, 62, 96, 99, 120-121, 270, 272, 274

ジェソップ（Jessop, B.）……………………… 47

時間的ミスマッチ …………18-20, 22, 24, 26, 165, 166, 199-200, 265-266

資本中心主義 ……………………………………… 4

社会的調整 ……ii, 1, 8-12, 14-15, 19, 26, 30, 33-34, 36, 38, 58, 83, 87, 94, 131, 163-164, 166, 192, 285

社会的調整のローカルな様式（LMSR：Local Mode of Social Regulation）………… 11, 30

住民票 ………178-179, 187, 190, 194, 213, 220

職業紹介 ……22, 101, 104-105, 123, 154, 199-200, 264, 306-307

職住分離 ………………………………………… 132

女性労働力率 ……………………………… 141-143

ジョブカフェ ………ii, 27, 93, 95-105, 112-117, 119-120, 122-125, 266, 306-308

新規学卒労働市場 ………26-27, 57-58, 96, 264

新古典派 ………………………… 4, 9, 16, 21, 231

新産業空間 …………………………… 34-36, 39-40, 165

新産業都市 ………………… 67, 70, 109, 160, 310

新卒一括採用 ……………………………… 57-58
スキル・ミスマッチ ……… 18, 22-24, 26, 51-52, 62, 144, 266-267, 270, 280
スクリーニング ……………………… 22, 255-256
スケール ……… i, 1, 4-8, 11-13, 21, 24, 26, 28-30, 33, 36, 38, 43, 47, 130, 137-138, 166-167, 187-188, 190, 192-194, 259, 263-265, 272
スコット（Scott, A.）……… 34-36, 41, 279, 301
生活空間 ……………………………… 20, 233, 325
生活圏 ………………………………………… 13, 165
セグメンテーション理論 …… 8-10, 30, 37, 195
世帯の計画 …………………………………… 133, 156
専門高校 ………… iii, 27, 57, 61-63, 65, 71, 73-74, 80, 85-90, 109-110, 264, 307

【夕行】

地域間分業 ………………………………… i, 29, 307
地域雇用政策 ……………………………… 95, 122, 305
地域労働市場 ……i, iii, 5, 9-14, 24-25, 27, 29-30, 35-36, 40, 42, 49, 54, 56-57, 60-62, 64, 67, 69, 71, 80, 82, 85-88, 94, 104-106, 119-120, 122, 131, 133, 164, 264, 272, 280, 303, 308, 310
蓄積体制 ……………………………………… 11, 36, 40
中間労働市場 ………………………… 168, 265, 303
テクノポリス ………………………………… 160, 176
デジタル・デバイド ……………………………… 155
デマンド・サイド ………………………………… 18, 45, 51
デュアル・キャリア世帯 ………………… 133-136
テレワーク→在宅就業 …… 27, 127-128, 136, 156, 157, 307-308
テレワーク人口倍増アクションプラン …… 127, 128, 156
取引費用 ……………………… 16-18, 31, 34-36, 195, 248

【ナ行】

二重労働市場論 …………………………………… 9, 195
日本版デュアルシステム ………… 61-62, 83, 88, 98, 306, 307
根付きの空間 ……… 187-188, 191-194, 198, 223, 226, 266

【ハ行】

派遣業者→派遣・請負 …… 20, 161, 163-165, 184, 187, 189, 193, 195, 200, 206, 219, 228, 310

派遣切り ………………… 159-160, 181, 220, 265
ハローワーク …… 74, 76, 100-101, 104-105, 112-113, 196, 212
ハンソン（Hanson, S.）…………………… 132
批判的実在論 ……………………………… 10, 33-34
フォーディズム ……………………… 35, 39, 165, 310
不均等発展 ……………………………………… 11
福祉国家 …… 13, 44-47, 164, 214, 292, 303, 307
プラット（Pratt, G.）……………………… 132
フリーター …… 93-94, 97-98, 100, 102, 106-107, 112, 117, 123-124, 166, 260, 303, 305-306, 309, 326
フレキシビリティ …… v, 17, 20, 23, 26, 34-42, 54, 162, 180, 193, 263, 291, 308
ペック（Peck, J.）……ii, 8-11, 13-15, 18, 26, 30, 33-34, 47, 49-51, 55, 130, 144-145, 148, 164
ベナー（Benner, C.）………………………… 16
ヘロッド（Herod, A.）…………… i, 4-5, 8, 14, 33, 130, 231

【マ行】

マッシィ（Massey, D.）…………… 135-136, 298
マルクス主義経済地理学 ………………… 4, 231
民間産業評議会（PIC：Private Industry Council）……………………………………………… 48
無料職業紹介 ………………… 22, 101, 104-105, 123

【ヤ行】

雇い止め ……… 159, 181-183, 186, 196, 197, 205, 208, 212-213, 217, 219,-221

【ラ行】

リーマン・ショック→金融危機 ‥102, 265, 286
リスク（労働者の）……… v, 21, 31, 35-36, 39, 41-43, 50, 153, 168, 180, 192, 195, 200-201, 210-211, 213-215, 224, 226, 263, 265-266, 271, 277
レギュラシオン理論 ………………… 1, 9, 11, 36
労使関係 ………… 5, 7, 13, 31, 165, 168, 269, 272, 277, 304
労働運動 …… i-ii, 1, 3, 5-7, 12, 24, 35, 131, 221-224, 228, 309
労働組合 ………… 2, 5-7, 12, 23, 29-30, 35, 42, 54-55, 131, 165, 182, 194, 197, 222, 228
労働市場政策 …… i, 18, 23, 44, 46-47, 50-53, 55,

62, 94-96, 120-122, 129, 153, 194, 264-265, 267, 270, 272-276, 279, 283, 286
労働市場の媒介項 ………… v, 1, 14-28, 31, 33, 36, 48, 55, 57-59, 62, 87, 105, 122, 129, 140, 153, 159, 162, 164-166, 195, 222, 235, 254, 258, 263-267, 280, 285
労働者派遣法 ……… 168-169, 194, 225, 263, 265
労働住宅 ……… 198, 201, 211, 216, 220-221, 223
「労働の地理学」…… i-iii, 1-5, 7-8, 14, 18, 24-26, 29-30, 33, 41, 51, 129-134, 157, 221-222, 224, 229-232, 256, 263
労働力移動 ……………………… i, 197, 230, 259
労働力開発（Workforce Development）…. 154, 277, 286
労働力の地理 ………………… i-ii, 3-4, 14, 54, 166
ローカルな労働力統制体制（LLCR：Local Labour Control Regime）……………………… 12

【ワ行】

ワークフェア（国家）…… v, 1, 26, 34, 44-52, 55, 62, 95-96, 99, 120, 264, 270, 303-304, 309
ワーク・ライフ・バランス ……… 127-129, 142, 156-157
ワード（Ward, K.）……………………………… 34, 164
若者自立・挑戦プラン ………… 95, 97-100, 121, 123, 124

【著者略歴】

中澤高志（なかざわ・たかし）

明治大学経営学部教授
1975年生まれ。横浜市出身。東京大学理学部卒業。東京大学大学院総合文化研究科博士課程修了。博士（学術）。大分大学経済学部准教授、明治大学経営学部准教授を経て現職に至る。専門は、経済地理学、都市地理学。

〈主要業績〉
『職業キャリアの空間的軌跡』2008年大学教育出版刊（単著、第四回経済地理学会賞）
『女性就業と生活空間』2012年明石書店刊（共著）
『改訂新版　都市社会地理学』2013年古今書院刊（共訳）

【明治大学人文科学研究所叢書】
労働の経済地理学

| 2014年2月18日　第1刷発行 | 定価（本体5600円＋税） |

| 著　者 | 中　澤　高　志 |
| 発行者 | 栗　原　哲　也 |

発行所　株式会社　日本経済評論社

〒101-0051　東京都千代田区神田神保町3-2
電話　03-3230-1661　FAX　03-3265-2993
info8188@nikkeihyo.co.jp
URL：http://www.nikkeihyo.co.jp

装幀＊渡辺美知子　　　　　　印刷＊文昇堂・製本＊高地製本所

乱丁・落丁本はお取替えいたします。　　　　Printed in Japan
© NAKAZAWA Takashi 2014　　　　ISBN978-4-8188-2316-7

・本書の複製権・翻訳権・上映権・譲渡権・公衆送信権（送信可能化権を含む）は、㈱日本経済評論社が保有します。

・ JCOPY〈㈳出版者著作権管理機構　委託出版物〉
本書の無断複写は著作権法上での例外を除き禁じられています。複写される場合は、そのつど事前に、㈳出版者著作権管理機構（電話03-3513-6969、FAX03-3513-6979、e-mail: info@jcopy.or.jp）の許諾を得てください。

経済地理学会編

経済地理学の成果と課題 第Ⅳ集

A5判 三四〇〇円

ローカル／リージョナルな世界に焦点をあてつつも国を超える広がりを持つ経済空間の問題までを扱う経済地理学が二一世紀初頭に生み出した約一八〇〇編の研究成果を展望。

加藤幸治著

サービス経済化時代の地域構造

A5判 三四〇〇円

事業所サービス業の動向を中心に据えて、日本経済がどのような「サービス経済化」のプロセスをたどってきたか、そして日本経済が地理的にどう変容しつつあるかを検討する。

樋口美雄・財務省財務総合政策研究所編著

若年者の雇用問題を考える
―就職支援・政策対応はどうあるべきか―

A5判 四五〇〇円

就職率の低迷、ニート・フリーターの増加など大きな問題を抱える若年者の雇用――。その実態と問題の原因、改善に向けた方策をさぐる。

三木理史著

都市交通の成立

A5判 六二〇〇円

近代都市の発展に伴い、都市域は膨張し、旅客輸送の大量化や物流の変化が生じた。大阪市とその周辺を事例に、都市交通問題の解決への視角や論点を歴史的視点から再考する。

高嶋修一・名武なつ紀編著

都市の公共と非公共
―20世紀の日本と東アジア―

四六判 二八〇〇円

人々の生存を保障し、都市の再生産を可能にする社会関係とは。「非公共」的領域も視野に入れ、20世紀アジア都市史をたどる試み。

（価格は税抜）　日本経済評論社